高校劳动育人研究

基于新时代的视角

RESEARCH ON
EDUCATION THROUGH LABOR
IN COLLEGES
AND UNIVERSITIES

BASED ON
THE PERSPECTIVE OF
THE NEW ERA

张 畅 著

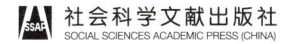

社会科学文献出版社
SOCIAL SCIENCES ACADEMIC PRESS (CHINA)

序

  劳动具有重要的育人价值，教育必须同生产劳动相结合，这是马克思主义劳动观和教育观的重要内涵。从历史角度看，劳动不仅造就了中华民族的兴盛与辉煌，在西方文明发展史上同样有着重要地位。在此意义上，劳动育人其实是一个富有历史感的命题。

  纵观人类社会发展史，现实的人是人类社会存在和发展的基础，而人又是在从自然界获取物质生活资料的漫长劳动历程中逐渐进化发展而来的。劳动所带来的人的生理上的进化增加了早期人类的脑容量，拓展了人类的视野，增强了人类的感官意识和思维能力，这又反过来促进人类劳动进一步发展，人与人之间的交往也随之变得越来越复杂多元，劳动的进一步发展又衍生出艺术、宗教等劳动附属产品。人类在劳动中不仅创造出丰富的物质和精神财富，还在这一过程中实现了人类自身的进化和发展。可以说，劳动是人类改造自然界进而改造人类社会和人类自身的根本途径。然而，劳动对人类成长发展的影响，又受到生产力发展水平、生产资料所有制形式等因素的限制。

  在私有制社会，少数人利用政治、经济上的特权占有多数人的劳动成果，劳动者在异化劳动中受到剥削和束缚，其能动性和创造力遭到极大破坏。按照马克思恩格斯的设想，只有消灭私有制，消除异化劳动，实现自由劳动，人才有可能自由全面发展。可见，劳动解放是人的解放的基本前提。唯有摆脱异化劳动的束缚，让劳动真正成为一种自主自觉的活动，个体生命的活力和创造力才能被充分激发，劳动才能成为每个劳动者展现才华、实现价值、收获幸福的重要途径，劳动育人才能在真正意义上得到实现。

  新时代随着我国信息科技产业、文化产业等新兴劳动密集型产业不断涌现，劳动越来越呈现出个性化、智能化和多元化的叠加形态，国家经济社会发展也对新时代劳动者的综合素质提出了许多新要求。在此意义上，劳动育人不仅是一个富有历史感的命题，更是一个新的时代命题。

在可以预见到的科技水平高度发达的未来，机器人、云计算、人工智能等先进科技将被用于大量人类生产劳动，简单劳动、体力劳动在社会生产活动中所占的比重将不断缩小，劳动将逐渐转变为以智力劳动、数字化劳动、创造性劳动和组织管理劳动为主。劳动形态的变革必然对劳动者的综合素质提出新的更高的要求，也给高校劳动育人活动带来新的挑战。

因此，基于新时代视角开展高校劳动育人研究，需深入探讨一系列重要问题，如新时代社会劳动形态有哪些新特征？新时代对合格劳动者提出了哪些素质要求？新时代大学生的劳动素养状况如何？新时代高校劳动教育面临着怎样的困境？有哪些可供劳动育人研究借鉴的思想资源？新时代高校劳动育人应遵循怎样的内在规律和现实路径？等等。

张畅的新著《高校劳动育人研究——基于新时代的视角》，围绕上述重要问题做了一些富有创新性和启发性的理论探索。总体来看，本书有以下几个特点或亮点。

一是探索性地提出了"劳动育人"概念。党的十八大以来，习近平总书记在多个场合，多次围绕劳动、劳动者、劳模精神、劳动教育等作出一系列重要论述和重要指示；新时代党的教育方针也明确强调教育必须与"生产劳动和社会实践相结合，培养德智体美劳全面发展的社会主义建设者和接班人"；国家层面关于全面加强新时代劳动教育的指导性文件相继出台，这些都推动形成了近年来围绕劳动教育的研究热潮。研究劳动教育，探索劳动教育究竟该如何开展，首先需要弄清一个前提性问题，即劳动教育的重心是在"劳动"，还是在"教育"。对此，中共中央、国务院印发的《关于全面加强新时代大中小学劳动教育的意见》明确指出，开展劳动教育要遵循教育规律，"以体力劳动为主"，"强化实践体验"，"让学生亲历劳动过程"。教育部前部长陈宝生在《人民日报》发表署名文章《全面贯彻党的教育方针 大力加强新时代劳动教育》，明确强调："劳动精神是在劳动实践中培养出来的，劳动教育不能泛化，必须按照《意见》要求，突出劳动教育重点，组织学生实实在在地劳动。"[①] 可见，劳动教育的实质，是围绕着

---

① 陈宝生：《全面贯切党的教育方针 大力加强新时代劳动教育》，《人民日报》2020年3月30日。

实实在在的劳动活动所开展的文化知识教育和劳动实践教育的结合；劳动教育研究的实质，正是探索如何让劳动的育人价值得到最大发挥。

本书探索性地提出"劳动育人"概念，有助于深化读者对劳动教育本质的理解，有助于引导高校劳动教育将重心由"教育"向"劳动"转变，改变以往在课堂上教"劳动"、在新闻里看"劳动"、在口号里喊"劳动"、在活动中玩"劳动"等片面、低效的劳动教育方式，将高校劳动教育的中心任务聚焦于组织引导大学生实实在在地亲身参与劳动。并且，明确"劳动"核心和"育人"导向，有助于引导新时代高校劳动教育更多地将视线投向丰富多样、与时俱进，且与大学生学习生活紧密关联的真实劳动世界，充分发挥劳动的育人功能，推动高校劳动教育更好地回归其育人本质。

二是较为系统全面地梳理总结了劳动育人的思想资源。本书用了近四万字的篇幅，对马克思主义、中华文化以及西方教育理论中关于劳动育人的思想资源进行了梳理总结。这是全书的一个亮点。劳动育人是一个富有历史感的命题，因此，从历史角度出发，对不同历史时期、不同地域的人们基于自身所处的社会历史条件，对劳动及其育人价值进行的理论和实践探索加以系统考察，从中借鉴有益经验，汲取深刻教训，是非常有必要的，这对于劳动育人研究向纵深推进具有基础性意义。值得一提的是，作者在梳理总结劳动育人思想资源时，并不止于对前人观点的简单罗列，而是紧扣本书主题，夹叙夹议，融入了作者本人的思考。并且，从本书后面的行文中，能够看到作者对部分思想资源的吸收和运用。

三是从逻辑上划分出了高校劳动育人的作用层级。本书基于对新时代高校劳动育人的基本内容和内容特征的探讨，认为新时代高校劳动育人涵盖劳动道德品质、知识技能、身体素质、审美情趣、创新素养等多方面内容，具有多维性和复杂性特征。大学生要通过劳动来实现树德、增智、强体、育美、创新，不同目标取向之间有着具体要求上的差别，其所遵循的教育规律也不尽相同，这使得大学生各类劳动素养的培育和形成具有差异性、层级性和阶段性特征。基于此，作者以高校劳动育人主客体间的互动关系演变和大学生个体在各类劳动活动中的实际状态表现为核心线索，将新时代高校劳动育人从逻辑上划分出表层、中层、深层三个彼此衔接、紧密关联、螺旋递进的作用层级。其中，表层阶段重在引导大学生在亲身劳动体悟中增进对劳动活动的理解认同；中层阶段重在阐释大学生经过在自主劳动中的持续探索，逐步在劳动活动中确立主体身份；深层阶段则重点探讨劳动正义命题，指出劳动正义价值诉求的实现程度，不仅关乎大学生个体在劳动过程中自主性、能动性和创造性的发挥程度，更关乎大学生能否在劳动活动中实现全面和谐发展。

可以说，此处关于劳动育人作用层级的探讨，已经深入高校劳动育人的作用机理层面，是对高校劳动育人作用模型的一种探索性建构，也是贯穿本书最后两章内容的核心线索，能够帮助读者更清晰准确地把握高校劳动育人的实施过程，进而在劳动教育过程中选择和运用更为适宜、更有针对性的方法和载体，切实提升劳动育人效果。

四是对新时代高校劳动育人进行了规律层面的探讨。规律是事物发展过程中的本质联系和必然趋势。为了更好地为新时代高校劳动育人实施路径的探索提供理论指引，确有必要从规律层面对新时代高校劳动育人加以把握。该书从致知于行、利益驱动、螺旋递进、交融互通、反馈控制五个方面凝练出新时代高校劳动育人的具体规律，总体来看是准确的。尤其是作者对致知于行规律的阐释颇有新意。作者指出，"致知于行"中的"致"与"于"均包括两层含义："致"既有达到、求得之义，又有送达、传致之义；"于"既有"自""从"之义，又有"到""及于"之义。由此，劳动育人语境下的致知于行规律也至少包含两层意蕴：一指从"行"来达到"知"，强调在高校劳动育人实施过程中，大学生劳动经验的获取和劳动素养的提升，都须经由亲身劳动实践来实现；二指将"知"传致于"行"，强调大学生通过劳动实践所获取的知识经验和其他劳动素养，还须继续投入到新的劳动实践中去。的确，大学生的劳动素养在具体劳动中形成，又在新的劳动中持续完善和发展，其个人综合素质和个体劳动所创造出的价值也不断提升至更高水平，这不仅符合马克思主义认识论的基本原理，也是新时代高校劳动育人的必然要求。

五是从学生主体视角出发，探索新时代高校劳动育人的实施路径。对新时代高校劳动育人实施路径的探索是全书的落脚点。作者在这里没有选择从思想认识、组织保障、课程建设、方法载体、环境条件、效果评价等方面着手来探讨高校劳动育人具体实施路径的传统思维模式，而是以本书对高校劳动育人作用层级和具体规律的研究结论为依据，吸收并运用劳动育人的思想资源，坚持贯彻以生为本理念，从学生主体视角出发，紧扣

"劳动"核心，锁定"育人"导向，依托高校劳动教育的基础性作用，重点关注大学生劳动主体意识成长和劳动素养提升的阶段性特征，从大学生亲身参与劳动、深刻理解劳动、自主开展劳动、创新创业劳动、和谐幸福劳动等五个紧密联系又螺旋递进的维度展开，形成了以"五个劳动"为核心的递进式的新时代高校劳动育人实施框架。

作者在此处紧扣主题，着重围绕富有时代气息的创新创业劳动进行了较为深入的探讨，凸显出大学生劳动活动的新时代特征。此外，作者关于劳动教育教师队伍建设和劳动科学学科建设的探讨也颇有前瞻性。如作者强调：教师队伍是否具备良好的劳动素养和劳动教育能力，是影响劳动育人成效的关键因素，"对学生开展劳动教育，一个重要前提就是让教师队伍先接受劳动教育"，要着力打造师生"劳动共同体"。再如，作者提出，"加强劳动科学学科建设，设立劳动科学一级学科，能够为与劳动教育相关的专业建设、课程建设和人才培养提供重要的学科支撑，进一步促进劳动教育规范化、系统化、科学化"。这些论述引人注目，能启发人思考。

综上，本书在内容布局、资料运用、理论创新、联系实际等方面都有着自己的独到之处，显示出作者对该问题研究所达到的理论高度。但毋庸讳言，该书也存在一些局限和不足。如作者对当前热门的数字劳动及高科技、智能化的劳动工具，以及劳动场景的认知研究还不够深入，书中对新时代新兴劳动形态的探讨还有待进一步深化。尽管如此，本书仍是一本值得一读的好书，目前存在的问题可以在作者后续的研究中逐步解决。

张畅的这本专著是在他的博士学位论文基础上修改而成的，也是他主持的教育部人文社科研究项目的成果。他的博士学位论文被武汉大学博士学位论文答辩委员会评定为优秀论文。作为他的导师，我为他的进步感到欣慰。希望张畅再接再厉，在未来的学术之路上取得更加丰硕的成果。是为序！

项久雨（武汉大学教授）
2022 年 5 月 1 日于湖北武汉

目 录

| 导 论 | 001 |

第一章　新时代高校劳动育人的本质意蕴 015
　一　劳动的内涵及其育人价值 015
　二　新时代社会劳动形态的变化与影响 030
　三　新时代高校劳动育人的内涵与本质 043

第二章　新时代高校劳动育人的价值考察 058
　一　新时代高校劳动育人的价值定位 058
　二　新时代高校劳动育人的价值困境 069
　三　新时代高校劳动育人的价值追求 081

第三章　新时代高校劳动育人的思想资源 097
　一　马克思主义关于劳动育人的思想 097
　二　中华文化中关于劳动育人的思想 115
　三　西方教育理论中的劳动育人思想 129

第四章　新时代高校劳动育人的内容形式 143
　一　新时代高校劳动育人的基本内容 143
　二　新时代高校劳动育人内容的特征 156
　三　新时代高校劳动育人的主要形式 169

第五章　新时代高校劳动育人的作用机理 186
　一　新时代高校劳动育人的作用基础 186
　二　新时代高校劳动育人的作用动因 196
　三　新时代高校劳动育人的作用层级 202

四　新时代高校劳动育人的作用规律……………………………215

第六章　新时代高校劳动育人的实施路径……………………………224
  一　亲身参与劳动：新时代高校劳动育人实施的逻辑起点…………224
  二　深刻理解劳动：新时代高校劳动育人实施的思想基础…………234
  三　自主开展劳动：新时代高校劳动育人实施的关键环节…………246
  四　创新创业劳动：新时代高校劳动育人实施的核心进路…………256
  五　和谐幸福劳动：新时代高校劳动育人实施的现实旨归…………268

参考文献……………………………………………………………………280

后　记………………………………………………………………………285

导　论

　　回溯历史，我国将"劳"纳入教育方针的表述经历了一个长期的演变和发展过程。早在民国初年，蔡元培担任教育总长时期就首倡德智体美劳五育并举，但这一方针并未得到实施。1957年，毛泽东在《关于正确处理人民内部矛盾的问题》的讲话中提出："我们的教育方针，应该使受教育者在德育、智育、体育几方面都得到发展，成为有社会主义觉悟的有文化的劳动者。"[①] 这一论述虽然没有直接将劳育同德育、智育、体育并列提出，但将培养合格劳动者作为教育目标的表述，同样体现了劳育的重要性。1989年，原国家教委艺术教育委员会制定的《全国学校艺术教育总体规划（1989—2000年）》提出"德、智、体、美、劳各育全面发展"[②]，这是我国首次在政府机关文件中使用这一提法。1995年通过并实施的《中华人民共和国教育法》明确了"德、智、体等方面全面发展"[③]的提法。1999年，《中共中央、国务院关于深化教育改革全面推进素质教育的决定》提出，"造就'有理想、有道德、有文化、有纪律'的德智体美等全面发展的社会主义事业建设者和接班人"[④]，正式将"德智体"三育发展为"德智体美"四育并举，党的十六大、十七大、十八大、十九大均将其正式写进大会报告。

　　2018年9月10日，习近平总书记在全国教育大会上首次完整提出"培养德智体美劳全面发展的社会主义建设者和接班人"[⑤]的教育方针，这是新中国成立以来首次旗帜鲜明地将"劳"纳入教育方针的权威表述，2021年

---

① 《毛泽东文集》（第7卷），人民出版社，1999，第226页。
② 何东昌主编《中华人民共和国重要教育文献（1976~1990）》，海南出版社，1998，第2893页。
③ 《十四大以来重要文献选编》（中），人民出版社，1997，第1293页。
④ 《十五大以来重要文献选编》（中），人民出版社，2001，第859页。
⑤ 《习近平在全国教育大会上强调　坚持中国特色社会主义教育发展道路　培养德智体美劳全面发展的社会主义建设者和接班人》，《人民日报》2018年9月11日。

修订的《中华人民共和国教育法》和党的二十大报告均重申了这一表述。为全面贯彻党的教育方针，大力加强新时代劳动教育，2020年3月，中共中央、国务院发布《关于全面加强新时代大中小学劳动教育的意见》（以下简称《意见》）。《意见》明确指出："近年来一些青少年中出现了不珍惜劳动成果、不想劳动、不会劳动的现象，劳动的独特育人价值在一定程度上被忽视，劳动教育正被淡化、弱化。"[1]《意见》将"把握育人导向"作为新时代全面加强大中小学劳动教育的首要原则提出，并从体系构建、协同机制、支撑保障、组织实施等方面进行了系统谋划。为推动《意见》落实，加快构建德智体美劳全面培养的教育体系，2020年7月，教育部印发《大中小学劳动教育指导纲要（试行）》。随着国家层面的加速推进，全国各地也纷纷出台地方性的劳动教育强化措施。但是，上述这些意见、纲要和措施是否切合实际需求，能否最终落实落地，仍需在学校育人实践中加以检验。由此可见，如何通过劳动教育发挥劳动的重要育人功能，促进学生形成良好劳动素养，已成为新时代各方高度关注的热点重点问题，也是目前亟待继续深入探索的难点问题。

一 新时代高校劳动育人研究的意义

党的十八大以来，习近平总书记在多个场合，多次围绕劳动、劳动者、劳模精神、劳动教育等作出一系列重要论述和重要指示，这些论述与指示丰富和发展了马克思主义劳动观，展现出鲜明的时代特征，具有很强的现实针对性。习近平总书记在2018年全国教育大会上指出："要在学生中弘扬劳动精神，教育引导学生崇尚劳动、尊重劳动，懂得劳动最光荣、劳动最崇高、劳动最伟大、劳动最美丽的道理，长大后能够辛勤劳动、诚实劳动、创造性劳动。"[2] 这一重要论述高扬劳动教育的旗帜，在新时代背景下对高校提出了加强劳动教育、推进劳动育人的新任务和新课题。本书聚焦新时代高校劳动育人，正是对这一时代命题的理论回应。

学校通过开展劳动教育，促进学生德智体等方面全面发展，是我国一

---

[1] 《中共中央国务院关于全面加强新时代大中小学劳动教育的意见》，人民出版社，2020，第2页。
[2] 《习近平在全国教育大会上强调 坚持中国特色社会主义教育发展道路 培养德智体美劳全面发展的社会主义建设者和接班人》，《人民日报》2018年9月11日。

贯坚持的教育指导思想。然而，改革开放40多年来，劳动教育在我国教育实践中取得的成效却并不理想，现实中学校劳动教育被忽视、被弱化的现象较为普遍。产生这一结果的原因较为复杂，其中一个重要原因就是学校对劳动教育缺乏清晰准确的定位。历史上，劳动教育往往被作为实现政治教化、社会改造、社会生产等其他目的的途径和手段，其工具性作用被过分放大，而本体育人作用则或多或少地被淡化。劳动具有重要的育人价值，这一点已得到全社会的普遍认可。但是，劳动的育人价值如何充分发挥、如何切实加强和改进高校劳动教育、如何让劳动在高校育人体系中发挥出更为重要的作用，诸如此类的问题依然存在，已经成为当下我国政府、教育界、学术界等共同关注的重点，解决这些问题在新时代显得愈发迫切。新教育方针，以及国家层面陆续出台的一系列关于加强和改进学校劳动教育的指导性意见，都为这一领域的理论研究和实践探索提供了良好的外部环境和坚实的政策支撑。基于此，本书从新时代视角出发，聚焦劳动育人主题，将高校劳动育人同国家层面培养高素质劳动者大军、高校层面深入推进立德树人与大学生个体层面实现全面和谐发展的迫切需求紧密联系起来，凸显出较强的问题意识，具有重要的理论和实践意义。

（一）劳动育人是培养高素质劳动者大军的重要保障

习近平总书记指出："人世间的美好梦想，只有通过诚实劳动才能实现；发展中的各种难题，只有通过诚实劳动才能破解；生命里的一切辉煌，只有通过诚实劳动才能铸就。"[1] 实现中华民族伟大复兴的中国梦，根本上要靠劳动，靠广大新时代劳动者的辛勤劳动、诚实劳动和创造性劳动。习近平总书记曾在全国劳动模范和先进工作者表彰大会上强调，要"始终高度重视提高劳动者素质，培养宏大的高素质劳动者大军"[2]，这是新时代顺应经济转型升级、突破发展瓶颈的重要战略抉择。当代大学生作为未来知识型、技能型、创新型劳动者大军的主力军，除了应当具备较高的知识文化水平和思想道德修养外，还必须知劳动、会劳动、爱劳动，掌握过硬的劳动本领，树立正确的劳动价值观。而这些劳动素养的形成，必须依靠丰

---

[1]《习近平谈治国理政》（第1卷），外文出版社，2018，第46页。
[2]《习近平关于科技创新论述摘编》，中央文献出版社，2016，第123页。

富多彩的劳动实践、扎实有效的劳动教育、风清气正的劳动文化等诸多因素共同作用。高校劳动育人旨在通过明确劳动目标、规划劳动内容、提供劳动指导、搭建劳动平台、创设劳动条件、营造劳动氛围等切实举措，教育引导大学生积极投身劳动实践活动，从中体悟劳动艰辛、感受劳动价值、提升劳动素养，逐渐成长为符合新时代要求的高素质劳动者，为实现中华民族伟大复兴的中国梦提供重要的人才保障。

2018年提出的"培养德智体美劳全面发展的社会主义建设者和接班人"的教育方针，正式将"劳"纳入教育目标，这是党中央从党和国家事业发展全局出发作出的重要战略决策，也对培养"高素质劳动者"提出了更为具体化的要求。贯彻落实好党的教育方针，在新形势下加强和改进高校劳动育人工作，培养出高素质的劳动者，这是一项重要的新任务。党的教育方针强调"德智体美劳全面发展"，这与劳动所具有的特殊育人功能高度契合。劳动作为人类最基本的实践活动，是推动人类社会形成发展和人类自身自我完善的重要驱动力量，也是促进人类在认识和改造客观世界的同时改造自身主观世界，进而实现改造客观世界和改造主观世界的辩证统一的关键因素，具有综合育人功能。本书瞄准劳动育人这一重要理论和实践命题，从新时代高校劳动育人的基本理论出发，通过思想资源梳理和价值考察，提出新时代高校劳动育人的理论架构和实施路径，能够从理论层面促进党的教育方针更好地得到贯彻落实，为培养高素质劳动者大军提供关键助力。

（二）劳动育人是高校深入推进立德树人的重要举措

立德树人是高校的根本任务。"人无德不立，育人的根本在于立德"[1]，习近平总书记在北京大学师生座谈会上的讲话中明确指出，要"不断提高学生思想水平、政治觉悟、道德品质、文化素养，做到明大德、守公德、严私德"[2]。对于大学生来说，这里的大德、公德、私德不仅是思想道德层面的要求，更应该体现在学习生活实践中。只有将道德准则内化于心、外化于行，做到知行合一，才能真正实现"立德"。当前，我国高校劳动教育

---

[1] 习近平：《在北京大学师生座谈会上的讲话》，人民出版社，2018，第7页。
[2] 习近平：《在北京大学师生座谈会上的讲话》，人民出版社，2018，第7页。

存在诸多问题，这是一部分大学生不理解、不尊重、不愿意劳动的重要原因。这些大学生走入社会后，必然难以适应经济社会发展对人才素质提出的新要求，这将对个人成长发展和社会繁荣进步产生较大负面影响。随着德智体美劳五育并举教育方针的提出，高校应当充分认识到劳动对于人的教育培养所具有的重要价值；应当认真研究思考在新时代背景下如何加强劳动教育，推进劳动育人；应当将劳动育人纳入高校思想政治工作整体育人格局，充分发挥劳动的育人功能。

2017年12月，教育部发布《高校思想政治工作质量提升工程实施纲要》，详细规划了课程、科研、实践、文化、网络、心理、管理、服务、资助、组织等"十大育人体系"。随着新教育方针的提出，以及相关指导性意见、纲要的相继出台，劳动育人在学校育人体系中的重要地位和作用得到充分肯定，理应在新时代高校思想政治工作中体现出其重要价值。劳动育人既与高校其他育人形式紧密关联，又独具特色。从劳动实践层面看，劳动育人与实践育人、科研育人、资助育人等能够实现有效衔接；从劳动课程层面看，课程育人、心理育人中都内在地包含劳动的元素；从劳动管理层面看，管理育人、组织育人等育人形式中均包括对大学生劳动过程的组织和管理；从劳动文化层面看，弘扬劳动文化、劳模精神同样是文化育人、网络育人的重要内容。可见，劳动育人具有贯穿高校思想政治工作育人体系的特殊功能，是新时代丰富和完善高校育人体系的重要抓手。本书通过对新时代高校劳动育人的内涵、本质、价值的分析阐述，以及对古今中外劳动育人的思想资源的全面梳理，尝试从新时代高校劳动育人的内容形式出发，探讨高校劳动育人产生影响、发挥效用的基础、动因、层级和规律，并探索构建螺旋递进式的新时代高校劳动育人实施框架，能够在一定程度上为丰富和完善现有高校育人体系提供助力。

（三）劳动育人是实现大学生全面和谐发展的重要途径

德智体美劳五育并举的教育方针，确立了新时代合格人才培养的根本标准。这里的德智体美劳五育虽然并行排列，但绝不是泾渭分明、互不相干的孤立存在，而是一个有机统一的整体，共同构成大学生全面发展的素质要求。德智体美劳五育之间相互作用、相互影响，任何一个方面出现短板，都会对整体育人效果产生重要影响，并且，劳育可以在高校教育中起到特殊重要的作用。劳育可以贯穿于高校教育始终，发挥以劳树德、以劳增智、以劳强体、以劳育美、以劳创新的整体育人作用。大学生接受劳动教育、从事劳动实践，可以在体味艰辛中磨砺意志品质，在学以致用中提升知识水平，在挥洒汗水中锻造坚强体魄，在创新创造中生发审美情趣，在团结奉献中体悟劳动精神。由此可见，劳动能够打通"五育"之间的隔阂，实现"五育"协调统一，共同促进整体育人目标的实现。

教育部前部长陈宝生指出："今天的学生绝大多数是在不愁吃穿的环境中长大的，培养他们吃苦耐劳精神、奋斗精神更为重要，也更有挑战性。对学生的劳动教育不仅要有质的要求，还要有量的规定，不能停留在一般号召，更不能在课上'听'劳动、在课外'看'劳动、在网上'玩'劳动，要坚决防止形式主义，防止弄虚作假和走过场。"[①] 高校劳动育人紧扣"劳动"核心，锁定"育人"导向，强调通过实实在在的劳动来促进大学生全面协调发展，是为破解劳动教育难题、补齐劳动教育短板所进行的探索和尝试。并且，在新的历史时期，高校劳动育人应当立足新时代新方位，深度把握信息科技时代人类劳动形态的重大变化，认真研究劳动育人面临的新形势和新挑战，找准新时代高校劳动育人的切入点和着力点，探索切实可行的劳动育人实施路径。本书聚焦新时代高校劳动育人，能够为高校更好地组织劳动实践、开设劳动课程、开展劳动指导、打造劳动平台、培育劳动文化等提供学理支撑，不断提升新时代高校劳动教育的针对性和实效性，进而教育引导大学生更加全面深刻地理解劳动的价值和意义，形成尊重劳动、崇尚劳动、热爱劳动的良好观念和习惯，不断促进自我完善，实现全面发展。

二 高校劳动育人及其相关研究的现状视阈

长期以来，与"劳动"相关的选题一直是哲学社会科学研究的热点。在国家社科基金项目数据库中以"劳动"为项目名称进行检索发现，在1994~2021年，与"劳动"主题直接相关的国家社科基金项目共有718项。这些项目大部分归于经济学、管理学、社会学、法学、哲学等学科，只有65项从马列·科社、教育学的学科视角对劳动相关问题进行研究，其中，

---

① 陈宝生：《全面贯彻党的教育方针 大力加强新时代劳动教育》，《人民日报》2020年3月30日。

从马列·科社视角进行研究的有49项，从教育学视角进行研究的有16项。从项目名称来看，这些研究的主要内容涉及马克思主义劳动观、劳动价值论、劳动精神培育、劳动力教育培训、劳动关系、劳动伦理等方面。

从研究产出来看，目前没有检索到关于"劳动育人"的专著。关于"劳动教育"的专著成果，除相关教材，以及20世纪30~50年代关于西方国家和苏联劳动教育的少量译著外，近十年有十余本专著出版，其中较有代表性的是中国劳动关系学院刘向兵研究员带领团队完成的《新时代高校劳动教育论纲》[①]。在论文方面，相关成果也主要集中于"劳动教育"。中国知网（CNKI）数据库中可查的关于劳动教育的研究成果在20世纪50年代以前就已经出现，这同我国"教育与生产劳动相结合"的劳动教育实践历史进程是相吻合的。目前在中国知网数据库中检索到的最早的一篇关于劳动教育的文献，是1933年国民政府时期的一份中学劳动生产教育实施报告。新中国成立后，我国教育政策随着国民经济的发展和社会发展需求的变化逐步完善，"教育与生产劳动相结合"的理论和实践得到了进一步发展，每年都有一定数量的关于劳动教育的研究成果出现。虽然早期劳动教育的理论和实践中已经包含劳动育人的成分，但从中国知网数据库中检索可知，直到1984年才出现第一篇以"劳动育人"命名的文献。此后虽然每年有2~3篇关于劳动育人的研究成果出现，但总体来看，研究数量和质量均不理想，距离建构系统的劳动育人理论体系尚有较大距离。

通过梳理现有研究成果发现，目前关于高校劳动育人的研究主要聚焦于劳动教育，而与劳动育人直接相关的如劳动精神、劳动文化等方面的研究也取得了一些前期成果。总体来看，根据研究的侧重点不同，可以将现有研究成果分为五类，分别是关于高校劳动育人的相关理论、历史经验、国际比较、问题对策和文化环境研究。

关于高校劳动育人的相关理论研究，现有成果主要关注劳动的概念界定、马克思主义教育与生产劳动相结合思想、马克思主义劳动价值观、劳动教育观等重要理论命题。现有成果对劳动的概念、教育与生产劳动相结合的思想、马克思主义劳动观等内容进行了较为系统的研究，并且认识到了劳动对人的全面发展和经济社会发展的意义和作用。但现有成果对劳

---

① 刘向兵等：《新时代高校劳动教育论纲》，社会科学文献出版社，2019。

的经济价值和社会价值关注较多,对其育人价值的挖掘稍显不够。关于高校劳动育人的历史经验研究,现有成果主要包括对我国劳动教育发展进程的历史回顾,以及对历届国家领导人关于"教育与生产劳动相结合"理论与实践探索的经验总结等,试图通过回顾和总结历史经验,对现实劳动育人实践提供参考借鉴。现有成果表明,在我国经济社会发展的不同历史时期,教育与生产劳动相结合的思想始终是重要的教育指导方针,并且在不同时期表现出不同的时代特点。但是,这一思想发展历程中蕴含的劳动育人历史经验尚有待进一步挖掘。关于高校劳动育人的国际比较研究,现有成果对苏联劳动教育的理论和实践关注较多,对美国、法国、西班牙、日本、印度等国开展劳动教育的相关经验也有所涉及。将关注重点放在苏联劳动教育的理论和实践上,与我国学习借鉴苏联劳动教育模式的历史有一定关系。并且,有较大数量的关于苏联劳动教育的研究成果产出时间集中在 20 世纪 80 年代,这可以从侧面看出,在改革开放初期,我国思想理论界对于如何开展劳动教育存在较多争议和讨论。在新时代背景下,为了更好地开展劳动教育、推进劳动育人,同样需要从国际比较中获取经验和启示。关于高校劳动育人的问题对策研究,现有成果除了对不同时期高校、中小学、家庭、企业、农村劳动教育实践中存在的问题进行分析并提出对策建议外,还包括部分学者对推进劳动教育改革、提升劳育在国家教育体制中的重要性、深化对劳动育人价值的认识等方面的意见和建议。总体来看,这类成果数量不多,并且有的意见和建议在当时存有争议,难以真正推行;有的研究虽然看到了问题,但提出的对策大都是理论指导层面的,缺乏可行性论证,其针对性和现实可操作性不强,难以在实践中获得良好效果。关于高校劳动育人的文化环境研究,现有关于劳动文化、劳动精神、劳模精神等主题的研究成果较多,大部分研究是从企业文化、工会文化的视角展开,其出发点是探讨精神文化层面的因素对于激发职工劳动热情、促进企业生产等方面的作用,对劳动文化、劳模文化的育人价值和功能的挖掘和提炼还略显不够,仅有少量成果针对劳动文化、劳动精神对于高校劳动育人的重要价值进行了研究。此外,虽有学者提出了将劳动文化教育纳入高校劳动教育体系的建议,但对于新时代如何在全社会营造尊重劳动、热爱劳动的文化环境和精神氛围,还迫切需要深入研究。

通过对上述五个方面研究成果的梳理可以发现,现有相关研究成果的时间跨度较长，且在 20 世纪八九十年代和 2018 年前后形成了两次研究高峰。在第一次研究高峰，产出的成果集中于对马克思主义关于教育起源、教育与生产劳动相结合等基本理论观点的探讨，对苏联和一些西方国家关于劳动教育理论与实践经验的梳理总结，以及对新中国成立以来我国教育与生产劳动相结合的历史经验的总结回顾。此次研究高峰的出现，与改革开放初期我国教育领域思想解放、改革意愿强烈有着较大关联，也在客观上促进了教育领域的改革开放，满足了经济改革对人才队伍培养的迫切要求。第二次研究高峰的到来则与 2018 年全国教育大会的召开有着直接关联。习近平总书记关于"培养德智体美劳全面发展的社会主义建设者和接班人"的重要论述，首次旗帜鲜明地将"劳"纳入党的教育方针，在体现重大时代价值和鲜明现实针对性的同时，也向教育界、学术界提出了加强对"劳动教育""劳动育人"等相关问题开展理论和实践探索的时代要求，由此形成了关于劳动教育研究的学术热潮。总体来看，虽然现有成果为新时代高校劳动育人研究奠定了良好基础，但同时也存在一定的不足或遗憾，接下来还需重点围绕以下几个方面展开深入研究。

一是围绕"通过劳动实践推进劳动育人"开展针对性研究。通过梳理发现，现有研究成果大部分聚焦于"劳动教育"这一主题，将劳动教育视作提升劳动技能、激发劳动热情、促进生产发展的重要手段，围绕我国劳动教育的历史经验、重要意义、现实困境和对策措施进行了大量研究，但或多或少地淡化了劳动教育本身的育人价值，忽视了劳动的综合育人功能的发挥。部分学者虽然认识到了劳动教育是高校育人的重要途径，但尚未从育人的视角出发对劳动的本质内涵进行清晰界定。而对于如何加强劳动教育，多数研究仍停留在传统的理论学习、政策保障、宣传引导等方面，对人的劳动素养形成发展的基本规律探索不够，对开展劳动教育的关键环节认识不清，这使得相当一部分研究成果中提出的意见和建议缺乏针对性和实际应用价值。对此，本书认为，开展高校劳动育人研究，应当首先抓住"劳动"这一关键点，明确离开了劳动的教育不是真正的劳动教育这一前提；应当在劳动育人实施过程中坚定凸显"劳动"核心，牢牢把握"育人"导向，以组织引导学生开展实实在在的劳动实践为主要抓手，克服将劳动教育理论化、娱乐化、工具化等不良倾向。正如教育部前部长陈宝生所指出的："如何弘扬劳动精神？劳动精神是在劳动实践中培养出来的，劳动教育不能泛化，必须按照《意见》要求，突出劳动教育重点，组织学生实实在在地劳动，以体力劳动为主，让学生在劳动中出力流汗，坚持日常生活自理，定期到工厂、农村劳动，到社会参加义务劳动，完成一定劳动任务。只有这样学生才能接受锻炼，磨炼意志，强化责任担当，切切实实地感受、体认到最光荣、最崇高、最伟大、最美丽的劳动价值，进而尊重劳动、热爱劳动、崇尚劳动。"[1] 由此可见，劳动育人的关键是让学生亲身参与劳动、体悟劳动，逐步加深对劳动的理解认知，形成良好劳动素养，进而不断推进育人目标的实现。学界应聚焦这一关键点，进一步开展有针对性的研究。

二是围绕"运用系统思维建构理论体系"开展系统性研究。现有与高校劳动育人相关的研究成果大都散见于基础理论、历史经验、国际比较、问题对策研究等方面，虽然数量不少，但分布较为散乱，系统性、全面性和可操作性都略显不足，难以较好地满足新时代高校开展劳动育人的现实需求。在2018年全国教育大会召开后，尽管陆续有几部关于高校劳动教育的专著出版，但这些成果大都聚焦于劳动教育的实际应用层面，缺乏对高校劳动育人理论体系的建构，对劳动育人的内涵本质、价值意蕴、思想资源等缺乏整体深入的探讨，未能对劳动育人的内容形式、作用机理等进行总结凝练，仍不足以对新时代加强和改进高校劳动教育提供有力支撑。鉴于此，学界在围绕高校劳动教育的具体实施展开研究探索的同时，还应将研究视线更多地投向高校劳动育人理论体系的建构。应遵循唯物辩证法的基本原理，尝试运用系统思维方法，深入探究高校劳动育人的基本内容、主要形式和作用机理，以及劳动育人与高校整体育人体系之间的互动关联，从学理层面深刻把握贯穿劳动育人实施过程的具体矛盾，揭示实施过程的具体规律，努力形成系统全面的理论研究成果，为新时代高校劳动育人的实践探索提供坚实的理论支撑。

三是围绕"克服历史局限彰显时代特色"开展创新性研究。现有研究成果中相当一部分来自20世纪八九十年代，一部分研究成果甚至来自20世纪五六十年代，距今时间较为久远，虽仍有借鉴价值，但难免带有一定的历史局限性，不能完全满足新时代高校劳动育人新的理论和实践需求。尤

---

[1] 陈宝生：《全面贯彻党的教育方针 大力加强新时代劳动教育》，《人民日报》2020年3月30日。

其是在现今科学技术飞速发展的时代背景下，大数据、机器人、人工智能等新兴科技正催动着人类劳动形态发生巨大变化，新时代高校劳动育人正面临着复杂的新形势和新挑战。大学生作为未来的高素质劳动者，除了需要继承优良劳动传统，还应具备创新创造的思维和能力，以及能够很好地适应社会劳动形态的新变化。而要满足这些要求，不仅需要在实践层面对传统劳动教育方式进行改革创新，还迫切需要打造一批能够体现时代特色、满足时代需求的高质量理论创新成果对其加以引导和支撑。对此，思政、教育等领域的专家学者应当拓展思路，主动与时代接轨，深入学习了解新兴科技前沿动态，把握新时代劳动形态的新特征、新变化，探索开展学科交叉研究，努力打造一批时代特色鲜明的优质理论创新成果，为新时代高校开展劳动教育、推进劳动育人提供有科学性、针对性和实效性的理论和方法指导。

三　新时代高校劳动育人研究的思路与方法

本书综合运用多种研究方法，从新时代高校劳动育人的本质意蕴出发，在深入开展价值考察并梳理其思想资源的基础上，探究新时代高校劳动育人的基本内容和主要形式，并深入考察新时代高校劳动育人的作用机理，分析阐述其产生影响、发挥功能的基础、动因、层级和规律，进而以此为理论支撑，深入开展新时代高校劳动育人实施路径的探索，这构成了本书的整体内容。

（一）新时代高校劳动育人的研究思路

本书按照"是什么→为什么→怎么办"的基本思路循序展开，首先回答了"新时代高校劳动育人是什么""新时代高校为什么要开展劳动育人"的问题，进而从历史、理论、实践三个逻辑层面依次展开，分别对新时代高校劳动育人的思想资源、内容形式、作用机理和实施路径进行探讨，系统全面地回答了"新时代高校劳动育人应怎么做"的问题，形成了以下布局和主要内容。

第一，概述新时代高校劳动育人的内涵本质，即第一章。主要包括劳动的内涵及其育人价值、新时代社会劳动形态的变化与影响，以及新时代高校劳动育人的内涵与本质等三部分内容。在劳动的内涵及其育人价值部分，从劳动的定义出发，探讨了劳动与相关范畴的关系，以及劳动发展过程中的矛盾运动，揭示出劳动在人类社会历史发展和人类自身进化发展过程中的地位和作用，并重点分析了劳动的育人价值。在新时代社会劳动形态的变化与影响部分，主要针对新时代社会劳动形态的新变化和新特征，从五个方面对新时代劳动者提出素质要求，并对新时代大学生的劳动素养状况进行了总结分析。在新时代高校劳动育人的内涵与本质部分，从育人、劳动育人、新时代高校劳动育人三个层面逐层递进加以阐释，并对劳动育人同相关概念之间的关系进行分析，以此形成了对新时代高校劳动育人的内涵本质较为清晰的把握。

第二，开展新时代高校劳动育人的价值考察，即第二章。主要包括新时代高校劳动育人的价值定位、价值困境和价值追求三部分内容。在价值定位部分，主要从学生、高校和社会三个层面论证和阐释了新时代高校劳动育人是大学生综合素质提升的必由之路，是高校培养高水平人才的关键一环和实现伟大复兴中国梦的重要支撑。在价值困境部分，重点从思想行为、目标内容、方法路径和条件环境四个方面深入分析了当前高校劳动教育存在的主要问题。在价值追求部分，主要从个体、群体、社会和国家四个层面的价值主体出发，对新时代高校劳动育人的价值追求进行了规划和展望。

第三，梳理新时代高校劳动育人的思想资源，即第三章。主要包括马克思主义关于劳动育人的思想、中华文化中关于劳动育人的思想和西方教育理论中的劳动育人思想三部分内容。在马克思主义关于劳动育人的思想部分，主要探讨了马克思恩格斯关于劳动育人的思想、苏联教育探索中的劳动育人思想和中国共产党人关于劳动育人的思想。在中华文化中关于劳动育人的思想部分，主要对中国古代传统文化、近代教育救国思潮和中国现代教育理论中的劳动育人思想进行了梳理。在西方教育理论中的劳动育人思想部分，主要围绕空想社会主义者、欧洲启蒙运动思想家和欧美教育革新运动中的劳动育人思想，对西方国家关于劳动育人的思想资源进行了总结和提炼。

第四，明确新时代高校劳动育人的内容形式，即第四章。主要包括新时代高校劳动育人的基本内容、内容特征和主要形式三个部分。在基本内容部分，主要从劳动道德品质、劳动知识技能、劳动身体素质、劳动审美情趣和劳动创新素养五个方面搭建起新时代高校劳动育人的内容体系。在内容特征部分，对新时代高校劳动育人的基本内容所具有的时代性与承继性、融通性与差异性、工具性与目的性、专业性与思想性、现实性与超越性相统一的鲜明特征进行了深入分析。在主要形式部分，将其概括为日常生活劳动、简单生产劳动、勤工助学劳动、专业探索劳动、创新创业劳动和志愿服务劳动等六类具体劳动活动。

第五，分析新时代高校劳动育人的作用机理，即第五章。主要包括新时代高校劳动育人的作用基础、作用动因、作用层级和作用规律四个部分。在作用基础部分，主要从新时代高校劳动育人的环境、保障、方法和载体四个方面进行了系统谋划。在作用动因部分，将规定和制约高校劳动育人实施过程的四对具体矛盾，概括为社会环境与劳动育人目标要求之间的矛盾、教师素质能力与劳育岗位要求之间的矛盾、学生成长需求与需求满足状况之间的矛盾、劳动育人与高校其他育人体系之间的矛盾。在作用层级部分，以高校劳动育人主客体间的互动关系演变和大学生个体在各类劳动活动中的实际状态表现为核心线索，将新时代高校劳动育人划分出表层、中层、深层三个彼此衔接、紧密关联、螺旋递进的层级。在作用规律部分，主要从致知于行、利益驱动、螺旋递进、交融互通、反馈控制等五个方面概括出新时代高校劳动育人的具体规律。

第六，探索新时代高校劳动育人的实施路径，即第六章。作为本书的落脚点，坚持紧扣"劳动"核心，牢牢锁定"育人"导向，直接从学生角度出发，贯彻以生为本理念，依托新时代高校劳动教育的基础性作用，根据新时代高校劳动育人作用层级的划分，重点关注大学生劳动主体意识成长和劳动素养提升的阶段性特征，紧密围绕学生在劳动活动中身心发展的实际状况循序渐进地加以展开。本章从大学生亲身参与劳动、深刻理解劳动、自主开展劳动、创新创业劳动、和谐幸福劳动等五个紧密联系又螺旋递进的维度出发，对新时代高校劳动育人的实施路径进行了系统全面的探索，初步形成了以"五个劳动"为核心的新时代高校劳动育人实施框架。

（二）新时代高校劳动育人的研究方法

本书以马克思主义唯物辩证法为根本方法论指导，并具体运用了以下四种科学研究方法。

1. 文献研究法

广泛收集、整理、分析目前国内外与高校劳动育人相关的各类文献资料，是本书所采取的主要方法之一。研读马克思主义经典著作，思想政治教育学和中外教育学的经典论著、重要报刊，以及劳动教育、劳动哲学、劳动经济学、劳动心理学、劳动文化学等相关论著，广泛吸收借鉴相关研究成果，这为本书奠定理论基础。

2. 跨学科研究法

跨学科研究法也称交叉研究法，是运用多学科的理论、方法和成果，从整体上对某一问题进行综合研究的方法。开展新时代高校劳动育人研究，不仅涉及思想政治教育、马克思主义哲学、中国近现代史等学科领域，还需要广泛吸收借鉴教育学、社会学、系统科学、文化学、传播学等学科领域的相关研究成果，甚至还要求对大数据、云计算、机器人、人工智能等前沿科学技术的具体应用有一定的了解和认知。唯有充分整合吸收多学科的研究经验和成果，才能拓宽本书的思路和视域，提升研究的质量和境界。

3. 历史和逻辑相统一的研究方法

由于劳动育人的理论和实践有着自身的形成史和发展史，所以历史研究法也是本书采取的主要方法之一。本书对马克思主义、中华文化，以及西方国家关于劳动育人的思想资源形成和发展的历史进程进行了整体回溯，用历史的眼光动态地把握不同历史时期劳动育人理论和实践的发展状况和趋向，对其兴衰起伏进行实事求是的考察和总结，得到了较为丰富的历史经验借鉴。同时，这种历史的分析梳理又不是毫无章法的，而是符合逻辑的。新时代高校劳动育人本身其实也是一种逻辑的存在，其实施过程具有内在的逻辑层次，这就需要运用逻辑的方法，从表层、中层到深层，紧密衔接、层层递进地加以分析，从而体现出研究的系统性和整体性。

4. 理论和实践相统一的研究方法

理论和实践相统一的研究方法，就是在马克思主义科学理论的指导下，从实践出发总结出理论和规律，再将之用于实践，指导行动，在实践中进一步验证理论和规律。新时代高校劳动育人是基于实践需要而产生的，理应立足实践来把握其内涵本质、考察其价值意蕴、梳理其思想资源、厘清其内容形式、分析其作用机理，并将其灵活应用于实践探索中，在探索中及时对相关理论进行更新和完善，进而更好地指导新的劳动育人实践，这正是对理论和实践相统一的研究方法的具体运用。

第一章 新时代高校劳动育人的本质意蕴

研究新时代高校劳动育人，必须首先对与劳动相关的基础理论展开深入探讨，对什么是劳动、劳动的育人价值如何体现、新时代社会劳动形态有何新特征、新时代合格劳动者应具备怎样的素质、新时代大学生劳动素养状况如何等理论和现实问题进行回答，并在此基础上，系统阐述新时代高校劳动育人的内涵和本质，为本书确立出发点或逻辑起点。

一 劳动的内涵及其育人价值

从古至今，人类对劳动的理解呈现出逐步深化的趋势。尽管劳动在人类社会历史上曾一度是被鄙视、受歧视的一种活动，但也有人看到了劳动在创造物质生活资料、满足人类各种需求以及发展人的体力脑力等方面的作用。在基督教教义中已有关于劳动作用的隐晦表达，古典经济学家威廉·配第最早提出"劳动是财富之父"[①]的著名论断，新教伦理中关于劳动创造财富的理念为资本主义的发展提供了强大助力。到黑格尔那里，他看到了劳动是人实现自我本质的过程，但他所理解的劳动是建立在唯心主义基石之上的，他看到的是绝对精神自我超越乃至复归的过程。马克思从黑格尔这里得到启发，他将黑格尔颠倒的世界观重新恢复过来，将劳动作为历史唯物主义的起点，作为他建立自己的政治经济学理论的基石，并将劳动看作人类自我发展、自我实现的必要条件。基于对前人成果的学习思考，本部分内容拟紧密围绕"劳动"展开，通过深入探讨劳动的内涵并发掘其育人价值，为揭示新时代高校劳动育人的内涵和本质奠定基础。

---

① 〔英〕威廉·配第：《赋税论》，邱霞、原磊译，华夏出版社，2013，第97页。

（一）劳动的内涵

要把握劳动的内涵，应当首先从劳动的定义出发。通过对劳动概念的界定，对劳动与相关范畴之间关系的辨析，以及对劳动发展过程中的矛盾运动进行深入剖析，整体全面地把握劳动的内涵。

1. 劳动的定义

历史上有过许多对劳动的定义，但至今还没有哪一种定义是为所有人一致认可和接受的。许多学者在对劳动下定义时，大都出于各自不同的视角、立场、方法和价值态度，给出一些既相互区别又彼此联系的定义。为顺利开展劳动育人研究，有必要运用马克思主义的立场、观点、方法，对劳动概念进行简要辨析，初步给出劳动的定义。

第一，劳动是人类特有的基本的社会实践活动。人类和动物不同，动物只是在本能的驱使下同外物发生关系，一般而言是直接占有或消灭外物，而人类则是有目的、有计划地同外部客观世界发生关系，目的不是直接占有或消灭外物，而是将外物改造或创造成符合人类需求的新的对象。恩格斯在《劳动在从猿到人的转变中的作用》中，对人类从动物发展到有独立思维、独立表达能力的真正人类的过程进行了细致考察，并得出结论，即劳动是人类特有的基本的社会实践活动，劳动造成了"人同其他动物的最终的本质的差别"[1]。

第二，劳动是人类为满足生存发展需要而开展的活动。原始人类为了获取维系自身生存的物质生活资料，不得不从事最初级的劳动。可见，劳动最初是人类为维系生存而不得不开展的活动。随着社会生产力水平不断提升，人类劳动活动也不断进化发展，但劳动始终是人类满足自身生存发展需要的根本途径。正是在获取必需的物质生活资料的劳动过程中，人类逐步发展了四肢和大脑，产生了语言，人与人之间通过相互交往逐渐形成了一定的社会关系，由此开启了人类社会发展的历史进程。可以说，人类为满足自身生存发展需要所进行的劳动，是推动人类社会历史发展的源动力。

第三，劳动是人类能动地改造客观世界的活动。早期人类劳动是直接

---

[1] 《马克思恩格斯选集》（第3卷），人民出版社，2012，第998页。

面向自然界的，自然界提供的各种劳动资料是保障劳动得以顺利进行，进而产出物质生产生活资料的前提。但是，在劳动过程中，除了密切关注外部客观世界，还必须高度重视人类自身主体性、能动性和创造性的彰显，这些同样是保障劳动得以顺利进行的关键因素。人类在通过劳动直接作用于自然界的同时，也在创造性地改造自然界，正是将自身主体性、能动性、创造性同自然界所提供的客观物质结合起来，人类才能生产出自然界中原先不存在或是不能直接提供的新的物质。"动物仅仅利用外部自然界，简单地通过自身的存在在自然界中引起变化；而人则通过他所作出的改变来使自然界为自己的目的服务，来支配自然界"[①]，这是人类和动物的本质区别。

第四，劳动是人类综合运用各类技能、工具的活动。在人类劳动历史发展进程中，随着劳动经验的积累和劳动技术的提升，各类新颖进步的劳动技能和劳动工具相继出现，极大地提高了人类劳动生产效率和质量。这是人类在劳动中实现体力脑力不断发展的必然结果。运用新式的劳动工具和劳动技能，人类可以轻而易举地解决以往很多时候难以解决的劳动问题，完成以往难以想象的劳动工程，人类同自然界之间的关系面也得到很大程度的扩张。尤其是新式劳动工具所带来的生产力水平的极大提升，会对整个社会的现行体制产生极大冲击，推动旧的社会制度发生变革，朝向更有利于生产力发展的方向演进。但与此同时，如果人类一味沉湎于自身力量的无限扩张，无休止地向自然界索取，一旦这种索取超过了自然界所能够承受的极限，将会给自然界和人类自身带来灾难性的后果。

第五，劳动是人类在改造自然界的同时改造自身的活动。劳动为人类带来了丰富的物质财富，并在真正意义上推动了人类文明的产生和发展，由此创造出丰富多样的精神财富。这些精神财富，尤其是从劳动中折射出的劳动伦理、劳动品质和劳动价值观念，又反过来对人类劳动实践产生巨大影响。可见，人类在劳动过程中能够实现改造客观世界和主观世界的辩证统一。正是在劳动中，人类结成了复杂的社会关系，促进了自我身心发展，创造出丰富的物质和精神财富，并在尊重客观规律、运用工具技能、根据规划设想来利用和改造自然界的同时，完成了对人类自身的改造。

至此，可以初步对劳动下一个定义，即劳动是人类特有的，为满足人

---

① 《马克思恩格斯选集》（第3卷），人民出版社，2012，第997~998页。

类自身生存发展需要和社会发展需要所进行的,综合运用自身体力脑力和各类技能工具,有计划、有目的地改造外部客观世界,同时改造人类社会和人类自身的社会实践活动。这一定义尽管相对宽泛,但从总体上涵盖了劳动的主要特征,对接下来全面准确地理解把握劳动在高校育人活动中的意义和价值,能够起到基础性作用。

2. 劳动与相关范畴的关系

基于对劳动的定义,为了更清晰地把握劳动的内涵和外延,需要进一步回答一些新的理论问题,即劳动同我们常见的几个相关范畴究竟是什么关系。比如,劳动同实践、生产有何联系和区别?劳动是同闲暇、幸福尖锐对立的吗?这些理论问题相当复杂,甚至每个问题都可以作为一个独立的学术话题加以探讨。此处出于研究需要和篇幅所限,笔者仅在本研究视域内,对劳动与相关范畴之间的关系作初步分析。

第一,劳动与实践。总体来看,实践的抽象概括性更强,劳动是实践的一种特殊形式。实践主要是在唯物辩证法视域下与意识相对的范畴,而劳动通常涉及在唯物史观视域下对人类社会历史发展起源和动力的解读。实践是人与自然、人与社会、人与人、人与自身活动的高度抽象,而劳动最初只是人与自然界之间进行物质交换的活动。但是,随着这项活动越来越发展、越来越高级化,在人与自然界物质交换过程中不可避免地出现了人与人、人与社会之间的交流互动,由此构成了基本的社会关系。并且,人自身的生理、心理、情感、道德等要素都在劳动过程中得到发展和进化。而人与社会、人与人、人与自身的交流互动程度的不断提升,也会对人利用和改造自然界的劳动活动产生重要且不可或缺的影响。随着新一轮科技革命的蓬勃发展,人类劳动分工日益复杂、多元化,劳动的具体形态相较以往也发生了巨大变化。在现代社会里,先进的生产工具和复杂的劳动分工导致人类直接与大自然发生物质交换的直接劳动所占比重日益减少,而基础研究、教学科研、医疗卫生、社会服务等间接劳动的比重明显增加。如果从广义角度理解,随着劳动的复杂化和多样化程度不断加深,劳动越来越成为人类社会生活的基本实践活动。

第二,劳动与生产。生产与劳动在马克思主义经典作家那里,尤其是在政治经济学视域下,通常被合并称为"生产劳动",或者直接同义混用。就词义来看,劳动更多地强调一种客观存在的实践活动的过程,而生产范畴则更靠近劳动的目的层面。从传统意义上来说，劳动的目的就是生产，生产人类赖以生存发展的物质生活资料。但是，随着人类社会不断发展，劳动这一概念的内涵也在逐步扩张。劳动的目的也已经从生产物质生活资料扩展到生产人类生存发展所需要的各类物质和精神财富。应该说，所有为生产物质和精神财富所投入的体力脑力付出都应当算作劳动，不论是直接产出这些财富的劳动还是为产出这些财富间接贡献力量的劳动。可见，劳动不仅包括生产活动，还包括为顺利进行生产活动而进行的体力、脑力等方面的准备。比如，教师的劳动为学生将来从事生产活动提供准备，医生的劳动为病人痊愈后从事生产活动创造条件，等等。当然，如果无限扩充生产的内涵，把教师的教育活动看作对学生素质能力的生产，把医生的医疗活动看作对病人健康的生产，则似乎有些牵强。因此，劳动更多的是作为一种实践活动本身而言的，而生产的目标指向性更强，故其内涵范围也相对更窄。

第三，劳动与闲暇。从字面意思来看，劳动和闲暇似乎是彼此对立、泾渭分明的，但其实不然。古希腊哲学家亚里士多德认为，人"唯独在闲暇时才有幸福可言，恰当地利用闲暇是一生做自由人的基础"[①]。"1899年凡勃伦《有闲阶级论》的出版标志着西方开始从学术层面研究休闲"[②]，西方学者从经济学、社会学、心理学、哲学、地理学、管理学等不同学科视角出发，围绕休闲主题开展了一系列实证和理论研究，取得了较为丰富的研究成果。我国休闲研究起步较晚，且受到西方学科话语体系较大影响，这在一定程度上与中国人传统观念中将休闲、闲暇、娱乐理解为与不务正业、虚度时光等相关的负面概念有所关联。其实，马克思主义经典作家在研究劳动和劳动价值时，对休闲、闲暇同样给予了高度关注。马克思在《剩余价值理论》中指出："……'可以自由支配的时间'，也就是有真正的财富，这种时间不被直接生产劳动所吸收，而是用于娱乐和休闲，从而为自由活动和发展开辟用武之地。"[③] 相对于劳动而言，闲暇为劳动者恢复体力脑力、发展创造性思维提供了宝贵的时间和空间，也为劳动活动的更好

---

① 〔美〕琼·曼蒂、L. 奥杜姆：《闲暇教育理论与实践》，叶京等译，春秋出版社，1989，第19页。
② 庞学铨、程翔：《休闲学在西方的发展：反思与启示》，《浙江社会科学》2019年第4期。
③ 《马克思恩格斯全集》（第35卷），人民出版社，2013，第229页。

开展进行着积累和准备。尽管劳逸结合的思想由来已久,但现实中劳动异化所带来的一系列后果,使得劳动者不得不在受约束的劳动中遭受剥削、疲于奔命,不得不以牺牲闲暇时间为代价去换取更多的物质利益。这无疑是很可悲的。因此,新时代要实现人民群众对美好生活的向往,必须将劳动者从受剥削、受压迫的劳动状态中解放出来,使劳动和闲暇相互依存、相互促进,让劳动过程真正成为劳动者释放本质力量、激发创新潜能、得享身心愉悦的重要渠道。

第四,劳动与幸福。关于劳动和幸福的关系,家喻户晓的儿歌《幸福在哪里》已为我们作了生动诠释,它的歌词这样写道:"幸福在哪里,朋友我告诉你,它不在柳荫下,也不在温室里,它在辛勤的工作中,它在艰苦的劳动里。"在马克思的哲学体系中,劳动不仅是一个政治经济学概念,更是一个体现价值旨趣的哲学范畴。马克思的劳动思想中蕴含着他对于幸福的深刻思考。"在马克思看来,劳动是人的充满幸福旨趣的存在方式和生活形式,劳动既是创造财富的形式,也是赋予人生意义的形式,既是实现价值的过程,也是获得幸福的过程。"[1] 然而,现实社会中的劳动更多地指代着辛苦、劳累和付出,往往是人不情愿但又不得不从事的一种活动,似乎永远与幸福无关联。的确,当资本力量还相当强大的时候,雇佣劳动天然地附带着对劳动者的强制、剥削和压迫,使得劳动者一方面不能离开劳动,另一方面又对劳动充满厌恶,试图逃离劳动,造成劳动者越是辛苦劳累,社会经济地位越是低下,越难以得到尊重和认可。这种劳动异化现象似乎在说明:劳动创造幸福只不过是书呆子们的自说自话,根本不可能成为现实。其实,劳动者在劳动过程中的幸福体验与生产资料所有制形式和分配方式是紧密关联的,唯有逐步变革不合理的所有制结构和分配制度,让按劳分配、多劳多得、分工协作、人人平等等理念在新时代、新的劳动形态中成为现实,劳动异化才会逐步消解,劳动才会成为人们尊重、认可且乐于从事的活动。而当生产力高度发达,劳动所创造的财富极大丰富时,劳动带给人类的就将不再仅仅是财富的生产,而是人的本质力量的充分彰显,到那时,劳动也将不再是一种苦难,而是人类自我实现的手段和通往幸福的路径。

---

[1] 颜军:《马克思劳动幸福思想的哲学意蕴》,《理论学刊》2014年第5期。

3. 劳动发展过程中的矛盾运动

基于对劳动的定义，以及劳动与相关范畴之间关系的探讨，为更加深入地把握劳动的内涵，有必要将劳动置于人类社会历史发展的大视野下，探索劳动发展过程中的矛盾运动。这些矛盾在不断产生、解决、再产生、再解决的过程中相互交织作用，推动着人类劳动活动不断进化发展。

第一，客观实在性与主观能动性的矛盾运动。从前文对劳动的定义中可以发现，劳动首先是一种人类作用于自然界的实践活动。由于劳动直接作用于客观物质世界，因此劳动活动本身就是客观实在的，这也是劳动最本质的属性。人类在同自然界发生劳动关系时，为了从自然界获取更多自身赖以生存发展的物质生活资料，必然千方百计地提升劳动本领、积累总结劳动经验、创造更先进的劳动工具，并且在劳动中逐步懂得交流沟通、分工协作。在客观实在的劳动活动中，人类的主观能动性也在不断发展。人类通过对劳动工具、劳动技能、劳动组织管理等不断进行改进和优化，不断提高自身从自然界获取物质生活资料的能力，使得客观实在的物质世界在劳动中逐渐成为人们主观设想的产物，而人的主观能动性也在劳动过程中得到实际彰显。由此可见，客观实在性与主观能动性这一组矛盾的双方在劳动过程中逐渐走向各自的对立面，而劳动也就成为人类改造自然界，进而改造人类社会和人类自身的根本途径。

我们应当清醒地认识到，在客观实在性与主观能动性的矛盾运动中自然蕴含着合规律性与合目的性的有机统一。物质世界中蕴含着客观规律，人类的主观能动性致力于探索和把握这些规律，进而更有目的性地作用于物质世界。而当人类试图去挑战这些客观规律时，则必然遭到惩罚。正如恩格斯所指出的："我们不要过分陶醉于我们人类对自然界的胜利。对于每一次这样的胜利，自然界都对我们进行报复。"[1] 历史上，人类在经济利益的驱动下，违背自然规律，凭借科技的进步对自然界进行所谓的征服，也因此遭到了自然界的报复。就我国而言，改革开放初期粗放式的经济增长方式使我国经济得到快速发展，但这种投入高、耗能高、低质量、低产出，以牺牲环境、破坏生态为代价，副作用明显的发展方式，也客观上造成我国在经济社会发展中出现了一系列矛盾。进入 21 世纪，越来越多人认识到

---

[1] 《马克思恩格斯选集》（第 3 卷），人民出版社，2012，第 998 页。

转变经济发展方式的必要性和紧迫性,政府也陆续出台了一系列政策,积极推动经济增长方式由粗放型向集约型转变,加快解决创新乏力、资源浪费、环境污染等突出问题。习近平总书记曾深刻指出:"我们既要绿水青山,也要金山银山。宁要绿水青山,不要金山银山,而且绿水青山就是金山银山。"[①] 这一重要论述虽旨在阐明生态环境与经济发展之间的辩证关系,但同样能够带给我们方法论意义上的启示,即如果人们严格依照客观规律办事,制定科学合理的目标,在劳动中充分发挥主观能动性,将有很大概率取得双赢的结果;但如果片面强调人的主观能动性而忽略劳动活动的客观规律,则很可能陷入盲目、短视等误区,造成不良后果,白白葬送掉前期辛苦取得的劳动成果。综上,人类对劳动规律的认识是逐步深化的,对劳动活动也有着越来越高的要求,但人类又不可能穷尽劳动的全部规律。因此,在劳动发展过程中,客观实在性与主观能动性之间的矛盾运动作为推动人类劳动进步的重要动力,将会一直存续且不断发展。

第二,被动强制性与自主自觉性的矛盾运动。历史上人类看待劳动的心态是复杂的:一方面,人类必须从劳动中获取自身赖以生存发展的物质生活资料;另一方面,人类又在劳动中付出辛劳、耗费精力、遭受苦累。正是在这种复杂的心态下,在人与人的交往过程中,一部分人逐渐远离劳动,另一部分人却被迫强制参与劳动,由此形成两个尖锐对立的社会阶级。至此,自主自觉劳动成为绝大多数劳动者的奢望,唯有在一些消极避世、归隐山林的隐士身上才能隐约看到劳动带给人的乐趣和享受,这也说明了为什么像"采菊东篱下,悠然见南山"这样的生活情境如此令人神往。正是由于底层民众被迫从事艰辛劳作,遭遇剥削压迫,中国历史上农民起义推翻封建王朝统治的事例不胜枚举,由此带来朝代更迭、历史风云变幻,里面的根由都可以追溯到劳动那里,这也说明了为什么劳动是历史唯物主义的根本线索。根据黑格尔对主奴关系的精到分析,主人远离劳动,享受奴隶劳动的果实,奴隶辛勤劳动,用自己的劳动成果供养主人。长期下去,主人的身心机能慢慢退化,而奴隶在劳动中经受锻炼、获得经验、开阔视野、不断发展,此消彼长之下,主奴关系就会动摇,甚至颠覆。

尽管劳动越靠近被动强制性,人们在劳动中的满意度、幸福感和创造

---

① 《习近平关于社会主义生态文明建设论述摘编》,中央文献出版社,2017,第21页。

性，但当生产力尚未达到很高水平时，早期人类劳动不可避免会带有强制性和受迫性特点。而被动强制性越大，人们对自主自觉劳动的憧憬就越强烈。正是基于提升生产效率、创造更多财富、改善劳动处境的需求，人类不断探索创新，制造出越来越先进的生产工具，探索出越来越成熟的组织管理模式，推动生产力水平不断提升。当生产力水平发展到一定程度时，以往需要大量人力物力才能完成的工作，可以由机器或其他劳动工具轻易完成，人们生存发展所需的物质生产资料的生产时间越来越短，留给人们自由活动的时间越来越多，劳动的自主自觉性也就能够越来越得到彰显。然而，不管生产力水平发展到何种程度，社会关系如何变迁，劳动中的强制性成分可能会越来越少，或是以不同形式存在，但不会完全消失。正如恩格斯在《论权威》中所指出的："这样，我们看到，一方面是一定的权威，不管它是怎样形成的，另一方面是一定的服从，这两者都是我们不得不接受的，而不管社会组织以及生产和产品流通赖以进行的物质条件是怎样的。"①

　　需要指出的是，既然人的身心机能、创造力、意志品质等只有在劳动中才能得到真正意义上的提升和发展，那么，在可以预见到的科技水平高度发达的未来，机器人、人工智能将包办大量的人类生产劳动，人类是否会因为从事劳动的时间减少和劳动强度降低而出现生理机能退化、创新能力消减等问题呢？其实，任何科技文明都是在人类的劳动中创造出来的。不可否认，当劳动的智能化、自动化程度越来越高时，劳动效率将越来越高，用于生产基本物质生活资料所耗费的社会必要劳动时间也将越来越少，此时，简单劳动、体力劳动在社会生产活动中所占的比重将不断缩小，劳动形式将逐渐转变为以智力劳动、数字化劳动、组织管理劳动、创造性劳动为主。而劳动形态的转变必然给劳动者的综合素质提出新的更高的要求，也给劳动者的社会地位提升以及社会生产关系的变革带来可能。而当劳动的被动强制性逐步降低，劳动的自主自觉性逐步提升，直至后者成为主导，前者服从于后者时，人类理想中的劳动情境才有可能成为现实。要实现这一理想，需经历漫长的历史过程，并以人类价值观念和生活方式的根本转变为前提。由此可见，劳动的被动强制性与自主自觉性相互依存、相互作

---

① 《马克思恩格斯选集》（第3卷），人民出版社，2012，第276页。

用、此消彼长,其矛盾运动将贯穿人类社会历史发展的全过程。

第三,总体普遍性与个体特殊性的矛盾运动。人是一种社会性动物,劳动不仅是人与自然之间的物质变换过程,也是人与人之间的互动交往过程。可以说,劳动是推动人类由单一个体走向社会群体的源动力。纵观人类劳动发展史,即使是最原始的劳动,也有简单的分工与协作。分工与协作极大地增强了单个人的劳动能力,使得社会生产力水平快速提升,人类可以轻易完成原来单靠个人力量难以完成的劳动任务,获取更多的生产生活资料。因此,人类在劳动过程中自然地结为集体,通过集体劳动的力量从自然界获取资源,维持自身的生存发展。在这个过程中,人与人之间的交往互动不断深化,语言、文字等社交工具也随之出现,共同推动着人的智力、体力、创造力在劳动过程中不断进化发展,并由此创造出丰富的物质和精神财富,开创出整个人类文明。可见,在人类历史发展的各个时期,劳动都是普遍存在的,并且劳动工具、劳动技能、劳动形式在某一历史时期也是总体趋同的。但是,如果仅停留在这个认识上,就很难解释社会生产力水平以及相应的生产关系为何会不断发展进步,进而推动整个人类社会历史不断向前发展。其实,原因仍然在于劳动。劳动既是普遍的、整体的,也是个别的、特殊的。任何个体的劳动都具有社会性,任何个别的劳动都具有特殊性。无数个体劳动的不断叠加,共同绘就一幅宏伟壮丽的人类劳动画卷。

随着社会生产力水平不断提升,人类对劳动活动的要求越来越高,劳动产品的品类越来越繁杂,人类在劳动过程中的分工协作也越来越精细化。与早期人类从事捕鱼、打猎、搭建、纺织、农耕等简单劳动不同,现代劳动者的职业化、专业化程度大幅提升,越来越多的劳动者终身只从事某一种或某一类职业,只需掌握与自己所从事职业相关的劳动技能,甚至只需掌握在某一劳动产品生产流通过程中的某个环节的相关技能,就足以较好地完成劳动任务。可见,在现代社会,无数劳动者的劳动活动就像一个个细胞分子,共同构成了整个人类社会有机体。尽管大多数劳动者仅在某一领域从事劳动活动,但在劳动广度下降的同时,劳动的深度却显著提升。劳动者围绕某一细分领域精耕细作,久久为功,在劳动过程中积累经验,探索规律,开拓创新,最终积量变为质变,推动人类劳动整体水平不断提升。需要指出的是,现代社会科技发达,劳动自动化、智能化水平不断提升,大量复杂、危险的劳动都已交由机器人、人工智能来完成,普通劳动者往往只需按照既定步骤进行简单的重复性操作就可以完成劳动任务。此时,劳动的个体特殊性可能被淹没在普遍性、同一性的劳动活动之中,劳动逐渐沦为某种单调、枯燥、惹人厌烦的活动。这是现代劳动者必然遭遇到的危机和挑战。对此,广大劳动者应当清醒地认识到,那些简单机械的劳动将逐渐被先进劳动工具所完成,劳动者唯有拓展思路、不断学习、自我提升,才能逐步适应新的更高级的劳动形态。政府主管部门和各类用人单位也应当通过组织职业培训、完善基本保障、开展人文关怀等措施,帮助劳动者树立正确观念、解除后顾之忧,引导其在劳动中充分发挥聪明才智、释放创新潜能,更好地彰显个体劳动的社会价值。

(二) 劳动的育人价值

在把握劳动内涵的基础上,将劳动置于历史视域中,揭示劳动在人类社会历史发展进程中,以及人类自身进化发展过程中的地位和作用,并由此出发,深入探讨劳动的育人价值,对开展高校劳动育人研究具有基础性意义。

1. 劳动是推动人类社会历史进程的根本动力

现实的人是人类社会存在发展的基础,而人又是在从自然界获取生存资料的漫长劳动历程中逐渐进化发展而来的。正是在劳动中,一部分类人猿渐渐直立行走,懂得用手制作劳动工具,并逐步发展出语言。语言和劳动一起"成了两个最主要的推动力,在它们的影响下,猿脑就逐渐地过渡到人脑"[1]。生理上的进化带来了早期人类劳动视野和脑容量的扩增,以及随之而来的感官意识、思维能力的增强,这些因素又反过来为劳动和语言的进一步发展提供推动力,使得人和动物慢慢区别开来。正如恩格斯所指出的:"动物仅仅利用外部自然界,简单地通过自身的存在在自然界中引起变化;而人则通过他所作出的改变来使自然界为自己的目的服务,来支配自然界。这便是人同其他动物的最终的本质的差别,而造成这一差别的又是劳动。"[2] 正是在获取更多物质生产生活资料的驱动下,人和人之间在劳

---

[1] 《马克思恩格斯选集》(第3卷),人民出版社,2012,第992页。
[2] 《马克思恩格斯选集》(第3卷),人民出版社,2012,第997~998页。

动过程中逐渐懂得通过分工协作来共同完成那些仅凭单个人的力量难以完成的劳动任务。早期人类大都以血缘、地域等作为结成群体的主要依据，集体劳动、群体作业大大提高了人类利用自然、改造自然的能力，也创造出更高的生产力水平。生产力的发展又推动着人与人之间社会生产关系的发展演进，人与人之间构成的集体范围也越来越大。早期的百人部落、千人集群逐渐被越来越庞大、越来越丰富的社会组织形式所取代，人与人之间的社会关系也变得更加复杂多元，并由此衍生出艺术、宗教等劳动附属产品。

从劳动这一历史起点出发，人类社会经历了从无到有、从小到大、从简单到复杂的漫长发展历程。在这一过程中，生产力与生产关系之间的矛盾运动是推动人类历史不断发展的根本动力。劳动者作为整个生产力构成要素中最活跃、最核心的要素，其通过辛勤劳动创造出大量社会财富，并在劳动中总结经验得失，改良劳动工具，努力开拓创新，推动社会生产力水平不断提升。劳动不仅是促进生产力发展的动力，同样也是推动生产关系形成和发展的重要前提。正是在劳动生产过程中，人与人之间结成了最基本的社会关系，并衍生出包括文学、艺术、政治、法律、道德、宗教等在内的制度和精神文化，这些文化力量又反过来对人类劳动实践产生重要影响。一方面，那些尊重劳动客观规律、对劳动持正确态度的文化载体能够在很大程度上激发劳动者的干劲热情和创新潜能，促进劳动生产力水平快速提升；另一方面，那些违背劳动规律、对劳动持错误片面认知的文化氛围，则会对劳动活动产生较大的负面效应。尽管文化因素对人类劳动实践有着正反两个方面的影响，但从总体上看，劳动作为人类赖以生存的第一位的活动，是每个人获取物质生活资料以维系自身生存发展的前提，所以，劳动的重要地位和作用不容抹杀。虽然人类历史上也曾出现过包括鄙视劳动、歧视劳动群众等在内的与劳动相关的文化糟粕，并在某个历史时间节点上可能对劳动生产力的发展产生一定阻碍，但就人类历史发展整体而言，正是由于劳动始终贯穿其中，生产力和生产关系之间的矛盾运动才能持续发展演进，进而推动整个人类社会不断前进。

2. 劳动是促进人类自身成长发展的首要条件

人类在劳动中不仅创造出丰富的物质和精神财富，还在这一过程中实现了人类自身的进化和发展。第一，劳动能够锻炼提升人的身心机能。人的感觉器官、语言能力、抽象能力、逻辑推理能力等都能够在劳动中得到充分锻炼,并在劳动中不断发展。此外,修复和提升人的身心机能的种种方法和手段,也能够在劳动发展过程中不断得到丰富和完善。第二,劳动能够促进人与人之间广泛深入的交往,从而使得人的社会属性在交往过程中得到充分彰显。马克思曾深刻指出:"人的本质不是单个人所固有的抽象物,在其现实性上,它是一切社会关系的总和。"① 人不仅具有自然属性,也具有社会属性。社会性作为人的本质属性,是以人与人之间的相互交往为前提的。而在劳动中结成的人与人之间的关系,是最基本的社会关系,也是每个人实现自身发展的必要条件。第三,劳动能够为人类自身发展创造出良好的物质条件。人类通过劳动创造出的丰富多样的物质生活资料,能够显著增加人的营养摄取,优化人的居住、出行等生活体验,打造出更优越的劳动环境和更先进的劳动工具,不断激发人的劳动动力和潜能,为人类自身发展打下坚实的物质基础。第四,从劳动中衍生出的优秀文化能够滋养人的精神世界。人不仅有基本的生理需求,也有着更高层次的精神方面的追求。由无数可歌可泣的劳动典型和感人事迹所凝结成的劳模文化、工匠精神,能够引导激励广大劳动者自觉见贤思齐,努力在平凡的劳动岗位上讲奉献、敢担当、善作为,充分彰显个体劳动的社会价值,进而在劳动中实现自身全面发展。

在马克思看来,劳动不仅是人类维持自身生存的手段,也是人的自我实现的活动。在《德意志意识形态》中,马克思指出:"人们为了能够'创造历史',必须能够生活。但是为了生活,首先就需要吃喝住穿以及其他一些东西。因此第一个历史活动就是生产满足这些需要的资料,即生产物质生活本身。"② 这里马克思着重强调劳动是满足人的生存需要的活动。在《1844年经济学哲学手稿》中,马克思指出:"动物和自己的生命活动是直接同一的。动物不把自己同自己的生命活动区别开来。它就是自己的生命活动。人则使自己的生命活动本身变成自己意志的和自己意识的对象。他具有有意识的生命活动。……正是由于这一点,人才是类存在物。"③ 在此

---

① 《马克思恩格斯选集》(第1卷),人民出版社,2012,第135页。
② 《马克思恩格斯选集》(第1卷),人民出版社,2012,第158页。
③ 《马克思恩格斯选集》(第1卷),人民出版社,2012,第56页。

基础上，马克思还进一步强调："正是在改造对象世界的过程中，人才真正地证明自己是类存在物。这种生产是人的能动的类生活。通过这种生产，自然界才表现为他的作品和他的现实。"① 可见，人只有通过劳动这种对象化活动才能真正证明自己的存在意义和价值，人也正是在劳动中与他人形成一定的社会关系，并在这种社会关系中得到他人的承认。

按照马克思的设想，当消除私有制，消除异化劳动，实现自由劳动时，人才有可能达到自我实现的目标。但在后现代理论大师让·波德里亚看来，即使人的劳动是自主自觉的，也不一定能够达到自我实现的目标。他认为，在后现代社会中，尽管人类不再需要通过劳动满足自身生存需要，但劳动却被用来实现结构价值，人的劳动将成为结构价值意义上的符号，仍然难以摆脱被束缚的命运。此时"劳动不再与其他实践有区别，尤其是不再与它的对立词项——自由时间有区别"②，不论人们从事的是劳动活动还是休闲活动，其实都是在劳动，都是在为资本系统服务。尽管让·波德里亚的劳动观关于结构价值的区分存有争议，但他敏锐地认识到后现代社会资本系统将以新的方式来实现对人的控制，这一认识具有重要的理论价值，是对马克思主义劳动观的有益增补。其实，在某种程度上，现代社会正面临着让·波德里亚的理论中所揭示出的种种问题，资本对人的控制已经从传统经济领域延伸到社会生活的各个领域。这也使我们更加清醒地认识到，要完全摆脱资本系统的束缚，摆脱资本对人的新形式的控制，实现真正意义上的自由劳动，进而达到人的自我实现目标，仍然任重道远。但无论如何，劳动中存在的问题归根结底要靠劳动来推动解决，劳动仍然是人类自我实现的重要手段。

3. 从劳动与教育的关系中把握劳动的育人价值

"所谓价值，是指以主体的尺度为尺度的一种主客体关系状态。"③ 价值作为一种关系范畴，包含着两个方面的规定性：一方面存在着具有某种需要的主体，另一方面存在着能够满足这种需要的客体。当一定的主体发现能够满足自己需要的对象，并通过某种方式占有这种对象时，就出现了价

---

① 《马克思恩格斯选集》（第 1 卷），人民出版社，2012，第 57 页。
② 〔法〕让·波德里亚：《象征交换与死亡》，车槿山译，译林出版社，2006，第 21 页。
③ 李德顺：《价值论：一种主体性的研究》，中国人民大学出版社，2020，第 20 页。

值关系。从主体劳动活动及其结果的角度来看，不同劳动活动所取得的结果在包含经济价值、政治价值、文化价值的同时，还有着重要的育人价值。对于劳动的育人价值的理解，应从劳动与教育的关系着手。

苏联教育学家米定斯基在其著作《世界教育史》中提出："只有从恩格斯的'劳动创造了人本身'这个著名的原则出发，才能了解教育的起源。教育也是在劳动过程中产生出来的。"① 教育的劳动起源说认为，教育起源于劳动过程中社会生产需要和人的发展需要的辩证统一，这是在我国学界得到广泛认同的观点。正是在劳动中工具的制作和改进，以及语言和文字的产生，共同促进了人类文明的传承和发展。可见，从社会进化机制来看，教育和劳动的关系十分紧密，最早的教育其实和劳动是融为一体的，人们往往在劳动过程中将技艺或经验传授给下一代。尽管原始社会后期教育活动的专门化倾向越来越明显，教育活动看似距离劳动越来越远，但实际上，教育并没有须臾离开劳动。作为教育本身，教师的教育教学活动其实就是一种劳动，这种劳动要求教师掌握教育技巧、具备教育能力，涵养崇教厚德、为人师表的品行操守。作为教育目标，教师应当引导学生正确看待劳动、乐于从事劳动，并传授给学生一定的劳动方法和技巧，使学生在接受文化教育的同时，能够掌握一技之长，将来在社会上站稳脚跟，有光明的前程。作为教育形式，劳动能够有效避免单一理论教学带来的脱离实际、脱离群众等诸多问题。作为教育手段，通过组织引导学生开展劳动，能够促进学生强健身体、磨炼意志、团结协作、懂得审美，实现全面发展。

由此可见，劳动不仅是教育的形式和手段，更是教育的目标和教育活动本身。全面准确地理解劳动与教育的关系，对深入开展劳动育人研究具有重要意义。教育视域下的劳动，其根本目的是育人，是通过劳动促进学生全面发展。因此，在劳动教育过程中，劳动的工具性特征应当尽量弱化，而目的性特征则有必要进一步强化。过去我国劳动教育在此方面存在一些误区，导致相当长一段时期内劳动教育在学校教育体系中被弱化、淡化和虚无化，造成学生不懂劳动、不愿劳动、不会劳动等问题凸显。尽管这些问题的产生还受到不同历史时期政治、经济、文化等因素的影响，但由于对劳动的教育价值的不当认知，遮蔽了劳动本真的教育意蕴，致使劳动教

---

① 〔苏〕米定斯基：《世界教育史》，叶文雄译，生活·读书·新知三联书店，1950，第5页。

育陷入形式化、扭曲化的误区。例如，在劳动教育中将劳动活动视为限制学生自由、惩戒学生的教化手段；在物质利益驱动下，盲目追求学生劳动活动带来的经济效益，违背育人初衷，将学生视为创造利润的工具；等等。可见，要充分发挥劳动的育人价值，应首先打破认知误区，从人的生命活动和存在方式的高度对劳动概念进行理解和把握，将劳动视为"教人求真、教人至善、教人臻美的有机统一整体"[①]；应教育引导学生将自身的体力脑力、灵感创意、情感意志等充分融入劳动过程，将自身本质力量积淀、凝聚到劳动对象中，在实现对外部对象生产和占有的同时，促进学生自身综合素质不断提升。

二 新时代社会劳动形态的变化与影响

劳动形态主要指在某个特定历史阶段，人类通过劳动作用于自然界的过程所展现的整体性的表现形式。新时代社会劳动形态的变化标示着劳动时间、劳动地点、劳动方式、劳动关系等方面的调整变化，这些调整变化在改变人类劳动活动本身的同时，给新时代劳动者的综合素质提出了新的更高的要求，也对新时代大学生劳动素养的形成和发展产生了深远影响。

（一）新时代社会劳动形态的新特征

在人类劳动发展的低级阶段，客观物质环境，尤其是自然条件，对人类劳动具有决定性的影响。自然界发展到某个阶段，才给人类产生和人类活动创造了必要的外部条件，才为人类劳动的出现和发展带来了现实可能性。人类劳动的逐步发展，劳动经验的积累、劳动工具的发明和改良、劳动技能的提高，都大大增强了人类认识世界、改造世界的本领，并由此带来了劳动生产效率的显著提升。在劳动过程中，人与人之间相互配合、彼此协作，逐渐形成了纷繁复杂的社会关系，人类劳动也逐渐获得了在自然条件之外的相对独立性。某一历史时期人类劳动形态的具体表现，同当时的社会生产力发展水平紧密关联。历史上各个时期的生产力和劳动技术发展水平，以及与之相适应的产业结构，为以生产关系的性质为基本标准的

---

① 徐海娇、柳海民：《遮蔽与祛蔽：劳动的教育意蕴——基于马克思劳动概念的价值澄明》，《湖北社会科学》2017年第6期。

社会形态划分提供了基本依据。以中国古代史为例，从一般意义上而言，石器时代对应着原始社会，青铜器时代对应着奴隶社会，铁器时代对应着封建社会。当然，我们不能将生产力决定生产关系这一原理绝对化，但从生产力和生产关系的双重视角出发来把握人类劳动形态的发展变迁，对于我们清醒地认识和把握新时代社会劳动形态的新表现、新特征，具有重要意义。

2017年12月召开的中央经济工作会议指出："中国特色社会主义进入了新时代，我国经济发展也进入了新时代，基本特征就是我国经济已由高速增长阶段转向高质量发展阶段。"[1] 这是党中央对我国经济发展作出的历史性、划时代的重大判断。改革开放40多年来，尤其是党的十八大以来，我国经济实力再上新台阶，国内生产总值超过100万亿元，对世界经济增长的贡献率占到1/3，成为世界经济增长的主要动力源和稳定器。国家统计局2012~2019年三次产业构成在GDP中所占比重的统计数据显示[2]，第三产业增加值呈逐年上涨态势，第三产业对GDP的贡献率所占比重也在逐年提升，2019年已达到63.5%，[3] 经济结构向中高端水平持续迈进，实现了多年想实现而没有实现的重大结构性变革。经济结构的重大变革必然对我国劳动领域产生重大影响。就劳动形态而言，信息科技产业、文化产业等新兴劳动密集型产业不断涌现，日益挑战着我国传统劳动形态格局。"生产与技术、知识与价值、信息与文化、时间与空间等劳动要件的耦合比任何时代都更加复杂，更加多样"[4]，劳动呈现出越来越多样化的叠加形态，表现出诸多新的时代特征。

1. 劳动组织方式平台化

我国正处于经济转型的关键时期，近年来互联网、大数据、人工智能等现代信息技术的飞速发展和广泛应用，对我国现代制造业、服务业等产业发展产生了深远影响，同时也推动着劳动组织方式发生重大变革。就现

---

[1] 《中央经济工作会议在北京举行》，《人民日报》2017年12月21日。
[2] 2020年以来，第三产业对GDP贡献率受到新冠肺炎疫情重大变量影响，故未纳入统计分析范围。
[3] 国家统计局年度数据"三次产业贡献率"，见国家统计局网站，https://data.stats.gov.cn/easyquery.htm？cn=C01，最后访问日期：2022年5月1日。
[4] 班建武：《"新"劳动教育的内涵特征与实践路径》，《教育研究》2019年第1期。

代制造业而言，基于互联网、大数据的生产要素配置使得产业经营模式呈现出碎片化、去中心化、个性化等特征，这些新变化使得企业的劳动组织方式必然朝着平台化方向发展。一方面，平台化的劳动组织方式有利于促进生产、存储、运输、销售等劳动环节内部和外部之间的实时信息交互和精准协同配合，有利于打通供应链的上游和下游之间、仓储物流和营销渠道之间、生产者和消费者之间的信息隔阂，对于优化资源配置、推动协同创新、促进产业转型、激发消费潜力具有重要意义，也为培育新的经济增长点带来宝贵机遇。另一方面，平台化的劳动组织方式在很大程度上依赖于企业对互联网技术的实际应用，而频繁更新换代的互联网信息技术可能带来的系统兼容、升级维护等一系列潜在风险，必然对企业网络基础设施建设、信息网络安全机制和标准制定、平台管理者和使用者的网络素养提出新的更高的要求。就服务业而言，依托各类互联网智能生活平台，现代人足不出户就能够享受到信息时代的各种便捷服务。这些服务类型丰富多样，包括外卖送餐、快递揽收、家政服务、共享医疗、网约车等等。通过互联网平台的智能匹配和精准衔接，劳动者能够以个人身份不定期地向多数不特定主体提供服务，这种劳动形态也被称为共享劳动。国家信息中心发布的《中国共享经济发展报告（2021）》显示：2020年我国共享经济参与者人数约为8.3亿人，其中服务提供者约为8400万人，同比增长约7.7%；平台企业员工数约631万人，同比增长约1.3%；2020年我国共享经济市场交易规模约为33773亿元，同比增长约2.9%。[①] 从统计数据和日常生活体验中都可以发现，我国共享经济呈高速增长态势，已经给传统劳动关系和民众日常生活带来重要影响。早期的共享劳动以兼职劳动为主，通过在业余时间暂时转移个体劳动者的闲置资源获取一定报酬，后期逐渐出现了以共享劳动为主要谋生手段的全职从业人员。虽然这些全职从业人员并不专属于某个固定的互联网平台，但互联网平台对于每个利用平台资源从事共享劳动的劳动者仍然负有资质审核、过程监管、报酬结算等具体职责。共享劳动者的劳动服务一般具有专属性，不能任意转让，平台对劳动过程的监督和考核主要通过智能化平台软件的数据统计、实时定位、服

---

① 国家信息中心分享经济研究中心：《中国共享经济发展报告（2021）》，国家信息中心网站，http://www.sic.gov.cn/News/557/10779.htm，最后访问日期：2022年5月1日。

务评价等功能来实现。平台能够大幅降低交易成本，提升资源配置效率，同时也为劳动者自主择业和弹性就业提供了更多选择。随着未来网络信息科技的快速发展，共享劳动将从生活服务领域向生产制造等其他领域加速融合渗透，这也给共享劳动的监督管理带来了更多新的问题和挑战。政府主管部门和平台企业之间紧密配合、相互促进，推动传统监管方式改革，共同构建针对共享劳动的长效化监管服务机制，将成为推动共享劳动持续健康发展的重要前提。

2. 劳动参与身份多重化

与共享劳动者以同一种身份为多数不特定主体提供服务不同，劳动参与身份多重化是指劳动者不满足于只拥有某一种专业技能或者被限定在某一种被雇佣状态中，而是以选择多重身份或多种职业为特征，追求个人劳动身份角色不断变化的特殊体验，并以此更大限度彰显个人存在价值。有学者以"斜杠青年"来概括这一类劳动者群体。"斜杠"一词来源于英文的"slash"，出自 2007 年《纽约时报》专栏作家麦瑞克·阿尔伯的《双重职业》，主要指一部分青年群体由于具有多重职业身份，会在自我介绍中用斜杠来对职业身份加以罗列。比如，张三，摄影师/作家/律师。"斜杠青年"有同时具有多重职业身份、以兴趣扩展职业路径、通用技能较强等主要特征。[①] "斜杠青年"的出现有多方面的原因。其一，互联网、大数据等现代科技的广泛应用，在很大程度上包办了传统社会中人类必须在第一线从事的大量基础性劳动，人类从以往低效率、简单重复性的劳动中解放出来，有时间和空间在个人兴趣爱好的指引下学习和拓展新的个体技能和新的职业领域。例如，某人可以白天从事翻译工作，下班后担任健身教练，晚上进行艺术创作。这种多重参与身份的劳动形态弱化了劳动的从属性关系和雇主对劳动者的控制，其个性化强和自由度高的特点使其对青年劳动者群体具有很强的吸引力。其二，"斜杠青年"的出现与新时代我国经济社会发展对复合型人才的迫切需求密切相关。新时代是科技生产力迅猛发展、经济结构与产业格局深刻变革的时代，以往相对单一、片面的人才观念难以满足经济社会发展需要，时代呼唤越来越多复合型、多元化人才。"斜杠青年"知识面广、视野开阔，涉猎多个职业领域，积累了丰富的劳动经验，

---

① 参见项久雨《"斜杠青年"的特征、成因及认知误区》，《人民论坛》2019 年第 29 期。

正是能够满足时代发展需要的合格人才。此外，除了需要弄清多重身份劳动者的出现原因和正面效应之外，也不能忽视其可能带来的负面影响。如果劳动者缺乏对社会和自身的清醒认知，仅仅出于个人喜好或经济目的，求广不求精，抓不准影响个人发展的主要矛盾和次要矛盾，盲目追求职业身份的多重化，也可能会对其成长发展产生负面影响。

3. 劳动管理过程智能化

在互联网时代，企业运用大数据、人工智能等新兴技术手段对劳动者的劳动过程进行智能化管理，是企业优化管理模式、提升生产效率的必然选择。智能化的劳动管理具有以下几个特征。一是能够优化企业对人力资源的配置。智能化劳动管理系统能够帮助企业更有效率地管理人事信息，大幅减少企业人事管理的工作量，使得企业人事管理更加透明高效。除此之外，智能化劳动管理系统可以帮助企业提升劳动过程管理水平，实现包括员工排班考勤、工时管理、劳动绩效等在内的时间与劳效一体化和个性化管理。二是能够提升对劳动过程的监督效率。智能化的劳动管理彻底改变了过去主要依靠现场人工监督或借助监视器的远程人工监督方式，使得长时间、高强度、广覆盖的劳动监督成为新常态。智能化监控技术能够对劳动者实施全天候不间断的自动监督，并自动识别和记录工人劳动过程中违反规则的行为。例如，通过对监控器所收集到的数据进行自动分析与处理，微软公司开发的 Workplace Safety 能够按照预先设定的规则对工人的活动进行监督，并且可以通过手机 App 将违反规则的信息发送给管理人员。[①]三是促进劳动协作水平不断提升。智能化的劳动管理改变了企业内部各部门之间的沟通交流方式，能够加强企业采购、生产、仓储、销售等部门之间的业务联系和资源共享，帮助劳动者随时随地通过无线智能终端实现信息的高速传递，获取所需的关键信息，扫清各部门之间协同配合的阻碍，帮助企业更好地作为一个整体进行运作，提升企业内部不同部门劳动者之间的劳动协作水平，进而有效提升劳动效率。除了上述几个方面的特征，智能化的管理方式有可能带来的一些弊端也不容忽视。一方面，全方位的

---

① Brad Jones, "Microsoft Shows How AI Can Make a Construction Site Safer at Build 2017", https://www.digitaltrends.com/computing/microsoft-build-2017-ai-workplace/，最后访问日期：2022年5月1日。

劳动监督可能涉嫌侵犯劳动者的隐私权。智能化的劳动管理系统需要对劳动者个人信息进行广泛收集，而现阶段企业对这些个人信息的管理和使用难以得到有效监管，存在个人信息被泄露或被非法滥用的潜在风险。并且，对劳动过程全方位的监督也可能会侵犯劳动者的隐私权。另一方面，智能化、程式化的劳动管理将在一定程度上提升劳动者的劳动强度，加强资本对劳动力的控制和剥削，并限制劳动者自主能动性的发挥，以及从劳动过程中获得满足感和幸福感，可能成为企业统治劳动者的新工具。

4. 劳动时间、空间灵活化

与传统社会生产中劳动者的绝大多数劳动活动被限制在固定的时间和空间内不同，在网络信息时代，依托现代信息科技，劳动者的劳动自由度明显提升，在劳动的时间和空间选择上更具有灵活性。这种更加自由灵活的劳动形式应时代发展的需求而产生，对企业、社会和劳动者自身均具有一定的正面效应。对企业而言，灵活化的用工方式能够有效降低企业运营成本，促使企业将更多资源向设定任务目标、考核完成质量等方面倾斜，不再过多拘泥于对员工劳动的指挥和监督，能够更有效地激发员工劳动的自主创新意识，有利于企业生产效率的提升。对社会而言，自由灵活的就业方式能够提供更多的就业机会，能够将很多过去由于种种原因不方便在固定时间、空间进行劳动的人员纳入就业体系中来，还能够减轻劳动者上下班通勤导致的交通和环境压力。对劳动者自身而言，自由灵活的劳动方式有利于减轻工作压力，促进身心健康，能够在更大程度上激发个体劳动的主观能动性。除了这些正面效应，我们还应当看到劳动时间、空间灵活化给劳动者成长发展所带来的一些弊端。一方面，灵活化的劳动方式并没有彻底改变劳动的从属性特征。尽管劳动者能够获得一定的劳动自主权，但劳动的被动性、强制性依然存在，企业对劳动结果的监督考核较以往将更为严苛。另一方面，由于离开集体劳动环境，劳动者与管理者、协作者之间缺乏面对面的沟通交流，难以碰撞出思想火花，不仅可能导致劳动者人际关系的疏远，还会影响个人视野和格局，进而影响劳动者职业理念和技能的确立和发展。

5. 劳动外部边界模糊化

维持个人工作和生活的平衡是大多数劳动者所追求的一种理想状态。美国学者克拉克基于对以往工作/家庭关系理论的批判，于2000年提出关于工作/家庭关系的理论。① 该理论认为，工作和家庭是两个各自存在边界的相对独立的领域，并以此作为探索两者之间冲突原因的出发点。该理论通过分析工作和家庭之间存在冲突的原因，为组织和个人提供了维持工作和家庭更好平衡的工具。与传统意义上工作与生活之间泾渭分明不同，现代科技的飞速发展使得越来越多的劳动者不太需要依赖机器设备，在某个固定的时间、空间内完成劳动任务。劳动者对物理条件的依赖性明显降低，这也使得劳动与休闲、娱乐、消费等人们日常活动之间的边界日益模糊化。就劳动与休闲而言，现代社会远程办公、移动办公等新兴劳动方式，缓和了劳动与休闲之间的矛盾关系，劳动者在劳动过程中享有休闲的自由和权利，在休闲时也能够将在轻松舒适状态下迸发的思想火花融入劳动过程中，有利于劳动者更好地享受劳动过程、彰显自我价值以及成长发展。就劳动与娱乐而言，数字劳动理论认为，人们在互联网世界进行消遣娱乐活动时，都是在不自觉中为掌握大量网络信息资源的数字资本家"打工"。且不论这种理论是否具有科学性，它都从一个角度揭示了现代社会里人们的消遣娱乐行为越来越多地带有了劳动的意味。例如，在专业玩家眼中，电子竞技早已由一种娱乐活动演变为以此作为谋生手段的带有明显劳动色彩的竞赛行为。就劳动与消费而言，通过互联网平台，现代消费者可以直接参与到产品的设计、生产过程中，与产品生产者直接就对某种商品的某种需求便捷地进行沟通交流。不仅如此，在服务业领域，消费者可以通过互联网平台，与外界实时分享对某些酒店、餐厅、旅行社等服务机构的个人直观消费体验和感受，由此产生一定的广告宣传和推广效应，获取一定的酬金，这种体验分享式的消费行为也明显带有劳动的色彩。在可以预见到的未来，随着人工智能、虚拟现实等科技手段不断发展进步，人们的劳动和生活方式将发生更大的变化，劳动与生活之间的界限将更加模糊，两者之间的联系也将更加紧密。

（二）新时代合格劳动者的素质要求

新时代劳动形态的诸多新变化和新特征，必然会对新时代劳动者的成

---

① Sue Campbell Clark, *Work/Family Border Theory: A New Theory of Work/Family Balance* (Human Relations, 2000), pp. 747-770.

长发展产生重要影响。当这种影响反映到我国经济社会发展对合格劳动者的需求层面上时，将会对新时代劳动者的综合素质提出新的更高的要求。劳动者唯有顺应时代发展变化，努力从思想理念、职业技能、意志品质和创新思维等方面不断学习体悟、自我提升，方能将自己锻造成符合时代发展要求的合格人才，进而在实现中华民族伟大复兴的新征程中贡献个人力量、实现人生价值。

1. 新时代需要爱国奋斗的劳动者

习近平总书记在纪念五四运动100周年大会上的讲话中指出："爱国主义自古以来就流淌在中华民族血脉之中，去不掉，打不破，灭不了，是中国人民和中华民族维护民族独立和民族尊严的强大精神动力，只要高举爱国主义的伟大旗帜，中国人民和中华民族就能在改造中国、改造世界的拼搏中迸发出排山倒海的历史伟力！"[1] "中国人民和中华民族从斗争实践中懂得，中国社会发展，中华民族振兴，中国人民幸福，必须依靠自己的英勇奋斗来实现，没有人会恩赐给我们一个光明的中国。"[2] 百年党史充分证明，无论在哪个历史时期，无论形势如何发展变化，爱国奋斗精神始终是鼓舞动员全体劳动人民为实现国家独立自主和繁荣富强而前赴后继、不懈奋斗的强大动力。爱国不仅是历史的、抽象的，更是实践的、具体的，爱国需要千千万万普通劳动者用热血铸就、用奋斗书写。从温饱到小康，从封闭到开放，从站起来、富起来到强起来，今天中国发展取得的一切成就，都凝聚着广大劳动人民的聪明才智、辛勤汗水和无私奉献。当前，尽管劳动形态较以往发生了较大变化，但新时代劳动者仍然应当继续传承和发扬好老一辈劳动者身上的爱国奋斗精神，努力顺应时代发展变革，将爱国之情、强国之志和报国之行统一起来，以爱国为民的高尚情怀和奋发有为的精神状态，书写无愧于时代的劳动篇章。

2. 新时代需要本领高强的劳动者

劳动者要将爱国报国的伟大理想落到实处，除了需要具备踏实肯干、顽强奋斗精神，还必须掌握先进技术与本领。在传统社会生产中，劳动者的准入门槛相对较低，一般情况下只要具备正常的生理和心理条件，就能

---

[1] 习近平：《在纪念五四运动100周年大会上的讲话》，人民出版社，2019，第3页。
[2] 习近平：《在纪念五四运动100周年大会上的讲话》，人民出版社，2019，第4页。

够成为一名合格的劳动者。即使是通过操作机器进行生产的工作，普通劳动者经过简单培训就完全可以胜任。但是，在现代社会中，劳动的自动化、智能化程度越来越高，劳动者的准入门槛较以往大幅提高，尤其是随着大数据、人工智能等先进科技的发展，越来越多原先由人来完成的低技术含量的工作被智能机器所完成，这就要求新时代劳动者必须不断学习掌握新知识、新技能，不断升级自身专业技能，这样才能在科技革命浪潮中站稳脚跟、不被淘汰。对此，政府应研究出台加强劳动者职业能力建设的政策体系，瞄准经济社会发展需求和产业格局发展变化，推广"互联网+劳动技能培训"模式，由多个部门协同配合，统筹推进，切实加大劳动者专业技能培训、应用、评价、激励和保障等方面的工作力度，提升培训对象的专业技能水平和人岗匹配程度。企业应将重视和支持员工培训作为自身发展战略的重要组成部分，着力打造吸引人才、培养人才、留住人才的员工培训机制，以适应不断发展变化的客户需求和企业发展需要，推动企业和员工不断进步、共同成长。

3. 新时代需要爱岗敬业的劳动者

爱岗敬业，就是热爱自己的职业和岗位，坚守岗位职责，专心致志、一丝不苟地对待工作。爱岗敬业是平凡中的伟大，是最高尚的职业操守，也是最基础的职业道德，它是劳动者彰显自我价值、实现人生梦想的根本前提，也是推动党和国家各项事业发展的重要基础。新时代劳动者爱岗敬业的品质要求主要体现为对工匠精神的传承和坚守。工匠精神的核心是精业和敬业。李克强总理提出"培养精益求精的工匠精神"，其实倡导的是一种理念、一种态度、一种行为方式，甚至是社会价值观。[①] 工匠精神在我国古已有之，它不仅是我国古代社会繁荣兴盛的重要支撑，也是前人留下的一份宝贵精神财富。新中国成立 70 多年来，我国工业从初具规模到逐步完善，再到逐渐发展壮大，离不开一代代默默无闻、无私奉献，在平凡岗位上做出不平凡业绩的普通劳动者。不可否认，一段时间以来，我国制造业在一定程度上面临着质量困境。因此，新时代大力弘扬工匠精神，培养劳动者爱岗敬业的优秀品质，是打造"中国制造"品牌、助力经济社会发展、

---

① 参见工业和信息化部工业文化发展中心《工匠精神——中国制造品质革命之魂》，人民出版社，2016，第 3 页。

实现工业强国梦想的必然选择。

4. 新时代需要开拓创新的劳动者

开拓创新，是世界科技创新发展的形势所迫，是我国经济发展方式转变的大势所趋，也是新时代劳动者实现自身价值的使命和愿景所系。"过去一段时间，主要依靠投资和出口需求拉动，凭借劳动力、土地等生产要素低成本优势，我国经济规模迅速扩大，但经济结构失衡问题日益突出，发展付出的资源环境代价过大。"① 对此，党的十八大报告明确提出实施创新驱动发展战略，强调科技创新是提高社会生产力和综合国力的战略支撑，必须摆在国家发展全局的核心位置。2015 年，习近平总书记在华东七省市党委主要负责同志座谈会上也明确指出："综合国力竞争说到底是创新的竞争。"② 贯彻创新驱动发展战略，不仅关系到国家和产业的前途命运，也关系到企业和劳动者个人的未来发展。劳动者个体是经济社会结构体系中最基本的细胞，也是经济社会创新的基础。诺贝尔经济学奖获得者埃德蒙·费尔普斯认为："高活力经济的特征是从草根阶层向上蔓延，遍布整个经济的永不停歇的构想、实验和开拓的精神，并且在幸运和智慧的帮助下最终完成创新。"③ 其实，大多数创新者并非是科学家、发明家，而是千千万万的劳动人民，正是这种大众普遍参与的创新促进了我国经济社会的繁荣发展。三百六十行，行行出状元。开拓创新就寓于烦琐单调的劳动之中。新时代劳动者不仅要能够吃苦耐劳，更要勤于思考，学会动脑子、想法子、出点子，只有通过苦干实干加巧干，才能更好地实现人生价值。

5. 新时代需要担当奉献的劳动者

担当意指承担、担负任务责任等，奉献则意味着为他人和社会心甘情愿、不图回报地付出。勇于担当、甘于奉献，不仅是合格共产党员的先进本色，也是新时代劳动者应当具备的优秀品质。在众多担当奉献的劳动者中，黄文秀同志是其中一位。习近平总书记在对黄文秀同志先进事迹作出重要指示时强调："黄文秀同志研究生毕业后，放弃大城市的工作机会，毅

---

① 张耀文、李晓：《转变发展方式须摆脱路径依赖》，《人民日报》2013 年 5 月 10 日。
② 《习近平在华东七省市党委主要负责同志座谈会上强调 抓住机遇立足优势积极作为 系统谋划"十三五"经济社会发展》，《人民日报》2015 年 5 月 29 日。
③ 〔美〕埃德蒙·费尔普斯：《大繁荣：大众创新如何带来国家繁荣》，余江译，中信出版社，2013，第 338 页。

然回到家乡,在脱贫攻坚第一线倾情投入、奉献自我,用美好青春诠释了共产党人的初心使命,谱写了新时代的青春之歌。广大党员干部和青年同志要以黄文秀同志为榜样,不忘初心、牢记使命,勇于担当、甘于奉献,在新时代的长征路上做出新的更大贡献。"[1] 在新冠肺炎疫情防控常态化时期,以医护人员、科研人员、部队官兵、建筑工人、社区工作者等为代表的广大劳动者不顾个人安危,勇挑万钧重担,在疫情防控的关键时刻挺身而出、奋战一线,以顽强拼搏和无私奉献的精神守护人民群众生命安全,在抗疫中充分彰显劳动价值,生动诠释了新时代劳动者担当奉献的宝贵品质。当前,由于种种原因,社会上仍存在一些在劳动中斤斤计较、拈轻怕重、自私自利的不良行为,给劳动者造成了一定的负面影响。对此,新时代应当大力弘扬担当奉献的劳动精神,通过思想引领、典型示范、实践养成、制度保障等举措,鼓励引导广大劳动者在实现中华民族伟大复兴的新征程中勇挑重担、拼搏奋进、无私奉献,让劳动之花在新时代尽情绽放。

(三) 新时代大学生的劳动素养状况

"劳动素养是劳动者在劳动过程中与之相匹配的劳动知识、劳动态度和劳动技能的综合概括,劳动者本身具有的认识、改造主客观世界的条件和能力构成了劳动素养。"[2] 正如苏霍姆林斯基所指出的:"我们所讲的'劳动素养'这个概念,不只是包含完善的实际技能和技巧,不只是指在长者得当的指导下训练出来的技艺,这只是劳动的一个方面;劳动素养的实质,还包含劳动活动在一个人的精神生活中的作用和地位,以及劳动创造中的充实的智力内容、丰富的道德意义和明确的公民目的性。劳动素养,是指人在精神发展上达到这样的阶段,这时人不为公共福利而劳动就觉得无法生活,这时劳动使他的生活充满高尚道德的鼓舞力量,从精神上丰富着集体的生活。"[3] 劳动素养作为一个综合性概念,主要包括"劳动观念、劳动

---

[1] 《习近平对黄文秀同志先进事迹作出重要指示强调 不忘初心牢记使命勇于担当甘于奉献 在新时代的长征路上做出新的更大贡献》,《人民日报》2019年7月2日。
[2] 许涛、张依宁:《论"三全育人"视阈下大学生劳动素养培育体系建构》,《劳动教育评论》2020年第2期。
[3] 蔡汀、王义高、祖晶主编《苏霍姆林斯基选集》(第4卷),教育科学出版社,2001,第452页。

态度、劳动习惯和品质、劳动情感、劳动知识、劳动技能、劳动思维"① 等七个方面，能够集中体现出学生在德智体美劳等方面的综合素质。良好劳动素养的培育，对于提升大学生的综合素质，促进大学生全面发展具有重要意义。然而，一段时间以来，社会劳动形态发展变化所带来的影响，加之我国高校对大学生劳动素养培育的意义认识不足、资源投入不够、举措单一低效，致使劳动教育已明显不适应当前我国高等教育改革发展需要，成为当前我国高等教育体系中的一块短板，新时代大学生的劳动素养状况也在不同层面呈现不容乐观的趋势。

1. 劳动认知浅层化

一般而言，人的认识活动是对客观事物的感知、思考、想象等，认知是人的认识活动的产物，主要包括感觉、知觉、记忆、思维、语言等。劳动认知即人在思维和心理层面对劳动这一客观实践活动的主观认识。在高校劳动育人语境中，劳动认知集中表现为大学生群体对劳动这一实践活动的理解和认识。劳动认知在大学生劳动素养内容体系中居于基础性地位，在很大程度上影响和支配着大学生的劳动态度和劳动行为。可以说，有怎样的劳动认知，就会形成怎样的劳动态度，进而转变为相应的劳动行为和劳动品质。大学生的劳动认知水平主要体现为大学生个体对劳动的概念、内涵、地位、作用等的认识程度。尽管每位大学生在各自成长经历中均长期受到学校思想政治教育和家庭教育的影响，长期接受马克思主义劳动观的熏陶，在思想观念和知识结构层面对于劳动的地位、作用和价值都有着一定的认识，但是，由于长期以来我国劳动教育受到应试教育的挤压、市场经济的挑战和传统文化的影响，相当一部分大学生尽管学习了许多关于劳动的理论知识，参与了许多劳动体验活动，却没有形成良好的劳动习惯，对劳动的大部分认知仅停留在知识理论层面和宣传语境当中，并未真正上升为自己发自内心的认同。对此，唯有教育引导大学生积极投身真实劳动场域，在实实在在的劳动中去体悟劳动艰辛、练就劳动本领、磨炼劳动意志、收获劳动成果，方能对劳动形成更深层次的认知。

2. 劳动态度功利化

劳动态度是个体对待劳动的心理倾向，是劳动认知在具体劳动实践过

---

① 卓晴君：《劳动教育：培育学生核心素养的关键工程》，《创新人才教育》2017年第1期。

程中的体现,是个体在长期劳动体验和社会整体氛围中逐渐形成的,具有相对稳定的特点。劳动态度决定着大学生对待劳动的心态、状态和投入程度。当前,正是由于在劳动认知方面存在不足,相当一部分大学生的劳动意识淡薄,劳动态度不端正,并呈现出功利化的特点。但我们也应当看到,近年来我国大学生群体中涌现出越来越多的先进劳动典型,他们怀揣理想和热忱,放弃大城市的优沃生活,毅然选择扎根祖国最需要的地方拼搏奉献,他们身上所展现出的爱国为民情怀和责任担当意识,值得在全社会大力倡导和弘扬。

3. 劳动品德空心化

劳动品德是个体在劳动中依据一定的道德行为准则而表现出的相对稳定的倾向和特征,也是劳动者个人道德品质的直接反映。劳动品德包含诚实、守纪、协作、勤勉、坚毅等多个方面。在新时代背景下,面对复杂的经济社会发展形势和意识形态领域形势,诚实越来越成为大学生最为重要的劳动品德之一。习近平总书记曾深刻指出:"人世间的美好梦想,只有通过诚实劳动才能实现;发展中的各种难题,只有通过诚实劳动才能破解;生命里的一切辉煌,只有通过诚实劳动才能铸就。"[①] 当前,大学生劳动品德所呈现出的空心化特点,主要表现为诚实劳动面临着理论与现实脱节的问题。相当一部分大学生在理论层面对诚实劳动的意义和价值持认可态度,但现实社会里诸多类似"老实人吃亏、投机者发财"的事例又在持续深刻地影响着他们的劳动选择。其实,大学生劳动品德空心化的主要原因仍然是思想观念层面的问题。正是由于不知劳动是什么、不知为何而劳动,或者对这些问题持有错误认识,相当一部分大学生很难以正确的心态和状态全身心地投入劳动,即便是参与到劳动过程中去,也往往处于被动状态,其主观能动性未被充分发挥。因此,要培养学生形成良好的劳动品德,应当从思想观念层面着手,通过在全社会建构鼓励倡导劳动的体制机制、营造弘扬劳动精神的舆论氛围,让诚实劳动者得到丰厚回报,打破不劳而获者的"金饭碗",用鲜活的事例教育引导大学生在劳动实践中树立正确的劳动观念、养成诚实的劳动习惯、锤炼坚定的意志品质,以实实在在的劳动收获来解决劳动品德的空心化问题。

[①] 《习近平谈治国理政》(第1卷),外文出版社,2018,第46页。

4. 劳动本领同质化

劳动本领是个体从事某种劳动所必须具备的知识、技术、技巧，以及灵活熟练地、创造性地运用这些知识、技术、技巧的能力。劳动本领是劳动者安身立命的根本。娴熟的劳动本领需要在长期的学习和实践中培养和练就。在现阶段，大学生劳动本领同质化的特征主要表现在两个方面。一方面，当前大学生的劳动本领状况表现为一些共性现象。相当一部分大学生长期以来没有养成适合自己的劳动习惯，普遍存在动手能力较差的问题，甚至有的大学生缺乏最基本的劳动能力，连日常生活都难以自理。例如，有的大学生不会洗衣做饭，不会整理房间，以至于新生开学报到时常有父母帮忙整理床铺的现象，也曾有大学生将脏衣服邮寄回家清洗的报道；有的学生不会使用扫帚、拖把等基本的劳动工具，劳动技能几乎为零。近年来，这些问题在高校中较为普遍，部分大学生以"天之骄子"自居，不会劳动、不懂劳动、不愿劳动甚至成为一件理所当然的事情。另一方面，当前大学生的劳动本领呈现出趋同性的特点。大部分在应试教育指挥棒下成长起来的大学生，往往习惯于在家长和教师的指挥下劳动，参加劳动在多数时间里并不是学生本人发自内心的需要，而是在某种外在强制力约束之下不得已的行为，这使得劳动沦为了某种形式主义。这样的劳动教育所培养出的大学生，往往只懂得亦步亦趋，缺乏探索创新精神，他们所掌握的劳动知识和技能基本上都是书上写的或者老师教的，他们在学校里学到的往往只是僵化的教条，而不是发现问题、探索问题、解决问题的方法和途径。知识技能结构高度同质化的问题，在一定程度上会导致学生缺乏自主劳动意识，进而丧失独立思考和探索未知的精神和品质，而此时所谓的创新创业也将成为一句空谈。

三 新时代高校劳动育人的内涵与本质

基于对劳动内涵、作用、价值的系统论述，对人类劳动形态发展历程的纵向梳理，以及对新时代社会劳动形态特点、劳动者素质要求和大学生劳动素养状况的深入分析，本书对"劳动"的基础理论和发展现状进行了整体全面的考察。在此基础上，从新时代高校劳动育人的内涵，以及劳动育人与相关概念的关系着手，厘清"劳动"与"育人"之间的深层次互动关系，发掘新时代高校劳动育人的本质意蕴，是本部分的重点内容。

（一） 新时代高校劳动育人的内涵

概念的界定是研究的起点。要对新时代高校劳动育人进行系统研究，首要任务是分析和阐释"育人""劳动育人"等基础概念，并以此为出发点，科学把握新时代高校劳动育人的基本内涵。

1. 育人

"育人"由"育"和"人"两个汉字组成，"育"在《新华字典》（第10版）中有三种解释：一指生养，如生儿育女、提倡计划生育；二指养活，如育婴、育蚕、育林；三指教育，如德育、智育、体育。在育人视域下的"育"主要对应第三种解释，即教育、教导、培养。"人"在《新华字典》（第10版）中有五种解释：一指能制造工具并能使用工具进行劳动的高等动物；二指某种人，如工人、客人、商人；三指别人，如助人为乐；四指人的品质、性情，并引申出人格或面子；五指人的身体。这些解释涵盖了"人"的智慧、德性、才能、性格、身体等多个方面。由此可见，"人"是一个复杂的综合体，"育人"不仅应当教育培养人学习各种文化知识，还应当关注人的道德培育、性格养成、技能训练、体魄锻炼等诸多方面。基于此，我们可以从三个方面对"育人"概念加以把握。

第一，育人应当以人为本。教育的根本问题是培养什么样的人、如何培养人以及为谁培养人，这些问题围绕"人"提出，围绕"人"展开，也必须紧紧围绕"人"来回答。因此，育人活动必须关注"人"、研究"人"、培养"人"，必须始终坚持以人为本的基本原则。以人为本的育人原则应从以下三个方面加以把握。一是以"人"为出发点。育人必须首先尊重作为教育对象的人的主体地位，必须基于人的发展阶段、认知水平和接受能力来明确育人理念、制定育人方案、实施育人举措，以人的能力匹配、人的需要满足、人的价值实现作为整个育人活动的出发点。二是以"人"为着力点。"人"是处在一定条件下进行活动的具体的、通过知觉实际被给予的，能够在经验中观察到的"现实的人"。[1] 无论是从人的生理属性还是社会属性出发，每个人都是个性化、差异化、不可复制的特殊个体。因此，育人活动必须尊重作为教育对象的人的差异性和特殊性，做到从每个教育

---

[1] 鲁洁：《教育的原点：育人》，《华东师范大学学报》（教育科学版）2008年第4期。

对象的实际出发，因材施教，才能取得好的育人成效。三是以"人"为落脚点。育人效果的好坏，归根结底要从作为教育对象的人的身上体现，这种体现应当超越唯分论、唯钱论、唯权论等认识误区，更多地以一种多元和谐的形态展现出来。

第二，育人应当遵循规律。育人是通过教育引导促进人的健康成长的过程，唯有立足现实、遵循规律，方能见实见效。育人规律主要包括两个方面，一是"育"的规律，即教育活动规律。教育活动作为一种以人为对象的社会性活动，其本身有着特殊的规律。我国著名教育学家潘懋元教授在20世纪80年代曾提出教育内外部关系规律的观点，并对两者的内涵和相互关系进行了详细论述，该观点在我国教育界至今仍具有重要影响。[1] 教育内部关系规律是指教育者必须尊重作为教育对象的人的全面发展要求，处理好教育系统内部的各种关系。教育外部关系规律指教育必须顺应经济社会发展要求，处理好教育同政治、经济、文化、科技、生态、民族等外部因素的关系。可见，教育活动规律要求必须遵循马克思主义唯物辩证法的方法论指导，重视内因和外因在整个教育活动系统中的不同作用和相互关系。二是"人"的规律，即人的成长规律。人的成长发展是生理因素和社会因素共同作用的结果，两种因素之间保持和谐稳定的互动关系，是实现人的全面发展的必要条件。育人活动应当关注人的成长发展过程中呈现的连续性、阶段性、超越性等规律性特征，在人的不同成长发展阶段选择与之相适应的教育内容、途径和方法。由此可见，育人规律是"育"的规律和"人"的规律两者的有机统一，而育人正是教育活动与人的成长相互联系、相互适应、相互促进的动态发展过程。

第三，育人应当全面培养。马克思关于人的自由全面发展思想，对于我国教育事业具有重要的现实指导意义。实现人的全面发展，是中国共产党人的光荣使命，也是习近平新时代中国特色社会主义思想的重要内容。通过育人活动实现人的全面发展，应从以下三个方面加以把握。一是育人目标全面。现阶段我国育人工作的总体目标是培养出能够担当民族复兴大任的时代新人，这一总体目标分解开来，包括对培养对象政治素养、专业

---

[1] 参见王洪才《教育内外部关系规律学说：中国教育学发展的一面镜子——潘懋元教授专访》，《苏州大学学报》（教育科学版）2013年第1期。

技能、道德水平、意志品质、身体素质、审美情趣等多方面的目标要求。新时代育人活动应当摒弃过往成绩至上、分数至上等狭隘认识，更注重对人的综合素质的培养锻造，以适应经济社会发展对人的素质提出的更高要求。二是育人举措全面。育人举措针对育人目标的具体实现过程，包括组织管理、课程教学、课外实践、文化熏陶等多方面内容，应当树立整体协同育人理念，社会、家庭、学校多方共同发力，多管齐下，努力构建全员、全过程、全方位的整体育人格局。三是育人考核全面。考核是对育人目标实现情况的监督，是对育人举措实施效果的检视，对育人活动完成质量具有重要提升作用。好的育人活动考核体系应当合理分配各项指标权重，从学校、家庭、社会以及教育对象本人等不同视角出发，以定量考核与定性考核相结合的形式，全面整体地考量人才培养质量，及时对育人活动的阶段性目标和路径进行优化，促进育人质量的提升。

综上所述，育人是坚持以人为本理念，遵循教育活动规律和人的成长规律，综合运用多种教育方法手段促进人的全面发展的教育实践活动。这一概念界定是对育人的粗线条概括，具体到新时代的育人工作，应当紧紧围绕实现中华民族伟大复兴的历史使命，继承和运用好老一辈教育工作者的优良传统和有益经验，运用和发挥好现代科技发展对育人活动的正面影响和推动效应，努力培养出中国特色社会主义事业的合格建设者和可靠接班人。

2. 劳动育人

如前所述，劳动具有重要的育人价值。从历史视角看，劳动与育人在本质上具有同一性，人类漫长的劳动发展历程就是人的体力、智力、身体机能、社会意识等不断发展完善的过程。从理论视角看，马克思主义经典作家关于劳动创造人的著名论断中蕴含着丰富的劳动育人思想，中西方传统文化中关于劳动的思想也或多或少隐含着某些教育元素。从实践视角看，长期以来我国教育与生产劳动相结合的实践探索，为劳动育人积累了较为丰富的经验和素材。可见，劳动育人是历史性、理论性和现实性的有机统一。对于"劳动育人"这一概念，应当从以下三个方面加以把握。

第一，劳动是实现育人目标的手段。认识到劳动的育人价值，通过劳动手段来实现育人目标，是劳动育人的表层含义。对于劳动的育人价值，可以从三个方面来理解。首先，劳动是人不可须臾离开的一种实践活动，人类基于劳动得以产生和发展，结成复杂多元的社会关系，创造出灿烂悠久的人类文明，劳动对于人类来说具有极端重要的作用，而育人作用正是其中一种。其次，劳动与人的德智体美等多方面素质关联紧密。人类在劳动过程中促进体力脑力的锻炼提升，形成对人际关系的理解认知，产生对善恶美丑的朴素判断，劳动与人的综合素养紧密关联，具有重要的育人价值。最后，劳动能够与其他育人形式同频共振、优势互补。育人形式是丰富多样的，劳动是其中一种。劳动育人能够与课程育人、活动育人、组织育人等育人形式相互融合，互促互进，共同发挥育人作用。总之，劳动具有育人价值，是通过劳动手段来实现育人目标的前提。此外，需要指出的是，如果只看到劳动的工具性作用，将劳动仅仅作为实现育人目标的手段，这与劳动本身的重要地位是不相匹配的，这种对劳动作用的片面认知消解了劳动在育人活动中的价值，容易导致劳动育人走入片面化、形式化、虚无化的误区。

第二，劳动是贯穿育人过程的主线。将劳动作为育人活动的主要形式和载体，为开展劳动提供各类条件和保障，是劳动育人的中层含义。劳动作为一种人类实践活动，与之相适应的劳动育人虽然也包含对劳动历史、劳动价值、劳动精神等相关理论知识的系统传授，但其内容和形式应当更多地体现为对劳动过程的亲身经历和对劳动艰辛的真实体悟。只有这样，学生对劳动相关的理论知识才会有更深刻的体会和感触，并由此促进学生以更加积极主动、吃苦耐劳和严谨高效的态度和方式来对待劳动。而让处于不同年龄阶段的学生都能够有条件去亲身经历劳动过程，需要学校、社会和家庭协同合作，共同创造良好条件和氛围。首先，需要建立相对完善的劳动组织管理机制，从制度层面理顺不同阶段劳动育人的各个环节和相关流程，明确劳动育人与其他教育活动的关系，研究出台相关具体实施办法。其次，需要努力建设劳动平台、打造教师队伍、开辟劳动场地、筹措劳动经费、强化劳动管理，为劳动育人的顺利开展创设必要条件。最后，需要大力弘扬劳动精神、表彰劳动模范，创造尊重劳动、崇尚劳动、热爱劳动的文化环境，为劳动育人营造良好氛围。总之，将劳动作为育人活动的主要内容、形式和载体，进入了劳动育人的实践层面，但从本质上看，劳动仍然只是实现育人目标的手段和途径，仍然停留在对其工具性的定位上。

第三，劳动是评估育人成效的标尺。劳动不仅具有工具性，还具有本体性；劳动不仅是实现育人目的的手段和途径，更是育人目的本身。以学生为中心，促进学生形成正确劳动价值观，能够辛勤劳动、诚实劳动、创造性劳动，通过劳动实现自我全面发展，这是劳动育人的深层含义。学生能否正确认识劳动，能否自觉从事劳动，能否创造性地开展劳动，是评价劳动育人是否取得良好效果的重要标尺。正确认识劳动是指学生个体在思想认识层面对劳动的作用、价值以及对崇尚劳动、尊重劳动等价值观的理解认同，思想认识上的改造和提升要基于良好的劳动理论教育、劳动实践锻炼和劳动文化熏陶，是学生未来积极投身劳动、实现人生价值的重要前提。自觉从事劳动是对正确劳动价值观的主动践行，是积极正面的劳动态度、劳动品德、劳动精神、劳动本领等诸多要素综合作用的结果，这种劳动既是学生个体迫于生存发展压力的必然选择，也是施展个人才华、促进技能提升和实现人生价值的重要途径。创造性地开展劳动则是一种更高的要求，创造性劳动是学生在摆脱各类束缚牵绊后的劳动，是学生在享有充分自由前提下的劳动，能够充分激发个体主观能动性，更好地实现自我价值和社会价值的有机统一，促进个体全面发展。

综上所述，劳动育人是指将劳动作为实现育人目标的手段、贯穿育人过程的主线和评估育人成效的标尺，通过在劳动中全面提升人的劳动认知、劳动态度、劳动品德、劳动本领等劳动素养，进而促进人的全面发展的教育实践活动。正如前文所指出的，"劳动素养"作为一个综合性的概念，是对合格劳动者所应当具备的认识和改造主客观世界的条件和能力的总体概括，包含劳动观念、劳动态度、劳动品德、劳动技能、劳动协作、劳动情怀等多方面内容。

3. 新时代高校劳动育人

劳动育人的具体内容、实现路径和目标指向在不同时代条件下和大中小不同学段，有着不同特点。前文对新时代我国劳动形态的新特征以及对劳动者素质的新要求进行了探讨，基于此，新时代高校劳动育人应当努力适应新时代大学生成长发展的新特点和新趋势，结合新时代高等教育人才培养的新使命和新需求，做到守正创新、务求实效。需要明确的是，这里的"高校"是指普通高等学校，与中共中央、国务院《关于全面加强新时代大中小学劳动教育的意见》和教育部《大中小学劳动教育指导纲要（试行）》中所使用的"普通高等学校"概念的内涵和外延一致。要准确把握新时代高校劳动育人的内涵，应从目标设定、内容构建和路径选择等方面加以探讨。

第一，目标设定应体现顺应与超越。新时代高校劳动育人的目标设定应当同时具备可行性和超前性。可行性表示目标设定必须符合时代特点和现实需求，必须符合新时代劳动形态的新特征，符合新时代大学生成长的新特点，符合新时代经济社会发展对劳动者素质的新要求，立足高校育人工作的现有基础，合理设定总体性目标和阶段性目标。超前性表示目标设定应体现出一定的前瞻意识，在一定程度上超越对现有劳动的认知水平，瞄准可以预见到的新兴劳动发展方向，制定富有远见的育人目标和总体规划。需要指出的是，"顺应"与"超越"是一个矛盾共存体，两者相互作用、不可或缺。如果仅仅强调"顺应"，可能导致受教育者个人素养难以适应劳动形态、劳动要求的快速发展变迁，而过分突出"超越"，则可能使得高校劳动育人丧失掉切实可行的现实基础。因此，两者之间保持适度的张力，才能共同构建新时代高校劳动育人的科学目标体系。

第二，内容构建应突出分类与创新。与中小学阶段的劳动育人不同，高校劳动育人面向大学生群体，更凸显其专业针对性和系统深刻性。新时代高校劳动育人的具体内容应根据大学生群体的学科专业特色进行分类设计，在尊重学科专业差异的同时兼顾个人兴趣爱好，做到分类引导、协同推进、整体提升。此外，新时代劳动形态的发展变迁，必然给劳动育人的内容设计提供大量新的可供选择的范本和素材，而当劳动育人内容的丰富和发展反映到具体落实的各个环节中，必然给教育者提出新的更高要求。因此，教育者应突破固有思维，创新方式方法，结合不同学科专业特色，运用现代教育科技手段，丰富和完善劳动育人的内容构建。通过不断改造旧内容，增加新内容，促进劳动育人内容更加贴近大学生成长需求，满足经济社会发展要求。

第三，路径选择应强调继承与发展。劳动育人贯穿大中小学，具有连续性、阶段性和发展性等特点。大学阶段作为衔接中小学和社会的关键阶段，在劳动育人路径选择上既需要体现连续性，继续发扬中小学阶段已经接受过实践检验的好的经验做法，又必须把握好阶段性和发展性特点，结合高等教育实际情况，加强创新创业劳动教育，推动高校劳动育人走深走实。高校劳动育人是学校劳动育人的最后阶段，它所培养的"产品"是直接面向社会的，即使"产品"质量不合格，也不可能"回炉再造"。因此，相对于中小学阶段的劳动育人而言，高校劳动育人肩负着更直接、更艰巨的压力和使命，更应当紧跟时代节拍，密切联系实际，大力改革创新，不断提升其针对性、影响力和实效性。

综上所述，新时代高校劳动育人是在新时代背景下贯彻以生为本理念，遵循高等教育规律和大学生成长规律，以开展包括各种新兴劳动在内的多种具体劳动活动为主要形式，以教育引导大学生体悟劳动艰辛、涵养劳动品德、探索劳动创新、实现劳动价值为逻辑主线，以高校、社会、家庭等多方协同完善劳动组织管理、创设必要劳动条件、营造良好劳动环境为基本保障，促进大学生形成良好劳动素养，成长为德智体美劳全面发展的合格人才的教育实践活动。新时代高校劳动育人是新时代背景下劳动育人在高等教育实践中的具体展开，其目标设定应直接指向当前和未来一段时期内经济社会发展对高层次劳动者综合劳动素养的迫切要求；其内容构建在凸显专业性、创新性的同时，应努力适应新时代劳动形态的新特征和新趋势；其路径选择在发扬有益经验的基础上，应紧密围绕创新创业的时代需求不断改革创新。总之，新时代高校劳动育人应在时代发展浪潮中找准自身定位，结合高校育人实际和大学生成长需求，不断创新劳动育人的内容、方法和路径，使其在高校育人实践中发挥出更大作用。

（二）劳动育人与相关概念的关系

在分析阐释劳动育人概念的基础上，厘清劳动育人与其他相关概念之间的关系，有助于我们更清晰地把握新时代高校劳动育人的内涵。具体而言，劳动育人容易与人们经常接触到的劳动教育、实践育人、职业培训等概念混淆，使人不禁产生疑问：它们仅仅是同一概念的不同表述吗？如果不是，它们之间究竟是什么关系？要解答这些疑问，需要对这些概念之间的关系进行探讨。

1. *劳动育人与劳动教育*

劳动教育在我国教育实践中长期占据重要地位。为提升学生劳动素养，培养学生形成崇尚劳动、尊重劳动、热爱劳动的价值观念，国家有关部门近年来研究出台了一系列关于劳动教育的政策指导性文件。从概念上看，劳动教育与劳动育人较为相近，都是从劳动对人的教育意义和价值出发，试图以劳动为中介促进人的全面发展。但在实践中，劳动教育往往被视为实现其他教育目的的工具或途径，其工具性作用被过分放大，本体育人价值没有得到充分发挥，这也是长期以来劳动教育被弱化、被淡化，在我国整个教育体系中处于短板位置的重要原因。劳动育人与劳动教育密切相关，但与劳动教育相比，其育人目标指向更为清晰。可见，劳动育人概念的提出，对于新时代加强和改进劳动教育具有重要意义。两者之间的关系，可以从三个方面进行简要分析。

第一，劳动教育是劳动育人的关键前提。教育的本质是育人，要实现人的自由全面发展，离不开适时正确的教育引导。现实中有一部分人没有经过学校劳动教育的系统培养，仍然具备较高的劳动素养，还有一部分人尽管接受了学校劳动教育，却不能正确认识劳动，没有掌握基本的劳动技能，甚至连自我生存能力都欠缺。产生这些现象，一方面是因为劳动本身具有影响人、改变人的特性，劳动者虽然没有接受系统劳动教育，但在日常劳动的磨砺中，也能够促进自我成长、自我提升，尽管这种成长和提升带有一定的偶然性和盲目性。另一方面，在商品经济社会中出现的功利化、舍本逐末的错误教育倾向，致使劳动教育没有被摆在它应有的位置上，让劳动教育更多地停留在文件里、表现在形式上，没有真正落实落地。因此，过去一段时间劳动教育的效果不佳，绝不是我们今天应该放弃劳动教育的理由。恰恰相反，新时代必须大力加强和改进劳动教育。只有通过扎实有效的劳动教育，促进学生综合素质的整体提升，才能真正实现劳动育人。

第二，劳动育人是劳动教育的目标指向。劳动教育的目标定位出现偏差，是其效果不佳的主要原因。"在整个教育价值体系中，人的生成与完善这一内在的目的性价值居于核心地位。"[1] 尽管"现实生活中教育除了内在的目的性价值以外同样也存在其他各种外在的工具性价值，但是，一切外在的工具性价值必须建立在人的内在目的性价值的基础之上"[2]。可见，当两种不同的价值追求在教育体系中发生错位时，必然导致严重的教育危机。在我国教育发展历史上，劳动教育在不同时期曾被作为政治教化工具、社会

---

[1] 鲁洁：《教育的原点：育人》，《华东师范大学学报》（教育科学版）2008年第4期。
[2] 鲁洁：《教育的原点：育人》，《华东师范大学学报》（教育科学版）2008年第4期。

改造工具、生产服务工具等，我国长期坚持的"教育与生产劳动相结合"的教育方针更多的是将劳动教育作为实现其他教育目的的工具和途径，而不是将与劳动相关的内容作为教育目标直接写进教育方针，没有凸显出劳动教育的内在目的性价值。劳动育人的提出为劳动教育进一步明确了目标方向，有助于引导劳动教育回归其育人本质。第三，两者相辅相成，共同指向现实的人。教育的价值在于不断满足人的发展和社会发展的需要。人的本质是一切社会关系的总和，人是构成社会的基本要素，是社会发展的根本动因和动力，因此，人的发展是社会发展的必要前提，教育的根本价值在于满足人的发展需要。由此可见，劳动教育必须要求现实的人的在场，而人的缺位正是当前劳动教育效果不佳的重要原因。劳动育人和劳动教育都是内在目的性价值和外在工具性价值的有机统一体，相对于劳动教育而言，劳动育人的目标指向性更加明确，与人的距离更近。从某种意义上说，劳动育人正是对当前偏离于外在工具性价值的劳动教育的系统性纠偏，劳动教育也为劳动育人在内容、方法、路径等方面提供关键支撑。两者紧密联系、相辅相成，共同指向实现人的全面发展这一根本目标。

2. 劳动育人与实践育人

前文已对劳动和实践的关系进行了辨析，而与之相对应的劳动育人与实践育人，也是一对容易混淆的概念，值得进行深入分析，以避免对理论研究和实践探索造成困惑。中共中央办公厅、国务院办公厅印发的《加快推进教育现代化实施方案（2018—2022年）》，明确提出了推进教育现代化的十项重点任务，其中第一项"实施新时代立德树人工程"中强调："大力加强体育美育劳动教育。加强劳动和实践育人，构建学科教学和校园文化相融合、家庭和社会相衔接的综合劳动、实践育人机制。"可以看出，这里既将劳动育人和实践育人分开表述，又将两者并列，共同指向育人目标，体现出两者之间存在差别和联系。对此，可以尝试从三个方面加以分析。

第一，劳动育人是实践育人的特殊形式。实践是人类能动地改造和探索客观世界的一切活动，与劳动相比，实践概念的抽象概括性更强。有学者研究指出，高校实践育人是"遵循教育规律和人才成长规律，开展与大学生专业知识学习和综合素质提高等成长成才相关的各种教育实践活动，不断强化大学生的理想信念，提升大学生的社会责任感，塑造大学生的良好道德品格和身心素质，培养大学生勇于探索的创新精神和解决实际问题的实践能力等各种综合素质,使之成为社会主义建设者和接班人的实践教学活动和过程"①。可见,实践育人的具体形式包括教学实践、实习实训、志愿服务、生产劳动、社会调查、创新创业、勤工助学等等。从目标上看,实践育人聚焦于提升受教育者多方面的综合素质;从形式上看,实践育人覆盖面广,包含各种形式的劳动实践;从内容上看,实践育人包括理想信念教育、道德品格培养、实践能力锻炼、创新精神塑造等多方面内容。由此可见,实践育人中内在地包含着劳动育人,劳动育人是实践育人的一种特殊形式。第二,劳动育人和实践育人侧重点不同。既然实践育人中包含劳动育人的基本内容,那么为什么要单独将劳动育人提出来?这样做的必要性何在?这是我们必须回答的问题。在高等教育视域下,实践是与理论教学相对应的范畴,实践育人侧重于通过实践活动让大学生加深对专业理论知识的理解和实际运用,教育引导大学生在实践活动中体悟个人与社会、他人之间的关系,并在实践过程中形成正确的价值观念和行为习惯,以此达到提升个人综合素质的目的。简而言之,实践育人侧重于处理"知"和"行"的关系问题,重在教导大学生懂得"行"的意义,掌握"行"的能力,养成"行"的习惯。虽然"行"里面已经包含劳动的内容,但没有凸显出劳动作为人类基本实践活动的重要地位和作用,没有直接体现出劳动育人观照人的劳动素养提升和全面发展的目标指向,难以充分满足新时代经济社会发展对劳动者素质的新要求。第三,两者相互融通、相互补充、相互促进。尽管劳动育人和实践育人存在一定差异,但两者在育人目标、形式、内容等方面均有相似或一致的地方。大学生实践精神的培育,能够帮助其更好地理解劳动的意义和价值,而劳动素养的提升,不仅是大学生实践能力的直接体现,更为其主动将实践能力转化为劳动能力,进而通过劳动实现人生价值和美好生活指明了目标和方向。

3. 劳动育人与职业培训

"所谓职业培训,就是按照职业岗位对劳动者提出的要求所进行的培养和训练,旨在把一般人培养训练成为具有一定政治文化和技术业务素质的合格的劳动者,以适应职业岗位的需要。它以培养训练工人和其他熟练劳动者为主,同劳动就业紧密结合,是劳动工作的重要组成部分,也是介于

---

① 甘霖:《高校实践育人研究》,博士学位论文,武汉大学,2014。

教育和经济部门的不可缺少的事业。"① 这一定义明确了职业培训的目的、内容、地位和性质等。基于此，我们可以从三个方面分析劳动育人和职业培训之间的区别和联系。

第一，两者在目标、对象、内容、实施主体等方面有明显差异。职业培训的主要目的是提升劳动者职业技能，促进其更好地就业创业；劳动育人的目的是教育引导学生形成良好的综合劳动素养，成为全面发展的合格劳动者。职业培训的对象是全体劳动者，尤其是毕业生、退役军人、农民工等重点人群和技术技能人才紧缺领域；劳动育人的对象主要是大中小学的学生群体。职业培训的主体是职业院校、校企共建的实训基地、企业学校等；劳动育人的主体是普通大中小学校、校外实习实训基地、创业孵化器等。职业培训的内容虽然包含一定的理论文化知识，但主要是与就业创业相关的各项技能，劳动育人的内容涵盖劳动观念、劳动技能、劳动精神、劳动品质等多个层面。第二，劳动育人比职业培训的内涵更加丰富。职业培训更多地强调"技能"，目标指向较为单一，即提升劳动者的职业技能水平及其在业务上的胜任能力。劳动者参加职业培训，更多的是将其作为一种提升谋生能力的手段。劳动育人主要以劳动活动为载体，重在提高学生综合素养，促进学生全面发展，使其成为符合未来社会要求的合格劳动者，其内涵相对职业培训而言更加丰富。第三，两者紧密关联、相互补充、相互促进。劳动育人和职业培训虽有一定区别，但两者之间也存在交叉交融之处。劳动技能的提升对于育人目标的实现至关重要，而综合劳动素养的提高可以帮助劳动者更好地从劳动中获得存在感、获得感和幸福感。因此，劳动育人和职业培训应当相互补充、相互促进。职业培训中应更多地加入劳动文化、劳动精神、劳动观念等内容，劳动育人则应切忌空谈理论、理想，必须切实瞄准现实劳动世界，教育引导学生在亲身劳动实践中充分地接触劳动、感受劳动、体悟劳动，在提升劳动本领的同时涵养劳动精神，塑造劳动品质，形成正确的劳动价值观。

（三）新时代高校劳动育人的本质

如前所述，育人是一个发现人、影响人、改变人、成就人的过程，其

---

① 关裕泰：《职业培训 50 年》，《中国培训》1999 年第 10 期。

出发点、着力点和落脚点都是实实在在的"人",育人的本质就是不断促进人的自由全面发展。劳动育人作为高校育人体系的重要组成部分,是新时代高校思想政治工作的有力抓手。在劳动育人过程中,劳动是育人理念、目的、路径、方法、载体等诸多要素的有机统一体。因此,把握新时代高校劳动育人的本质必须聚焦劳动,坚持贯彻"从劳动中来,到劳动中去"的总体思路,培养符合新时代要求的社会主义劳动者。"从劳动中来"是指大学生劳动意识的生成、劳动本领的提升和劳动观念的确立都不可须臾离开实实在在的劳动过程,这个劳动过程应包含体力与脑力的结合、耕耘与收获的体悟以及个体和集体的协同,而绝不仅仅是理论性的说教和形式化的体验。"到劳动中去"是指高校应将提升大学生劳动素养作为高校劳动育人的最终目标和评价依据,学生应将从劳动中收获的情感体验、本领技能和价值认同积极主动地体现和应用到其未来的职业生涯中,通过辛勤劳动、诚实劳动和创造性劳动,在实现个体价值的同时造福他人、奉献社会。由此可见,新时代高校劳动育人的本质就是教育引导新时代大学生在丰富多样、与时俱进、实实在在的劳动中,实现改造客观世界与主观世界的辩证统一。

1. 劳动必须面向客观世界

劳动是人所特有的对象性活动,是以人为主体、以客观世界为对象的现实活动。所谓客观世界,是与主观世界相对的、物质的、可感知的世界,它是人的意识活动之外的一切物质运动的总和。从内容上看,它包括自然存在和人的社会性存在两个方面。前者不依赖于人的活动而独立存在,后者形成于人的实践活动之中,又不以人的意志为转移。与动物消极地适应客观世界不同,人在劳动中具有自主性和创造性。基于此,新时代高校劳动育人中所指的"劳动"不是某种精神活动,也不是学生个体的异想天开或是"闭门造车"式的实践活动,而是以尊重规律、面向需求、体现价值为主要特征的切实的劳动实践活动。尊重规律要求大学生在劳动中不仅要认识规律,还必须有效利用规律,使规律为己所用,从而使物按人的方式同人发生关系,达到物被人所掌握和占有的目的。大学生在劳动中根据自己对事物运动规律的理解和认识去改造事物,把它改造成适合自己占有和利用的形式,能够充分彰显其主体能动性。面向需求是指大学生所从事的劳动并非无的放矢,而是带有某种内在或外在目的,如满足学生自身生存发展需要、满足他人和社会发展需求等。唯有面向真实世界的各项需求，大学生的劳动活动方可在改造客观世界的过程中创造出实实在在的价值。这些价值既能够满足大学生自身生存发展需要，也能够满足他人和社会发展需要。而促进自我价值与社会价值的和谐统一，能够为学生面向客观世界的劳动活动提供持续发展的驱动力。

2. 通过劳动改造主观世界

主观世界是指人的意识、观念世界，也是人的头脑反映、把握物质世界的精神活动和心理活动的总和，它既包括意识活动的过程，又包括该过程中所创造的观念，即意识活动的结果。从总体上看，主观世界是知、情、意的统一体，人的观念、欲求、情感、愿望、意志、信念等，都是主观世界的不同存在形式和表现。人的主观世界是由外部客观世界所派生的，主观世界的状态取决于人对客观世界的理解和认识，而"人的认识，主要地依赖于物质的生产活动，逐渐地了解自然的现象、自然的性质、自然的规律性、人和自然的关系；而且经过生产活动，也在各种不同程度上逐渐地认识了人和人的一定的相互关系。一切这些知识，离开生产活动是不能得到的"[①]。由此可见，在新时代高校劳动育人视域下，劳动是促使大学生不断深化对客观世界的理解认知，进而改造自身主观世界的基础，是学生知、情、意等主观世界要素形成和发展的前提。而育人目标的真正实现，需要保证大学生所开展的劳动必须能够充分调动自身综合能力，必须能够促进自身体力和脑力的充分结合，必须是自身在摆脱束缚和异化状态下自主自觉开展的劳动。这样的劳动既与大学生的主观活动紧密关联，又能够外化为客观实在，是连接学生主观世界和外部客观世界的重要桥梁和纽带。高校应当为大学生开展劳动创设良好的条件和氛围，使学生在劳动中检视自身主观目的、愿望、计划等是否符合客观实际，以及自己原先对事物的认知和判断是否准确。正是通过劳动证实或证伪各种既有主观认知，才能促进学生主观世界的改造不断深入，进而推动育人目标的顺利达成。

3. 在劳动中实现改造客观世界和主观世界的辩证统一

正如前文所述，改造客观世界的劳动是改造学生主观世界的基础和前提，而主观世界的改造又能够帮助学生更好地认识和改造客观世界，两者

---

① 《毛泽东选集》（第1卷），人民出版社，1991，第282~283页。

是相辅相成、辩证统一的。如果在劳动中忽视对学生主观世界的改造，将容易导致工具理性占据主导地位，使得学生的劳动活动沦为单纯谋求物质利益的工具，让劳动过程变得毫无乐趣和生气可言，学生在劳动过程中的自主性、创造性和发展性也将大打折扣。而如果将劳动仅仅作为改造学生主观世界的手段，而不与现实中的各种实际需求紧密衔接，那么这种劳动将既无法创造出社会价值，也无法为学生个体带来实际利益；既无法起到锻炼作用，又难以持久深入地加以推进。因此，高校劳动育人视域下的劳动应当整体全面地关注对外部客观世界和大学生主观世界的改造，在引导学生通过劳动改造客观世界的同时，潜移默化地改造学生的主观世界。正如毛泽东所指出的："改造客观世界，也改造自己的主观世界——改造自己的认识能力，改造主观世界同客观世界的关系。"[1] 这与马克思主义认识论从实践到认识，再从新实践到新认识的循环往复、螺旋递进的原理是相通的。学生只有认真改造主观世界，才能更好地改造客观世界，而学生主观世界的改造也只有在改造客观世界的劳动实践中，才能收到好的效果，两者紧密联系、相互促进、缺一不可。在新时代高校劳动育人实践中，尽管外部客观世界与大学生主观世界在反映与被反映的意义上具有同构性，但两者分别以不同的形式存在，在发展程度上又具有不完全同步性。这就要求高校不仅应鼓励引导大学生积极开展面向外部客观世界的劳动实践，还必须精心组织实施针对学生主观世界改造的教育引导，努力在劳动教育过程中促进学生实现改造客观世界和主观世界的辩证统一，以此推动学生全面和谐发展。

---

[1] 《毛泽东选集》（第1卷），人民出版社，1991，第296页。

第二章　新时代高校劳动育人的价值考察

通过对新时代高校劳动育人内涵和本质的分析阐述，本书初步完成了对"新时代高校劳动育人是什么"问题的回答。在此基础上，还需进一步回答"新时代高校为什么要开展劳动育人"这一问题，这是本书向纵深推进时需要解决的前提性问题。回答这一问题，应对新时代高校劳动育人究竟有着怎样的特殊重要性、客观必要性和目标趋向性等子问题进行探讨。本章拟开展对新时代高校劳动育人的价值考察，从价值定位、价值困境和价值追求三个方面，尝试对新时代高校劳动育人的重要性和必要性进行系统论证，并对其发展方向进行规划和设计。

一　新时代高校劳动育人的价值定位

研究新时代高校劳动育人，首先应回答为什么要开展劳动育人的问题，而要回答这一问题，首要的是明确新时代高校劳动育人的价值定位。党的十八大以来，习近平总书记多次就劳动、劳动育人的价值和意义进行阐述，提出过多个重要论断。概括起来，主要包括以下三个方面的价值定位。

（一）大学生综合素质提升的必由之路

习近平总书记在2018年全国教育大会上强调："要在学生中弘扬劳动精神，教育引导学生崇尚劳动、尊重劳动，懂得劳动最光荣、劳动最崇高、劳动最伟大、劳动最美丽的道理，长大后能够辛勤劳动、诚实劳动、创造性劳动。"[①] 其中，"劳动最光荣、劳动最崇高、劳动最伟大、劳动最美丽"这一重要表述，是习近平总书记在新时代背景下对劳动价值的科学定位，

---

① 《习近平在全国教育大会上强调 坚持中国特色社会主义教育发展道路 培养德智体美劳全面发展的社会主义建设者和接班人》，《人民日报》2018年9月11日。

也是教育引导学生辛勤劳动、诚实劳动、创造性劳动的逻辑起点。与辛勤劳动、诚实劳动、创造性劳动相对应的劳动认知、劳动态度、劳动品德和劳动本领，作为大学生劳动素养的核心要素，是大学生德智体美劳等综合素质的集中体现。因此，从劳动认知、劳动态度、劳动品德和劳动本领着手，提升大学生的劳动素养，对于全面提升其综合素质具有重要意义。

1. 深化劳动认知

正如前文中所分析的，当前高校大学生劳动认知浅层化问题的主要原因是，长期以来，相当一部分大学生没有投身真实的劳动场域，没有养成良好的劳动习惯，只是在课上"听"劳动、在课外"看"劳动、在网上"玩"劳动，[1] 使得崇尚劳动、尊重劳动、热爱劳动仅仅成为一句口号、一套理论或是一种表面化的政治正确，没有真正走入学生内心深处，成为影响学生现实劳动行为的思想价值观念。马克思主义认识论的基本观点认为，实践出真知，"人的正确思想，只能从社会实践中来"[2]。因此，大学生正确劳动认知的形成，只有通过亲身参与实实在在的劳动活动，从中体悟劳动艰辛、养成劳动习惯、懂得劳动意义、理解劳动价值才能真正实现。除此之外，别无他法。需要指出的是，劳动实践需要正确的理论方法进行指导，劳动学科教学活动在高校劳动教育体系中也有着重要地位和作用。而劳动理论方法教育虽然重要，却远不能取代真实劳动实践，两者应当紧密协调、相互促进，共同提升高校劳动育人效果。

其实，劳动认知的深化是一个逐级递进的过程，它与大学生劳动实践的逐步深化是紧密联系在一起的。大学生先由简单基础的劳动开始，逐渐形成对劳动的感性认识，与此同时接受关于劳动理论和劳动精神的教育熏陶，在此基础上由简单劳动逐渐过渡到相对复杂的劳动，通过在相对复杂的劳动中解决具体问题、满足个人需求、磨炼本领意志，形成更深层次的劳动认知。可见，劳动认知从劳动实践中来，又反过来深刻影响着劳动实践的进程。高校劳动育人正是通过由实践到认识，再由新的实践到新的认识的发展递进，使大学生逐渐深化劳动认知，主动将个人劳动同他人和社会联系起来，使劳动成为个体充分展现价值的途径，成为一种高度自觉的

---

[1] 陈宝生：《全面贯彻党的教育方针 大力加强新时代劳动教育》，《人民日报》2020年3月30日。
[2] 《毛泽东文集》（第8卷），人民出版社，1999，第320页。

实践活动。因此，高校劳动育人将劳动实践作为基本的育人途径和方法，能够促进大学生在亲身劳动过程中不断深化自身对劳动的理解和认知，进而更好地指导未来的劳动实践。

2. 培养劳动态度

劳动态度是劳动认知的直接反映，也是影响劳动品德和劳动行为的关键因素。中国共产党历来重视劳动、尊重劳动，注重对学生良好劳动态度的培养。党的十六大报告对邓小平"尊重知识、尊重人才"[1]思想进行了丰富和发展，明确要求将"必须尊重劳动、尊重知识、尊重人才、尊重创造"[2]作为党和国家的重大方针在全社会认真贯彻。将"尊重劳动"作为"四个尊重"之首，充分体现出劳动对于党和国家事业发展全局的极端重要性。2013年，习近平总书记在同全国各族少年儿童代表共庆"六一"国际儿童节时强调："少年儿童从小就要立志向、有梦想，爱学习、爱劳动、爱祖国，德智体美全面发展，长大后做对祖国建设有用的人才。"[3]此后，中共教育部党组发布《关于在全国各级各类学校深入开展"爱学习、爱劳动、爱祖国"教育的意见》，对全国各级学校深入开展"三爱"教育作出具体规划和部署。"爱学习、爱劳动、爱祖国"是党和政府对青年学子的殷切期望，是对青少年全面发展的具体要求，也是落实立德树人根本任务的重要措施。"三爱"教育是一个有机统一的整体，三者对于青少年的全面发展，都有着彼此难以替代的关键作用。

然而，由于种种原因，长期以来我国的学校教育在一定程度上忽视和淡化了劳动教育，导致"三爱"教育体系还未真正成型，"三爱"教育机制还存在不少问题。对此，习近平总书记殷切教导青年学生，"要坚持艰苦奋斗，不贪图安逸，不惧怕困难，不怨天尤人，依靠勤劳和汗水开辟人生和事业前程"[4]，要懂得"幸福都是奋斗出来的，奋斗本身就是一种幸福"[5]。新时代大学生成长于物质生活和精神生活相对优越的年代，大部分人从小

---

[1] 《邓小平文选》（第2卷），人民出版社，1994，第40页。
[2] 《全面建设小康社会 开创中国特色社会主义事业新局面——在中国共产党第十六次全国代表大会上的报告》，人民出版社，2002，第15页。
[3] 《习近平在同全国各族少年儿童代表共庆"六一"国际儿童节时强调 让孩子们成长得更好》，《人民日报》2013年5月31日。
[4] 习近平：《在知识分子、劳动模范、青年代表座谈会上的讲话》，人民出版社，2016，第11页。
[5] 习近平：《在北京大学师生座谈会上的讲话》，人民出版社，2018，第12页。

到大没有受到过生活艰辛的磨砺和锻炼，相对欠缺艰苦奋斗、吃苦耐劳的精神品质。尽管他们从课堂上、书本中了解了劳动的重要作用，理解了劳动的重要价值，也相信人的成功离不开辛勤劳动，但是，相当一部分大学生却难以做到用正确的劳动态度来面对现实生活。因此，唯有让青年学生在劳动中体味艰辛，在劳动中磨炼意志，在劳动中收获成长，通过现实劳动的锻炼逐步养成正确的劳动态度，才能真正将习近平总书记的谆谆教导落到实处。

3. 塑造劳动品德

正如前文所述，劳动品德中最核心的要素是诚实劳动。诚实劳动是指劳动者以诚信、踏实的态度，为了个人、他人和社会的利益所进行的合理合法的劳动。习近平总书记对诚实劳动的意义有过深刻阐述："人世间的美好梦想，只有通过诚实劳动才能实现；发展中的各种难题，只有通过诚实劳动才能破解；生命里的一切辉煌，只有通过诚实劳动才能铸就。"[①] 由此可见，诚实劳动不仅是个人成长发展的基础，也是企业核心竞争力的保障，更是经济社会发展的重要驱动力量。诚实劳动要求每一个劳动者自觉爱岗敬业，尽心尽力做好本职工作，在通过劳动实现个人梦想的同时，能够为他人和社会创造更多的物质和精神财富。要使诚实劳动蔚然成风，需要有诚实的劳动者、诚实的劳动过程以及对诚实劳动的正向反馈。所谓诚实的劳动者，是指劳动者能够言出必行、说到做到，具备高度的使命感和责任感；诚实的劳动过程，是指劳动者在劳动过程中不投机取巧，不好高骛远，保持兢兢业业，追求尽善尽美，践行工匠精神；对诚实劳动的正向反馈，是指通过建立健全鼓励诚实劳动的体制机制、营造尊重诚实劳动的社会氛围，让劳动者通过诚实劳动，能够获得物质和精神两方面的丰厚回报。

不可否认，现实社会中存在一些投机取巧、尔虞我诈、好逸恶劳的不良示范和错误导向，对大学生良好劳动品德的培育产生了一定冲击。高校作为大学生联结社会的桥梁，通过建立劳动育人的体制机制，创设劳动育人的必要条件，营造劳动育人的良好氛围，能够使学生在亲身劳动实践中获得自食其力的成就感和尊严，在尽心竭力、踏实劳动中赢得来自教师和同学们的广泛赞誉，在公平公正的体制机制下通过诚实劳动收获丰硕成果，

---

① 习近平：《在同全国劳动模范代表座谈时的讲话》，《人民日报》2013年4月29日。

进而逐步形成良好的劳动品德。需要强调的是，高校劳动育人除了要观照大学生的自身发展，还应当使学生认识理解个体诚实劳动对于他人和社会的重要价值，教育引导学生努力将个人梦、集体梦和中国梦有机结合起来，在通过诚实劳动促进个人成长发展的同时，更好地担负起应尽的社会责任和义务。

4. 练就劳动本领

除了思想认识和道德品质层面的要求，是否练就了一身高强的劳动本领，也是考量新时代大学生综合素质的重要指标。假设一名劳动者有着良好的劳动态度和劳动品德，却不具备胜任某种劳动的能力，那么无论如何他都不能算是一名合格的劳动者。正所谓"不经一番寒彻骨，怎得梅花扑鼻香"。想要练就一身高超的劳动本领，既要有良师指引，也需要勤奋聪颖，更不能缺少在长期的劳动实践中的摸爬滚打。唯有历经长期磨炼，掌握过硬本领，并且不断自我学习、自我提升，新时代劳动者方能在市场竞争激烈、技术更迭快速的新兴技术产业中站稳脚跟，进而在实现个人价值的同时创造更多社会价值，创造属于自己的美好生活。正如习近平总书记所说："一切劳动者，只要肯学肯干肯钻研，练就一身真本领，掌握一手好技术，就能立足岗位成长成才，就都能在劳动中发现广阔的天地，在劳动中体现价值、展现风采、感受快乐。"[1]

需要明确的是，高超的劳动本领不仅是指对现有知识、技术、技巧的熟练掌握和运用，还包括劳动者从现有基础出发，在劳动实践中不断摸索实验，不断自我否定，进而对现有劳动知识技能进行丰富和完善的能力。这种能力也被称为创造性劳动的能力，它是区别普通工匠和真正大师的根本标准。而达到这一标准的条件极为苛刻，需要劳动者具备完备的劳动知识体系、深刻的劳动哲学素养、丰富的劳动经验技巧以及敏锐的洞察研判能力，这些是劳动者在真正意义上进行创造性劳动的前提条件。要满足这些前提条件，就必然对高校人才培养能力提出更高要求。然而，长期以来高校将教育活动的重心放在大学生专业理论知识体系的构建上，尽管高校也组织开展了一些实习实践活动，但其目的主要是促进大学生对专业理论

---

[1] 习近平：《在庆祝"五一"国际劳动节暨表彰全国劳动模范和先进工作者大会上的讲话》，人民出版社，2015，第10页。

知识的理解消化，使其达到能够初步应用的程度，而这种程度，与能够进行创造性劳动的要求还相去甚远。对此，新时代高校劳动育人在传授大学生基本劳动技能的基础上，通过开展劳动科学、劳动哲学、劳动伦理、劳动文化等方面的教育，能够促进大学生对劳动形成多学科、多维度的综合认知，帮助其进一步拓宽劳动视野、丰富劳动经验、树立创新意识，为其开展创造性劳动做好必要的积累和准备。

（二）高校培养高水平人才的关键一环

党的十九大报告指出："建设教育强国是中华民族伟大复兴的基础工程。"[①] 教育强国在内涵上包括完善的教育体系和高水平的人才培养体系两个方面。习近平总书记在 2018 年全国教育大会上明确要求："要努力构建德智体美劳全面培养的教育体系，形成更高水平的人才培养体系。"[②] 高等教育作为"国家发展水平和发展潜力的重要标志"[③]，培养高水平人才是其核心使命。当前，我国高等教育存在发展不平衡不充分的问题，教育质量尤其是人才培养质量相对滞后于教育规模的扩张，教育体系和人才培养体系仍不完善，尚不能完全适应经济社会发展和人的全面发展需要。新时代高校劳动育人聚焦创新型、复合型和应用型人才培养，有助于优化高校教育体系和人才培养体系，对于高校拓展现有育人渠道、落实立德树人根本任务具有重要的现实意义。

1. 劳动素养是衡量高校人才培养质量的基本标准

所谓高校人才培养质量，主要指高校人才培养活动同经济社会发展需要和大学生个体成长需求之间的满足和适应状况。我国的教育方针明确提出，要培养德智体美劳全面发展的社会主义建设者和接班人。由此可见，大学生是否具备一定的劳动素养，以及大学生劳动素养的高低程度，是衡量高校人才培养质量的重要标准之一。改革开放 40 多年来，我国的经济社会发展取得了举世瞩目的伟大成就，这些成就的取得，是改革红利、人口

---

① 习近平：《决胜全面建成小康社会 夺取新时代中国特色社会主义伟大胜利——在中国共产党第十九次全国代表大会上的报告》，人民出版社，2017，第 45 页。
② 《习近平在全国教育大会上强调 坚持中国特色社会主义教育发展道路 培养德智体美劳全面发展的社会主义建设者和接班人》，《人民日报》2018 年 9 月 11 日。
③ 习近平：《在北京大学师生座谈会上的讲话》，人民出版社，2018，第 4 页。

红利、自然资源红利、国际经贸环境红利等因素综合贡献的结果。但是，当这些国家经济社会赖以发展的红利逐渐减退，而新的发展红利尚未完全形成之时，要想突破发展瓶颈，跨越中等收入陷阱，其根本出路唯有转变发展模式、优化经济结构、激发新的增长动能。在此背景下，培养一支高素质的劳动者大军，为经济社会转型发展提供关键的人才和智力支撑，是新时代我国高等教育的重要使命。高校培养出来的人才，能不能适应社会竞争、能不能胜任新兴岗位、能不能取得突出业绩，这是评判高校教育水平和人才培养水平的基本标准。与此同时，大学生出于个体成长发展的需要，也会对高校劳动教育的综合质量提出更高的要求。这是因为，具备良好的劳动素养，是大学生在社会上站稳脚跟、自食其力地独立生活、充分实现自我价值和社会价值、创造美好幸福生活的重要前提和保证。因此，高校有责任和义务通过劳动教育帮助大学生掌握劳动本领、培养劳动态度和品德，树立正确的劳动价值观，努力让自己培养出的劳动者具备更高的劳动素养，以及更好的市场竞争力、职业胜任力和创新发展能力。

2. 劳动育人是完善高校现有育人体系的重要途径

教育部于 2017 年 12 月发布的《高校思想政治工作质量提升工程实施纲要》，详细规划了课程、科研、实践、文化、网络、心理、管理、服务、资助、组织等"十大育人体系"的相关内容。可以说，"十大育人体系"涵盖了高校思想政治工作的方方面面，对于高校构建一体化育人体系，打通育人"最后一公里"具有重要指导意义。尽管在课程、实践、文化、资助等育人体系中，均内在地包含劳动育人的成分，但是，由于每种育人体系的内容、载体、路径、方法和侧重点均有所不同，难以对大学生劳动素养的提升发挥出持续性、综合性的作用。通过前文对劳动的教育价值的分析，劳动具有塑造品德、磨炼意志、锻炼体质、增长才干等重要育人功能，习近平总书记也在各种场合多次强调劳动对于经济社会发展和个人成长的重要意义。因此，确有必要通过劳动育人，丰富和完善高校现有育人体系，让劳动育人的作用和价值在高校教育体系和人才培养体系中得到充分彰显。要将劳动育人纳入高校育人体系，一方面，高校应当在现有人才培养体系中给予劳动育人足够的重视和应有的位置，在课时安排、师资配备、条件保障、课程建设等方面专门研究设计，加大资源投入；另一方面，高校应当努力消除劳动育人与其他育人体系之间的隔阂和阻碍，尝试在现有育人体系中融入对劳动育人的关注和倾斜，在整体育人氛围中彰显劳动育人相对独立的内涵和精神。例如，在不同专业领域的课程和科研育人体系中，可以适当地加入劳动哲学、劳动伦理学、劳动经济学等内容；在实践育人体系中，可以将劳动技能、劳动态度、劳动品德、劳动文化等劳动育人内容充分融入其中；在资助育人体系中，可以深度论证在各类勤工助学活动中融入劳动育人内容的必要性和可行性；在网络育人体系中，可以尝试利用各类网络信息平台大力营造崇尚劳动、尊重劳动的整体舆论氛围；等等。总之，在现有高校育人体系中，给予劳动育人更多的关注和重视，能够有力促进大学生德智体美劳全面发展，也有助于真正补齐劳动教育这块最大的教育短板。

3. 劳动育人是落实立德树人根本任务的有力抓手

立德树人是高校的立身之本，也是高校思想政治工作的中心环节。党的十八大以来，习近平总书记在不同场合多次对立德树人的意义、内涵、要求等有过诸多重要论述，为新时代高校落实立德树人根本任务提供了基本遵循。立德树人是立德和树人的有机统一。回答好"立什么德"和"树什么人"这两个问题，是高校探索立德树人实现路径和工作机制的重要前提。习近平总书记在北京大学师生座谈会上强调："要把立德树人的成效作为检验学校一切工作的根本标准，真正做到以文化人、以德育人，不断提高学生思想水平、政治觉悟、道德品质、文化素养，做到明大德、守公德、严私德。"[1] 由此可见，立德树人的"德"是大德、公德和私德的总称，包括坚定的理想信念、良好的道德修养、高尚的人格品质等多个方面。立德是树人的根本前提，树人是立德的核心目标。树人就是要培养德智体美劳全面发展的社会主义建设者和接班人，培养能够担当民族复兴大任的时代新人。对立德树人内涵本质、时代特征、内容要求的充分认知，是高校确立教育体系和人才培养体系的根本依据。劳动育人与高校立德树人的本质要求和价值诉求高度吻合、彼此呼应。劳动作为人的类本质，是人类生命的固有属性，劳动在人类发展史上曾极大地促进了人类身体和智力的进化。在古今中外的教育思想中，劳动通常都是重要的教育资源和教育手段，教育与生产劳动相结合也是马克思主义教育思想的核心观点。高校通过劳动

---

[1] 习近平：《在北京大学师生座谈会上的讲话》，人民出版社，2018，第7页。

育人，能够教育引导大学生接近劳动、理解劳动、体悟劳动，从劳动中掌握技能本领、懂得集体协作、塑造人格品质、磨炼身体意志，成长为一名德智体美劳全面发展的社会主义合格劳动者。由此可见，劳动育人是高校落实立德树人根本任务的有力抓手，而高校立德树人的出发点和落脚点，正是在于培养出懂劳动、会劳动、勤劳动、爱劳动的社会主义合格劳动者。高校培养出的大学生通过辛勤劳动、诚实劳动和创造性劳动，将个人成长进步同国家建设发展有机结合起来，在创造个人美好生活的同时彰显出重要的社会价值，这不仅是劳动育人的目标指向，更是高校立德树人的价值旨归。

（三）实现伟大复兴中国梦的重要支撑

实现国家富强、民族振兴、人民幸福的中国梦，凝聚了几代中国人的夙愿，是中华民族近代以来最伟大的梦想。梦想虽然伟大，但实现必定不易。习近平总书记明确指出："中华民族伟大复兴，绝不是轻轻松松、敲锣打鼓就能实现的。全党必须准备付出更为艰巨、更为艰苦的努力。"[①] 鉴于此，习近平总书记提出"以劳动托起中国梦"[②]，为这场中华民族筑梦、追梦、圆梦的奋斗征程指明了前行路径和提供了驱动力量。新时代高校劳动育人着眼于培养辛勤劳动、诚实劳动、创造性劳动的高素质劳动者，能够在优化劳动力结构规模、提升劳动者专业技术和作风品质等方面，为实现中华民族伟大复兴的中国梦提供重要支撑。

1. 劳动力结构优化支撑

改革开放以来，我国的劳动力低成本优势和人口红利对经济快速增长起到了重要的促进作用。有专家指出："中国过去三十年的经济快速增长，除了制度变化的因素外，在相当大的程度上受益于人口结构转变过程中所产生的人口红利，即由于年轻劳动力人口占总人口比例扩大而带来的经济收益。"[③] 然而，我国人口出生率的下降，以及人口老龄化问题越来越凸显，

---

① 习近平：《决胜全面建成小康社会 夺取新时代中国特色社会主义伟大胜利——在中国共产党第十九次全国代表大会上的报告》，人民出版社，2017，第15页。
② 习近平：《在庆祝"五一"国际劳动节暨表彰全国劳动模范和先进工作者大会上的讲话》，人民出版社，2015，第14页。
③ 马俊：《低生育率、人口负增长和老龄化——21世纪中国的最大风险》，新浪财经网，http://finance.sina.com.cn/roll/20090727/02176530047.shtml，最后访问日期：2022年5月1日。

给未来国家经济社会发展带来了一系列整体性、全局性的风险。国家统计局公布的我国人口年龄结构数据显示，2014年我国15~64岁劳动年龄人口在相当长时期里第一次出现了绝对下降，比上年减少113万人，并在此后呈逐年递减趋势，而65岁及以上老龄人口则呈逐年递增趋势。[①] 这意味着我国人口红利正在逐步消退，未来经济发展将进入一个新的阶段。需要指出的是，人口红利并不是指人口数量越多越好。虽然俗话说"人多力量大"，但人口资源如果不能充分转化为劳动力资源，不能有效促进劳动生产率的提升，那么，人口数量规模就不一定能够成为促进经济增长的动力，甚至还有可能反过来成为经济增长的制约因素。所以，人口红利不仅是一个总量概念，更是一个结构概念，它主要是指劳动力人口从生产率低的部门向生产率高的部门转移。自我国经济运行进入新常态以来，劳动力市场结构深刻调整，现有劳动力难以完全符合新兴科技产业和先进制造业对高素质劳动人才的需求，这是在劳动力总量规模的因素之外，我国人口红利消退的更重要的原因。随着我国经济产业结构逐步优化升级，劳动岗位在数量、种类、结构、要求等方面都发生了相应变化，对劳动者的综合素质也提出了新的更高的要求。新时代高校劳动育人面向未来经济社会发展需求，旨在培养一批批合格的社会主义劳动者，有助于形成新的人口红利，进而有效促进我国产业结构优化升级和经济持续健康发展。

2. 劳动者专业技术支撑

专业技术是劳动者从事某一职业所必备的学识、技术和能力的统称。在国家经济发展的不同历史时期，国家或社会对劳动者专业技术方面的需求也不尽相同。以农业经济为主的时代，生产力发展水平较低，劳动力以农业生产者为主，体力劳动是主要的劳动形式。这个时期的劳动教育也在一定程度上带有小农经济的特点，其主要内容是组织学生参加一些农业和手工业生产劳动，对学生进行一些生产技能方面的培训。随着社会生产力水平逐步提升，劳动教育的内容和形式也相应地发生变化，不断地转型升级、更新换代。需要指出的是，当前人们对劳动教育存在一些认识误区，其中最有代表性的就是：以过去生产力发展水平较低时的劳动教育，或是

[①] 国家统计局年度数据"人口年龄结构和抚养比"，国家统计局网站，https：//data.stats.gov.cn/easyquery.htm？cn=C01，最后访问日期：2022年5月1日。

在某个特殊历史时期出现偏差时的劳动教育,来质疑和否定这一课程存在的必要性,以及它在学校整体育人体系中的重要性。这样的认识是狭隘僵化的,得出的结论也是有失公允的。随着我国工业化进程的加快,制造业的规模和水平大幅提升,在客观上也对劳动教育提出了更高要求,劳动教育主动适应工业生产中批量化、程序化、规范化、标准化的需求,培养了一大批掌握扎实技能、勇于拼搏奋斗的劳动者,为推动我国经济快速发展提供了重要支撑。21世纪以来,我国进入了知识经济时代。在经济全球化、网络信息化的浪潮席卷下,劳动教育必须与时俱进,努力适应经济社会发展对劳动者专业技能方面提出的新要求,更多地关注互联网、大数据、云计算、人工智能等新兴产业发展趋势,培养具有开拓创新能力的新时代劳动者。由此可见,在创新驱动发展的新时代,创新能力是劳动者的核心竞争力。新时代高校劳动育人将重点聚焦于提升大学生创新意识和创新能力,努力培养造就一大批符合时代发展需要、具备良好综合素质的社会主义合格劳动者,能够为新时代国民经济和社会发展提供重要的创新驱动支撑。

3. 奋斗者作风品质支撑

习近平总书记在不同场合多次强调"奋斗精神",仅在党的十九大报告中就有30次提到"奋斗"。"幸福都是奋斗出来的"[①],"奋斗本身就是一种幸福。只有奋斗的人生才称得上幸福的人生"[②],"新时代是奋斗者的时代"[③]……这些重要论述深刻回答了新时代劳动者应当以怎样的精神状态来投身国家建设这一重大理论和现实问题,为中国共产党团结带领全体人民实现中华民族伟大复兴的中国梦提供了强大的精神动力。新中国成立70多年来,广大劳动群众在党的领导下,艰苦奋斗、自力更生,创造了一个又一个伟大的人间奇迹。在当前新的历史条件下,信息科技在很大程度上改变了经济运行模式和人们的生活方式,数据网络、智能机器能够帮助我们完成大量工作。那么,我们是否还需要艰苦奋斗?答案当然是肯定的。任何时候,艰苦奋斗、苦干实干都不过时,脚踏实地、诚实劳动永远是实现人生梦想的"捷径"。一代人有一代人的使命和责任。尽管新时代劳动内涵

---

① 《国家主席习近平发表二〇一八年新年贺词》,《人民日报》2018年1月1日。
② 习近平:《在2018年春节团拜会上的讲话》,《人民日报》2018年2月15日。
③ 习近平:《在2018年春节团拜会上的讲话》,《人民日报》2018年2月15日。

不断更新，劳动形态日益多样，但爱岗敬业、艰苦奋斗、勇于创新、甘于奉献依然是当代奋斗者必须具备的作风和品质。奋斗者的作风和品质不仅体现在新时代劳动过程当中，还应当从新时期加强党的自身建设的高度来加以认识。习近平总书记指出："劳动，是共产党人保持政治本色的重要途径，是共产党人保持政治肌体健康的重要手段，也是共产党人发扬优良作风、自觉抵御'四风'的重要保障。"① 这一重要论述将劳动的价值与党的自身建设结合起来，阐明了劳动对于无产阶级政党的重要意义。当前，在经济社会发展取得显著进步、物质环境得到极大改善的新形势下，党的自身建设面临着比以往更大的风险和挑战。越是这个时候，越需要发扬奋斗精神，保持奋斗姿态。只有拿出刀刃向内的勇气、逢山开路的闯劲和永不满足的创新精神，才能持续推动党和国家各项事业不断前进。由此可见，劳动教育不仅没有过时，恰恰相反，它在培育优良作风、塑造先进品质等方面体现出育人价值，在新时代显得尤为重要。

二 新时代高校劳动育人的价值困境

新时代高校劳动育人的价值定位，凸显出其对于大学生全面发展、高校立德树人和国家建设发展的重要意义。根据笔者长期在高校学习工作的切身体会，结合小范围调研访谈的结果，本部分拟从思想行为、目标内容、方法路径、条件环境等四个方面，对新时代高校劳动育人价值困境的表征及其根源进行分析，为探寻高校劳动育人价值回归的出路指明方向。

（一）思想行为上狭隘僵化

由于思想认识上的偏差，长期以来我国劳动教育实践陷入了较为严重的误区，这是新时代高校劳动育人价值困境的总体化表征。当前我国社会、家庭、高校、学生等不同主体，由于受到历史或现实因素的影响，或多或少对劳动这一概念的理解和认识存在偏差，以至于在一定程度上消解了高校劳动教育存在的合理性和必要性，导致其越来越不适应新时代我国教育事业发展要求和经济社会发展需求，表现出明显的僵化、弱化问题。

---

① 《习近平在乌鲁木齐接见劳动模范和先进工作者、先进人物代表 向全国广大劳动者致以"五一"节问候》，《人民日报》2014年5月1日。

1. 劳动地位卑微低下

我们今天谈论劳动教育存在的这样或那样的问题，其实，需要反思的不仅仅是劳动教育。从更深层次的社会认识来讲，对劳动本身的忽视或歧视，是劳动教育被削弱、被淡化、被漠视的最主要原因。从社会层面看，持有"劳心者治人，劳力者治于人"（《孟子·滕文公章句上》）、"万般皆下品，唯有读书高"（《神童诗》）等传统思想观念的普通民众不在少数。社会上有相当一部分人认为，随着时代改变，"劳动光荣、工人伟大"的口号已经落伍了，"劳动无用论"一度甚嚣尘上。在他们看来，劳动就是吃苦受累，就是体力劳动，就是社会底层民众不得不从事的辛苦工作。在他们眼里，成功是靠头脑、靠机遇、靠关系，甚至靠损人利己、靠坑蒙拐骗，却唯独不靠劳动。他们甚至认为，只有摆脱辛苦费力的劳动，找到轻松赚钱的路子，才算赢得人生的成功。2012年3月8日，《工人日报》以《五位一线工人代表直言"劳动之惑"》为题，报道了一线工人在劳动中得不到尊重的现象，这在当年参加两会的代表中引起了强烈反响。在报道中，5名来自企业一线的全国人大代表在接受记者采访时，不约而同地发出感慨："身边很多人都不想当一线工人"，"很多人对工人不尊重"，"很多年轻技工不肯踏实工作"，"许多技工跳槽到管理或经营岗位"。[①] 这篇报道非常具有代表性，它在我国改革已经进入攻坚期和深水区的时代背景下，一针见血地指出了我国经济社会发展中存在的深层次隐患，那就是以轻视劳动、急功近利、心浮气躁、焦虑迷茫为代表的社会不良心态。

中国用几十年的时间走过了西方发达国家上百年甚至几百年走过的道路，迎头赶上了人类现代化的发展潮流。尽管我国在这一进程中取得了伟大的历史性成就，但不可否认的是，经济领域的迅猛发展给社会思想观念领域带来了巨大冲击。现实社会中出现的不劳而获、投机致富、不正当致富、一夜暴富等事例，刺激着人们的神经，使得许多人对劳动创造财富这一基本命题缺乏足够的认识，急功近利、投机心理严重，不愿意踏踏实实地工作劳动。在这种社会氛围的影响下，从家庭到学校，从教师到学生，或多或少都对劳动和劳动价值的理解产生偏差，进而导致社会整体层面的

---

① 沈刚、于宛尼、张锐：《五位一线工人代表直言"劳动之惑"》，《工人日报》2012年3月8日。

人才评价标准、人才培养目标、选人用人指标等发生偏移，并由此带来了一系列严重后果。对此，必须及时进行纠偏，在全社会大力营造崇尚劳动、尊重劳动、热爱劳动的整体氛围，重新高扬劳动教育的旗帜，在新时代更好地彰显出劳动对于国家、社会以及个体的重要价值。这不仅是加强高校劳动教育的动力所在，更是新时代高校劳动育人目标得以实现的根本保障。

2. 劳动教育淡化弱化

当对劳动的偏见体现在教育活动中时，必然导致劳动教育在高校中得不到应有的重视。曾有一段时期，我国也将劳动作为重要的教育目标和内容，学校每周必须开设劳动课，在校外建有劳动基地，在班委会中专门设有劳动委员，在成绩单上有劳动课的分数。每到农忙时节，地处农村的乡镇学校还会放麦假和秋假。与今天的学校放假不同，所谓麦假，就是为了割麦子而放的假，秋假就是为了秋收而放的假。放麦假和秋假的主要目的是让学生回到家中帮助家里干农活。学生们在假期里需要承担很重的劳动任务，在田间的艰辛和苦涩，使得他们倍加珍惜来之不易的学习机会，梦想着通过努力学习文化知识来改变命运。如今，农业机械化早已普及，播种收割轻松快捷，再也不需要学生放农假来帮忙了。更何况如今的"95后""00后"大学生大都成长于独生子女家庭，家长也不舍得再让孩子吃苦受累。所以有人说，虽然以前的学生受苦受累，但那份艰辛也是人生的财富，值得一生回味，现在的学生想体会、想回味，也很难再有机会了。21世纪以来，在整体社会氛围的影响下，劳动教育在学校课程体系中逐渐式微，相当一部分教师和家长持有"学生把学习搞好就行了"的观点，将关注的目光局限于学生的成绩和分数上，学校也不再开设劳动课，劳动教育在学校课程体系中慢慢被边缘化，甚至消失不见。因此，社会上有一种声音认为：劳动教育与文化课学习是相互对立的；劳动会影响学习；在信息科技时代，劳动教育已经过时了，完全没有存在的意义。但事实真是这样吗？答案当然是否定的。

当前，劳动教育长期缺失所带来的不良后果已经开始慢慢显现。有相当一部分大学生从小在家长的溺爱中长大，在中小学也没有接受系统的劳动教育，进入大学后缺乏独立生活能力，走入社会后更是难以独立生存。现实中不仅有很多大学生欠缺劳动教育，甚至有一些高校教师也说不清劳动教育的意义和作用，在教育过程中常常将其与社会实践、实习实训等教育活动一概而论。诚然，高校劳动教育与社会实践、实习实训存在很多相似之处，但劳动教育的核心是促进大学生形成良好的劳动素养，这一点是其他教育方式难以替代的，这也恰恰是高校劳动教育的特殊重要价值。党的十八大以来，习近平总书记高度重视劳动教育，在多次重要讲话中围绕劳动、劳动者、劳动精神等内容进行过深刻阐述，并在2018年全国教育大会上正式提出德智体美劳"五育并举"的教育方针，教育部随后也明确将"大力加强劳动教育"作为其2019年的工作要点之一。"补上劳动这一课"成为全社会的普遍共识，正是对劳动教育过时论的最好回击。与此同时，我们必须清醒地认识到，新时代高校劳动教育面向的群体，是伴随着网络信息科技浪潮成长起来的"95后""00后"大学生，在未来他们将置身于大数据、人工智能、机器人等高科技大量普及应用的时代。因此，高校劳动教育不能僵化守旧，必须与时俱进，唯有如此，方能在新时代继续发挥其重要的育人作用。

（二）目标内容上外在片面

在对当前高校劳动教育存在的问题进行总体性概述之后，应当深入其内部，从目标、内容、方法、路径等方面分析高校劳动教育淡化、弱化的主要表现及其成因。当前高校劳动教育在目标和内容设定上存在偏差，这是其淡化、弱化并陷入价值困境的主要原因。目标上的外在化和内容上的片面化直接对高校劳动教育的方法、路径、条件、环境等一系列要素产生直接或间接的负面影响，进而阻碍高校劳动育人的价值实现。

1. 劳动教育目标外在化

高校劳动教育的目标是指高校开展劳动教育活动所期望达到的预期目的，它是整个劳动教育活动的方向指引，具有提纲挈领、统揽全局的重要意义。高校劳动教育的目标设定，应当综合考量教育对象、教师队伍、社会需求、现实条件等诸多因素，其设定原则应充分体现工具理性和价值理性的和谐统一，即在满足经济社会发展需求和大学生全面发展需要之间保持适度的张力，维持两者关系的协调稳定。然而，我国传统劳动教育忽略了其为人的成长发展服务的本质诉求与核心使命。一旦高校劳动教育仅被认为是实现育人之外的其他目标的工具和手段，必然会在很大程度上弱化其对于促进大学生全面和谐发展的重要价值，也会潜移默化地消解掉劳动教育自身存在的特殊必要性。高校劳动教育目标的外在化倾向，是其整个目标体系系统性失衡的主要原因。按照外在化的劳动教育目标培养出的劳动者，即使能够较好地胜任某个工作岗位，能够在社会生产活动中发挥出应有的作用，但对于劳动者个人而言，如果他的劳动仅仅被赋予了某种工具属性，那么这样的劳动过程很可能是僵硬的、机械的、枯燥乏味的，他的个人体验与他在劳动中创造出的效益也很可能是相互对立的。尽管这样的劳动也能够创造出一定的社会价值，但如果劳动者认为自己的劳动仅仅只是满足某种外在需求的工具，那么他将很难体悟到这种外在需求与自身内在需要之间的互动关系，此时的劳动也就成为一种变相的强制性劳动，变得毫无乐趣和吸引力可言，当劳动者有能力摆脱这种外在需求的役使时，他必定会像躲避瘟疫一样远离劳动。

不可否认，在一个运转成熟的社会生产系统中，必然有着严明的纪律和完善的规范。只要每个劳动者人尽其责、照章办事，就可以保证整个系统运转精确、稳定，并具有很高的可预测性和执行效率，从而推动生产力快速发展。然而，高校劳动教育的目标是否就是培养出能够适应社会生产系统、能够促进经济社会快速发展的劳动者呢？我们想方设法发展生产力、丰富社会物质财富的最终目的又是什么呢？其实，马克思早已告诉了我们答案，发展生产力的根本目的就是实现人的自由全面发展，而实现人的自由全面发展，又必然需要大力发展生产力。由此可见，尽管我们批判劳动教育目标的外在化倾向，但这种外在化的目标设定却并不能被完全抛弃。工具理性的彰显能够加深劳动者对外部世界客观规律的认识，帮助劳动者在更好地实现自身本质力量对象化的同时，在更深的层面思考人生价值，为实现价值理性的升华提供现实支撑。而价值理性通过高扬人的主体性，也能够为工具理性的有效运行提供必要的精神支持。因此，高校劳动教育的目标过度追求抑或是完全抛弃工具理性，都是不可取的。唯有实现工具理性和价值理性的和谐统一，才能真正保证高校劳动教育目标设定的科学合理性。

2. 劳动教育内容片面化

劳动教育内容是指为了实现劳动教育目标，而选择纳入劳动教育活动过程的知识、技能、行为规范、价值观念等的总和。当前，高校劳动教育的目标外在化，使得与之相适应的劳动教育内容呈现出片面化的特点。这种片面化的特点主要表现为两种极端倾向。一种是高校将劳动教育的主要内容局限于对大学生进行思想理论层面的宣教，往往仅通过课堂教学、舆论宣传等途径，对大学生进行劳动精神、劳动品质等方面的正面教育引导。然而，这种回避社会现实、脱离劳动实践的劳动教育很难获得好的效果，很容易导致大学生的劳动素养呈现出一种"口是心非"的错误倾向。这样的劳动教育没有入脑入心，以至于现实中对于劳动"说一套、做一套"的大有人在，劳动教育也沦为了单纯追求所谓"政治正确"的工具。另一种极端倾向是高校片面追求对大学生进行劳动专业知识和技能方面的培养，将劳动教育的主要内容聚焦于劳动技能训练，在培养大学生的劳动精神、劳动品质，营造崇尚劳动、尊重劳动的舆论氛围等方面存在严重不足。高校劳动教育由此沦为经济发展的附庸，成为实现社会经济利益的手段和工具，致使其本体育人价值难以得到真正彰显。可见，高校劳动教育内容的这两种极端化倾向均存在较大弊端，极易造成大学生劳动素养的某个或某些方面出现缺失，难以适应大学生全面发展的需要，也无益于高校立德树人根本目标的实现。

　　高校劳动教育的主要内容应当是思想道德、意志品质、技能本领等方面的和谐统一，它们在高校劳动教育实践中主要表现为劳动思想教育、劳动实践锻炼、劳动知识学习、劳动技能训练等。需要指出的是，这些内容之间虽然相对独立，但绝不是彼此孤立的关系。它们相互联系、相互影响，共同促进教育对象良好劳动素养的形成。在劳动教育实践中，如果过分偏重某一方面，或是忽视淡化某一方面，都可能导致教育对象劳动素养的整体性失衡。此外，在明确高校劳动教育内容的前提下，如何将其落实落地，这是另外一个问题。对此，可以尝试从两个方面进行探索。一方面，高校应当努力促进劳动教育内容与现有其他教育内容有机融合。高校现有的课程教学、社会实践、实习实训、创新创业等教育活动，都能够或多或少地契合劳动教育的内容和要求。因此，如何深入挖掘并充分激活现有教育活动中的劳动教育成分，不仅能够打开高校劳动教育的思路，还能有效提升现有教育活动的实施效果，这是未来高校劳动教育应当重点关注的领域。另一方面，不论是高校劳动教育内容，还是其他教育内容，都必须紧跟经济社会发展现实，不断与时俱进，及时更新和完善。尤其是在当前信息科技飞速发展、大量新兴科技快速普及的背景下，高校劳动教育在内容选择上必须把握好继承传统和开拓创新之间的关系，在坚持发扬老一辈劳动者艰苦奋斗、无私奉献的精神品质的同时，努力彰显出新时代创造性劳动的重要价值。

（三）方法路径上错位异化

高校劳动教育的方法和路径是实现教育目标所不可缺少的中介要素。由于方法和路径在教育过程中所起到的作用相似或相同，所以人们常常未将两者加以区分。但事实上，两者所表现的形式是有所区别的。一般而言，方法是指人们认识和改造客观世界所应当遵循的某种方式或程序的总和。在黑格尔看来，"方法也就是工具，是主观方面的某个手段，主观方面通过这个手段和客体发生关系"。[①] 而路径则主要以实体状态存在，意指达成某种目的所经由的具体途径或渠道。当前高校劳动教育在方法上的错位，以及在路径上的异化，是其遭遇价值困境的重要原因。

1. 劳动教育方法错位

高校劳动教育方法是在高校教育者头脑中得到认可的，为了达成劳动教育目标所应采取的手段。高校劳动教育方法的选择和运用，在很大程度上受到教育者对劳动、劳动教育思想认识的影响，也受到劳动教育自身目标和内容的制约。因此，对于高校劳动教育而言，思想认识上的狭隘僵化和目标内容上的外在片面，是其方法错位的主要原因。高校劳动教育的方法错位，主要表现为教育者看待劳动教育时，在思想观念上所呈现出的规训化、形式化和虚无化等错误倾向。规训化是指教育者在主观上将劳动等同于一种限制学生自由、规训学生行为的惩戒手段，强制性地要求那些犯错误的学生承担又脏又累的体力劳动，如打扫卫生、处理垃圾、搬运物品等，意图通过劳其身体，达到规训其行为的目的。这种教育方法无疑会在学生心中留下惧怕劳动、厌恶劳动的阴影，客观上加深了学生与劳动之间的隔阂，遮蔽了劳动的育人价值。形式化主要是指教育者在潜意识里将劳动教育作为一项不得不完成的工作任务，在教育过程中按部就班、照本宣科，只求完成任务，欠缺真情实感投入，对教育效果持放任自流的态度。在这种形式化的教育方法指导下，教育者和教育对象对待劳动教育都是敷

[①] 列宁：《黑格尔〈逻辑学〉一书摘要》，人民出版社，1965，第156页。

衍了事。虚无化则是指教育者在主观认识层面看不到劳动教育存在的特殊重要性和必要性，往往持一种"浅层泛化"的态度和方法来看待和实施劳动教育。所谓"浅层泛化"，是指教育者在主观上认为劳动教育具有完全寓他性，其目标和内容业已存在于现有的课堂教学、社会实践、实习实训等教育活动中，这些教育活动的开展就可以等同于劳动教育的实施。由于没有给予劳动教育以独立地位，没有对劳动教育与其他教育活动之间的联系和区别进行深入细致的剖析，各方在现实中难以深度融合，由此造成高校劳动教育看似无处不在，实则虚无不见。

当前高校劳动教育的方法错位，在很大程度上折射出教育工作者在思想认识层面的种种误区，以及高校劳动教育在体制机制上的系统性缺失。这些问题的存在，是高校劳动教育面临社会不重视、家长不理解、学生不配合等窘迫境遇的重要原因。而这些问题的由来，既受到我国传统文化观念潜移默化的影响，又与社会上存在的一些不良风气直接相关，更反映出我国高等教育在一定程度上对劳动和劳动教育的忽视。因此，高校劳动教育要在方法上纠错，首先应当从思想上纠偏。只有全社会在思想层面真正理解和认识到劳动和劳动教育的重要价值，才有可能切实建立健全与劳动教育相关的运行、保障和评价机制，高校劳动教育在方法层面才能真正走出规训化、形式化和虚无化的误区，在高校育人活动中发挥出更为重要的作用。

2. 劳动教育路径异化

高校劳动教育路径是高校教育者为了实现劳动教育目标而选择采用的具体手段和途径。所谓劳动教育路径异化，是指在劳动教育的具体实施过程中，存在着有教无劳、有劳无教、误用劳动、过度劳动等不当倾向，[1] 导致教育对象逐渐对劳动抱有一种排斥或抵触的心理，教育者也对自身教育活动的价值和意义产生怀疑，感到气馁和迷茫。这些异化问题的产生，有多方面原因，其中一个重要原因，就是高校劳动教育在路径选择上出现了较为严重的"身心脱节"问题。"身心脱节"主要指高校劳动教育在实施路径上存在两种极端倾向。一种是在分数至上的教育导向下，过分看重学生知识理论的学习，将劳动教育仅仅当作一种单纯的精神训练，使得学生与具体劳动实践相分离，造成学生对劳动的理解认知只是来源于书本中和课

---

[1] 参见赵荣辉《异化与回归：反思劳动教育的存在状况》，《教育学术月刊》2012年第11期。

堂上，缺乏切身的劳动体会，难以形成正确的劳动价值观。另一种是教育者将劳动教育简单等同于体力劳动，认为劳动就是吃苦受累，在现实中让学生从事一些诸如打扫卫生、搬运跑腿之类的简单体力劳动，甚至以劳动教育之名，行使用免费劳力之实，抑或是将劳动作为惩罚手段，人为地将劳动与耻辱、丢脸等不愉快的心理体验联系起来。这样的劳动教育不仅在手段和途径上守旧僵化，并且忽视对学生思想层面的引导，极易使学生对劳动和劳动教育产生反感和抵触情绪。总体来看，这两种极端倾向要么在整体教育导向上"扬心抑身"，要么在具体劳动教育实践中"劳身抑心"，都会造成学生身心二元对立，使得一部分学生在劳动态度上表现为"越是靠近，越想远离"，越是在劳动中历经艰辛，越是试图逃离劳动；在劳动品德上表现为"说一套、做一套"，口头上尊重劳动、热爱劳动，内心里却鄙视劳动、排斥劳动；在劳动本领上表现为"眼高手低"，理论和实践脱节，只会纸上谈兵、夸夸其谈，不知脚踏实地、开拓进取。

针对路径异化问题，高校劳动教育应当在路径选择上努力克服"身心脱节"的错误倾向，注重学生身心和谐发展。一方面，高校在深入开展课堂教学的基础上，必须让大学生亲身参与劳动、体会劳动，促进理论知识与实践感悟两相印证，引起身心共鸣，进而真正懂得劳动的价值和意义。另一方面，在大学生参与劳动实践的过程中，教师应当适时对其进行专业技术和思想观念层面的教育引导，并根据反馈实时对教育路径进行调整完善，保证劳动教育始终发挥正面效应，助力学生综合素质养成。此外，高校劳动教育的路径优化与教师队伍的整体劳动素养密切相关。只有使教师具备了良好的劳动素养，才能保证其在劳动教育实施过程中找到正确合理的教育路径，而教育对象劳动素养的切实提高，也会反过来促进教育者对自身劳动价值的肯认。需要指出的是，新时代高校劳动教育路径选择的范围和侧重点，相较于传统劳动教育发生了很大变化。当代大学生成长于物资丰盈的时代，大都不必为衣食发愁，他们的眼界更为开阔，自我意识也较为强烈。因此，高校劳动教育在路径选择上不能简单沿袭传统劳动教育的思路，应当立足新时代，主动适应高科技信息技术发展所带来的劳动形态的新变化，教育引导学生积极主动地开展创造性劳动，充分激发其主观能动性和自主创新潜力，从而更好地达到育人效果。

（四）条件环境上滞后封闭

高校劳动教育的条件和环境是影响劳动教育效果的重要外部因素。当前高校劳动教育之所以在目标、内容、方法、路径等方面均存在一定误区，一方面有思想认识上的原因，另一方面正是受到了劳动教育条件和环境的制约。

1. 劳动教育条件滞后

高校劳动教育条件是指高校开展劳动教育活动所应当具备的基本外部保障。当前，高校劳动教育条件滞后具体表现在体制机制、师资队伍、课程建设、资源投入等多个方面。长期以来，我国高校劳动教育缺乏规范化管理，与之相关的顶层设计长期缺位，致使高校劳动教育在规划编制、实施管理、审核评价、奖励激励等方面严重滞后。我国目前尚未建立劳动科学学科体系，在2021年"劳动教育"作为新专业列入普通高等学校本科专业目录之前，很少有高校开设劳动教育专业课程，与劳动教育相关的师资队伍培养计划和方案也未列入国家师范类人才培养体系，这使得目前我国高校几乎没有专业从事劳动教育的教职人员。在高校劳动教育的实施过程中，其具体内容往往被任意穿插于现有教育活动的各个环节，往往以随机或附带的形式，由以辅导员、班主任、任课教师为代表的"兼职"劳动教育师资向大学生进行传输，导致其教育效果难以保证。此外，由于对劳动教育的重要性认识不足，以及高校顶层设计缺位，劳动教育在绝大多数高校长期发展规划中未被列为重点内容，投入劳动教育的人、财、物等各类资源不足，具体表现为高校与劳动教育相关的教学设施、场地设备、专业器材、图书资料等建设滞后，为教师提供劳动教育专业技术培训和科学研究支持明显不够，向政府、企业、校友、社会团体等组织和个人争取劳动教育资源的工作也有待加强。上述种种情况集中反映了高校劳动教育的条件保障严重滞后，这是当前高校劳动教育无序化、形式化、虚无化等问题产生的重要原因。

那么，高校劳动教育条件滞后的原因又是什么呢？归根结底，其首要原因仍然是在思想认识上存在误区。长期以来，我国高等教育系统对于高校开展劳动教育的重要意义没有充分认识到位，使得高校劳动教育长期没有"摆准位子"，自然也难以"立好柱子"。笔者在调研中发现，有相当一部分高校教师认为，劳动教育的主要内容已经包含在大学生思想道德教育、社会实践、实习实训等教学和实践活动中，其似乎没有单独存在的必要性。此外，在针对高校的各类考核评估中，占分值比重较高的指标项往往是高层次人才、高水平成果、高级别奖项等，而对于人才培养质量的评价，主要是根据学生的毕业率、就业率、升学率、发表论文数、获奖数等可以具体量化的指标。尽管有的评估也会进行毕业生社会满意度问卷调查，但对于劳动素养这一项较少涉及。在这样的整体导向下，高校很自然地会将各类资源投向那些可以立竿见影、产生明显效益、能够在各类考核评估中加分的项目，教师也很自然地会将主要精力放在发表论文、申报课题、指导学生参赛获奖等活动上，而对于培养大学生的劳动态度、劳动品质、劳动能力等这些无法带来直接效益、难以考核衡量的教育任务，不论是高校行政管理人员还是普通教师，在资源和精力的投入上都明显缺乏动力和热情。对此，唯有切实提升全社会对于高校劳动教育重要性和必要性的认识，加快高校劳动教育体系和各类评价监管体系的建设和完善，才能从根本上弥补高校劳动教育在条件保障上的缺失，使其更好地彰显出育人价值。

2. 劳动教育环境封闭

高校劳动教育环境是对高校劳动教育的组织实施和大学生劳动素养的形成发展产生影响的外部因素的总和。高校劳动教育能否达成预期目标，有赖于劳动教育环境的引导和支撑。当前高校劳动教育环境呈现出封闭和孤立的特征，是劳动教育实施效果不佳的主要原因之一。高校劳动教育环境封闭主要表现为高校劳动教育在一定程度上与中小学劳动教育脱节、与现实劳动场景以及外部社会环境和自然环境分离等不良倾向。劳动教育本应是一个循序渐进、螺旋上升的过程，大中小学劳动教育应当根据学生身心发展的规律和特点，把握不同学段劳动教育的不同要求，科学合理地开展具体的劳动教育活动。但现实中唯分数至上的应试教育导向，导致许多学生在中小学阶段不得不承受繁重的课业负担，不论是老师、家长还是学生本人，都唯恐参加劳动挤占了学习时间，影响考试成绩，这使得劳动教育在中小学阶段被严重弱化，并对高校劳动教育产生直接负面影响。高校劳动教育本应是联结中小学劳动教育和大学生未来职业生涯的桥梁和纽带，但长期以来我国大中小学劳动教育体系缺乏统筹规划和顶层设计，加之劳动教育在中小学阶段被严重弱化，大学与中小学阶段的劳动教育缺乏有效衔接和必要的连续性，使得高校劳动教育向下不能承续中小学阶段的教育成果，向上难以满足经济社会发展对大学生劳动素养的要求，长期处于尴尬的封闭孤立境地。此外，教育环境的封闭也会带来教育对象身心的封闭。当前高校劳动教育往往在某个集中的时段和特定的封闭空间内进行，使得大学生走出校门，走入企业、工厂、田间等校外劳动场所的机会不多，与真实社会和大自然的接触较少。当高校劳动教育只是让学生在某个封闭的环境中学习某些固有的知识时，学生将只知循规蹈矩、亦步亦趋，不知何为批判精神，缺乏质疑思维，长此以往，将导致其心智成长趋缓甚至停滞。针对这些问题，有人提出设想，认为信息科技时代的高校劳动教育完全可以直接在虚拟开放的网络环境中进行。对此，我们必须清醒地认识到，如果将体力劳动完全隔绝，这种虚拟开放的教育环境反而会造成学生身心的封闭孤立。因为劳动作为人类的本质活动，本就应当是脑力和体力的有机结合，完全虚拟化的劳动教育环境从本质上看其实也是封闭的，它会阻隔学生与真实世界的接触，影响学生自身天性的释放，造成学生体力退化、感知能力下降等不良后果。

令人欣喜的是，2019年以来，国家陆续出台多份文件，多次强调加强劳动教育，将劳动教育推上了教育改革的关键位置。2020年3月，中共中央、国务院正式发布《关于全面加强新时代大中小学劳动教育的意见》，明确提出"把劳动教育纳入人才培养全过程，贯通大中小学各学段，贯穿家庭、学校、社会各方面，与德育、智育、体育、美育相融合，紧密结合经济社会发展变化和学生生活实际，积极探索具有中国特色的劳动教育模式"[1]，确立了劳动教育作为中国特色社会主义教育制度重要内容的地位。2020年7月，教育部印发的《大中小学劳动教育指导纲要（试行）》，为落实《意见》要求，加快构建德智体美劳全面培养的教育体系，提出了更为具体的操作指南。这些国家层面强有力的举措，给劳动教育的改革发展提供了重要契机，不仅为高校劳动教育环境的优化创造了有利条件，更为其独特育人价值的回归指明了方向。

---

[1] 《中共中央国务院关于全面加强新时代大中小学劳动教育的意见》，人民出版社，2020，第2页。

三　新时代高校劳动育人的价值追求

基于新时代高校劳动育人的价值定位，以及对当前高校劳动教育价值困境的深入分析可以发现，当前高校劳动教育价值之实然状态与其应然状态还相去甚远。对此，有必要立足新时代、适应新形势，对高校劳动育人的价值追求进行系统规划和展望，为新时代加强和改进高校劳动教育，全面推进劳动育人提供方向指引。新时代高校劳动育人的价值是指在新时代背景下，高校劳动育人活动同大学生成长发展需要和国家经济社会发展需求之间的满足和适应关系。而所谓高校劳动育人的价值追求，则是价值主体通过自觉的实践活动向作为价值客体的高校劳动育人活动施加作用，力求使其满足主体的某种需要，对主体产生一定的效用和意义。由此可见，价值主体的需要是新时代高校劳动育人价值追求的源泉。由于现实中价值主体有着不同的层次和类型，新时代高校劳动育人的价值追求也呈现出多样化的特点。

一般而言，评判高校劳动育人价值的主体是大学生个体、社会和国家。高校劳动育人要协调解决的两对最基本的矛盾，就是育人活动同大学生成长发展和经济社会发展之间的矛盾。高校作为组织开展劳动教育的专门机构，也是协调这两对矛盾的重要组织和中介，代表着一类以立德树人为使命和职责的特殊群体。劳动教育在高校立德树人活动中的特殊重要地位，使得高校对于更好地发挥劳动教育的育人作用，有着迫切的要求。因此，高校不仅应以其劳动育人活动，成为满足和适应大学生成长发展需要和经济社会发展需求的价值客体，更应当以主体身份，发挥主导作用，积极主动地推进劳动教育不断改进和完善，使其更好地满足大学生个体和国家、社会发展的需要，同时也满足高校自身培养德智体美劳全面发展的合格人才的需要。基于此，本部分拟从个体、群体、社会和国家四个层面出发，对新时代高校劳动育人的价值追求进行规划和展望，以期为高校劳动育人的理论建构和实践探索指明方向。

（一）个体层面：促进大学生全面和谐发展

促进大学生全面和谐发展，是新时代高校劳动育人的根本价值追求。从个体层面出发，促进大学生德智体美劳全面发展，是高校劳动育人的本体功能。大学生个体的发展，不仅是自然人随着年龄增长而在身心等方面不断发育成长的过程，又是个体逐步进入社会角色，不断增强自我意识、挖掘自我潜能、丰富人生世界的过程。新时代高校劳动育人在大学生个体的发展过程中，应当充分发挥出其促进大学生个体社会化和个性化，提升个体享用意识和能力的功能，而这些功能的具体发挥，共同构成了新时代高校劳动育人在大学生个体层面的价值追求。

1. 促进大学生个体社会化

个体社会化功能主要指高校劳动育人在为增强大学生理解劳动意义、端正劳动态度、培养劳动技能、涵养劳动情怀，以便更好地了解社会、适应社会、融入社会而开展的教育引导其亲身劳动实践的过程中所发挥的作用。个体总是生活在一定的社会之中，通过参与社会生活，成为社会的一员。在高校劳动育人语境中，凡是大学生个体未来以社会劳动者身份在社会中生存发展所必需的，包括劳动认知、劳动技能、劳动态度、劳动精神等在内的各项社会性要求，都是个体社会化的内容。高校劳动育人是使大学生通过提升个体劳动素养以达到各项社会性要求的重要教育环节，也是教育引导大学生从书斋学堂走入现实社会的中介和桥梁。高校通过组织开展劳动教育，能够使大学生逐步认清"人世间的一切幸福都需要靠辛勤的劳动来创造"[1]，懂得美好生活需要靠不懈奋斗来争取，使大学生在接受劳动教育的同时，全面协调发展德智体美劳等各方面素质，满足各项个体社会化要求，成为新时代的合格劳动者。

可见，新时代高校劳动育人的个体社会化功能的根本体现，就是在促进大学生个体符合各项社会化要求的基础上，教育引导大学生将爱国之情、青春之志和报国之行积极融入国家发展和民族复兴的时代伟业中，在通过辛勤劳动、诚实劳动满足个体物质精神需要的同时，为推动国家富强、民族振兴、社会进步贡献出自己的青春力量。

2. 促进大学生个体个性化

个体个性化功能主要指高校劳动育人在促进大学生个体自我意识觉醒、自主能动性彰显以及实现个性化发展等方面所起到的作用。大学生个体的发展，不仅是个体逐步融入社会的过程，也是个体不断发展自我，凸显自

---

[1] 《习近平谈治国理政》（第1卷），外文出版社，2018，第4页。

我,进而实现自我的过程。新时代高校劳动育人除了教育引导大学生积极适应社会、融入社会,遵从社会规则,通过辛勤劳动、诚实劳动来实现其社会价值,还对大学生个体的发展提出了个性化目标,即要求大学生在自主自觉的劳动过程中充分挖掘自身潜能,提升劳动素养,实现自我个性的不断发展和完善。新时代是奋斗者的时代,也是创新创业的时代,每个人都平等享有人生出彩的机会。青年学生作为未来的社会主义合格劳动者,除了应当具备辛勤劳动、诚实劳动的品质,还必须思维敏锐、敢于质疑、勇于创新、开拓进取,善于创造性地开展劳动,这是新时代高校劳动育人个体个性化功能的根本体现。高校应积极创设条件,为大学生提供能够充分展现自身知识能力、激发灵感创意的平台,让大学生在张扬个性、尊重选择、包容多元的新时代更好地彰显自身特色优势,发挥主观能动性,尽情描绘鲜活生动的人生画卷。

需要强调的是,虽然个体个性化功能强调个性和自主选择性,从表面上看似乎和个体社会化功能注重共性和社会规范性截然不同,但其实两者在本质上是统一的。一方面,大学生个体的个性化必须建立在社会化的基础之上,缺乏社会化的个性只能是原始的自然性;另一方面,只有包含丰富个性的社会化,才是真正健全意义上的社会化。新时代高校劳动育人应当在发挥个体社会化功能和个性化功能之间把握适度平衡,协调处理好两者之间的关系,通过全面促进大学生个体社会化和个性化,实现大学生个体全面和谐发展。

3. 提升大学生个体享用意识和能力

个体享用性功能是指高校劳动育人在引导大学生个体提升精神境界、理解人生真谛、获得审美愉悦、享受幸福生活等方面所起到的作用。个体享用性功能的发挥不仅体现为大学生个体对自身劳动成果的享有,更在于激发大学生高尚的劳动情趣,培养大学生感受劳动幸福的能力,为其长期持续享用创造条件。大学生个体通过接受劳动教育,亲身参与劳动活动,获得与之相关的幸福体验,这是高校劳动育人个体享用性功能的主要体现。大学生个体能否实现对劳动的享用,从劳动中感受到幸福,从根本上取决于其在劳动中所创造的个体价值和社会价值的实现程度。其中,个体价值主要包括大学生自身知识技能、道德修养、个性智慧、灵感创意的培育和展现,个体赖以生存发展的各种物质精神资料的获得,以及对通过劳动所收获的闲暇时光的享有等；社会价值则主要体现为大学生个体在劳动中给予社会和他人的正面作用，以及社会和他人对大学生劳动活动的积极反馈。大学生个体唯有通过劳动，实现个体价值和社会价值的有机统一，才能有效促进高校劳动育人个体享用性功能的持续发挥。

可见，组织引导大学生亲身参与劳动，是高校劳动育人个体性功能发挥的根本前提。正如马克思所指出的，"对于没有音乐感的耳朵来说，最美的音乐也毫无意义，不是对象"①，一个人如果没有鉴赏音乐的能力，就无法欣赏、享用世间一切优美的乐曲。同理，如果一个人不亲历劳动，必然难以形成良好的劳动素养，也就无法正确理解、看待自己或他人的劳动和劳动成果。对于不劳动的人而言，他们难以体验到奋斗的激情、丰收的喜悦，以及精神上的满足感和幸福感，也难以享受到真正的美好幸福生活。因此，教育引导大学生从劳动中体会奋斗，从劳动中感知青春，从劳动中享用收获，从劳动中体会幸福，这是新时代高校劳动育人个体享用性功能的根本体现，也是新时代高校劳动育人在大学生个体层面的重要价值追求。

（二）群体层面：提升立德树人的水平成效

如前所述，对于大学生个体、社会和国家而言，高校是承担立德树人使命、具备劳动教育功能、发挥劳动教育育人作用的价值客体，高校所开展的劳动育人活动，是满足大学生、社会和国家主体价值需求的前提和保障。而对于高校劳动教育本身而言，其特殊育人功能和作用，必须通过高校这一教育机构所代表的由教学科研人员和管理服务人员所组成的特殊群体的具体教学实践活动来实现。由此可见，高校所代表的特殊群体不仅要以价值客体的身份受到价值主体需求的影响和制约，还应当作为价值主体，充分发挥其在劳动教育活动中的主导作用，满足其自身对于切实提升立德树人水平和成效的需要。高校主体作用的发挥，从根本上取决于高校对劳动教育的理解认知，以及高校关于劳动教育体制机制、课程体系、师资队伍、条件保障等诸要素的部署和安排。因此，高校应当认真贯彻落实党的教育方针，以及党中央、国务院关于加强和改进新时代高校劳动教育的各项决策部署，让重视劳动教育、推进劳动育人在高校内部成为共识，并在

---

① 《马克思恩格斯文集》（第1卷），人民出版社，2009，第191页。

此基础上，建立健全劳动教育的制度机制，统筹优化劳动教育的实施策略，以此来保障劳动教育顺利实施，充分发挥其特殊育人作用，使其在不断适应大学生、社会和国家主体发展需要的同时，更好地满足高校所代表的特殊群体对于落实好立德树人根本任务的迫切需求。

1. 形成重视劳动教育的集体共识

思想是行动的先导。当前高校劳动教育遭遇价值困境的首要原因，正是在思想认识层面出现了偏差。改革开放以来，市场经济环境下的资本逻辑和价值规律在我国社会中自然地派生出一种功利主义倾向。从哲学意义上讲，功利主义通常是指一种以实际功效或利益作为道德标准的伦理学说，它认为避苦趋乐是人的本性，个人利益是唯一的现实利益，个人应当做出能"达到最大善"的行为，而不考虑行为的动机和手段。当功利主义反映到教育活动中时，教育活动就被理解为个人被动地应付环境的活动，衡量教育的标准是实现价值和创造价值，教育是为职业选择做准备，社会的需要就是教育的需要，也就是人的需要，教育发展要以社会发展作为最高目标。[1] 与功利主义相对应的高校劳动教育活动，往往被视为满足经济发展、政治建设、社会治理等其他需求的工具，使得其往往注重强调教育内容的专业性和应用性，强调专业知识技能的传授和培养，强调论文、分数、奖项、证书等易于衡量的显性评价指标，对培养大学生掌握基础性的理论文化知识的重视不够，对培养大学生内在的劳动态度、劳动品德、劳动价值观的投入力度不够，致使劳动教育的深层次育人价值被严重弱化、虚化。需要指出的是，与功利主义相对应的理性主义教育思想，在我国高等教育中也具有一定的代表性。在理性主义支配下的高等教育，以探索真理、完善人格为宗旨，坚持自己的个性，不为外部力量如社会政治、经济等力量所左右。理性主义者认为，人永远是教育的对象，大学教育的最终目标始终是人的个性发展和传播理性知识，他们主张在教育过程中实现人的自我完善，抛弃教育中的实用性与职业性，主张教育是为生活做准备，而不是为职业做准备。[2] 在理性主义导向下的高校劳动教育，反对将大学生培养为

---

[1] 参见邬大光《理性主义与功利主义的冲突与选择——西方高等教育思想演变的理论反思》，《高等教育研究》1989年第4期。

[2] 参见施晓光《美国大学思想论纲》，北京师范大学出版社，2001，第65页。

适应某种具体劳动活动需要的职业劳动者，反对开展应用型、技能型的劳动教育，理性主义者认为这种劳动教育不仅无益于大学生自由全面发展，反而会扼杀其天性，违背教育活动的初衷。

在我国当前的高等教育体制下，高校承担着人才培养、科学研究、社会服务、文化传承与创新、国际交流合作等基本职能，必须同时满足和适应大学生自由全面发展需要和经济社会发展需求，可见，功利主义和理性主义的教育导向在此得到了共存。而要促进两者进一步走向融合，高校应当充分认识到劳动在这种融合当中所能够起到的重要的中介和衔接作用。一方面，劳动是人类的本质活动，通过劳动教育，大学生的综合素质和创新潜力能够得到充分激发，大学生能够在获得身心愉悦的同时，实现个体自由全面发展；另一方面，劳动也是推动人类历史不断前进的根本动力，大学生在劳动中培养练就各项素质和本领，应当在广阔的社会大舞台去大展拳脚，将个人梦、青春梦融入国家梦、民族梦，实现个体价值和社会价值的有机统一。由此可见，高校高度重视并深入开展劳动教育，既是对过分追求显绩、忽视个体自由和谐发展的教育导向的系统性纠偏，又是对脱离现实、"不接地气"的理论研究倾向和忽视社会责任、"不食人间烟火"的人才培养导向的有力纠正。综上，在思想认识层面，让重视劳动育人成为高校内部的集体共识，是高校主体充分发挥劳动教育育人功能的首要前提，也是促进高校切实履行好各项基本职能的重要保障。

2. 建立健全劳动教育的制度机制

思想建设必须与制度建设紧密结合起来。要充分发挥高校劳动教育的育人功能，除了必须在思想观念层面强化认识，还需要以健全完善的制度、机制设计加以支撑。中共中央、国务院于 2020 年 3 月发布的《关于全面加强新时代大中小学劳动教育的意见》中，从国家整体层面明确提出了全面构建体现时代特征的劳动教育体系的重要任务，从基本内涵、总体目标、课程体系、内容要求、评价制度等方面，针对大中小学不同学段、不同教育对象的特点，提出了具体的指导性要求。这些要求不仅应当迅速落实到各级政府层面，更要在高校内部的劳动教育管理制度和运行机制层面得到具体体现，这是促进高校劳动教育真正落实落地的重要保障。此前，与劳动教育相关的内容，在大部分高校的发展规划、课程建设、实习实训中，以及在上级部门的各类考核评价指标体系中几乎难觅踪迹，使得劳动教育在实践中被严重淡化、弱化、虚无化。这种现象的出现，除了有思想认识层面以及教育行政管理导向上的原因外，高校内部有关劳动教育的制度和机制严重缺失也是重要原因之一。

因此，从高校主体来看，要使劳动教育真正发挥其育人功能，高校必须以自我革命的勇气和开拓创新的精神，在系统研究论证的基础上，探索从自身内部建立健全劳动教育的相关制度和机制，切实推进其完成从无到有、从轻到重、从虚到实的深度转变。通过建立健全高校劳动教育的制度和机制，能够在高校内部为劳动教育的顺利实施搭建起"四梁八柱"，并以此促进校内外多方协同，形成劳动教育合力，为其育人功能的充分发挥打下坚实基础。

3. 统筹优化劳动教育的实施策略

制度建设重在执行和落实，制度建设的成果应当在具体执行过程中接受实践的检验，使其得以修正和完善。总体来看，在高校劳动教育具体实施过程中，如何让相关制度和机制真正落实落地，尚存在一些亟待解决的问题。例如，高校开展劳动教育所需的师资队伍如何保障？与劳动教育相关的课程建设的重点内容是什么？劳动教育与高校现有的课堂教学、社会实践、实习实训等育人途径之间的关系是怎样的？评价劳动教育实施质量的指标体系该如何构建？这些问题均有待在高校劳动教育的实施过程中加以探索和解决。而在此之前，高校必须首先明确一个基本前提，即开展劳动教育不是上级部门摊派下来的不得不完成的任务，不是以一纸空文来应付各类检查考核的形式主义，更不是突发奇想、凭空冒出来的一件事情。正如前文所述，劳动教育其实古已有之，教育与生产劳动相结合这条马克思主义教育理论的重要原理，一直是党和国家教育事业发展所坚持遵循的指导方针和根本原则。在我国教育发展历史进程中，劳动教育曾长期在学校教育活动中占据重要地位，在经济、政治、社会等多个领域发挥过关键作用。所以，劳动教育并不是某种新鲜事物，它其实一直都在，只是由于种种原因，在相当长一段时期的教育实践活动中，它的意义被人们所淡忘了，它的价值被其他内容掩盖了，导致它的育人功能长期被忽略以及它在学校育人体系中的存在感极低。尽管如此，正如人类不能须臾离开劳动一样，劳动教育在我国高等教育活动中从来没有消失过，它只是以不同形态隐匿于高校其他育人活动当中，难以彰显出其应有的价值和作用。

新时代加强和改进高校劳动教育,就是要将此前长期处于潜隐状态的劳动教育重新激活,并赋予其新的时代内涵,使其真正发挥出树德、增智、强体、育美、创新的独特育人功能,进而促进高校更好地满足大学生全面发展需要和经济社会发展需求,同时也满足自身培养担当民族复兴大任的时代新人的迫切需要。由此可见,高校实施劳动教育,并不是要在现有育人体系的基础上另起炉灶,更不是要将现有的育人体系推倒重来,而是应当通过系统筹划和创新设计,将劳动教育充分融入高校现有育人体系中,并在此基础上,对现有育人体系进行改造升级,将劳动教育的独特育人价值贯穿其中,切实推进以劳树德、以劳增智、以劳强体、以劳育美和以劳创新。

(三) 社会层面:建设高素质的劳动者大军

大学生培养练就的各项素质和能力,唯有运用到新时代推进经济社会发展的伟大实践中去,方能将高校劳动育人的成果落到实处。因此,新时代高校劳动育人不仅具有重要的教育价值,还具有深刻的社会价值。高校通过切实有效地劳动育人,能够有效提升大学生综合素质,培养大批符合新时代需求的高素质劳动者,为社会发展注入强劲动力。正如习近平总书记所强调的:"我们要始终高度重视提高劳动者素质,培养宏大的高素质劳动者大军。"[①] 新时代大学生作为高素质劳动者大军的主力,应当努力将青春理想和奋斗激情融入对未来美好社会和幸福生活的不懈追求中去,实现个体价值与社会价值的有机统一,在经济、政治、文化等领域为社会发展作出重要贡献。

1. 助力经济转型发展

当传统经济增长模式难以为继时,寻找新的增长动力,加快新旧动能转换,推进产业结构和经济结构转型升级,就成为保持经济持续健康发展的必然选择。自然规律和经济规律都告诉我们,"人口红利"不可能无限期持续。随着我国经济增长动能的转换和人口老龄化进程的加速,传统粗放型的、低技术含量的增长点逐步被淘汰,产业布局从劳动密集型向技术密集型转变,这些转变也倒逼着企业加大研发投入和加强科技创新以提升竞

[①] 《习近平关于科技创新论述摘编》,中央文献出版社,2016,第123页。

争力，而与这些转变相适应的劳动力资源，也必须完成从体量优势向质量优势的转变。

基于此，党的十九大报告重点强调"创新是引领发展的第一动力，是建设现代化经济体系的战略支撑"，明确提出了"建设知识型、技能型、创新型劳动者大军"的重要任务。新时代高校劳动育人在适应大学生全面协调发展需求的同时，必须着力满足经济社会发展对大学生劳动素养提出的新要求，通过大力加强和改进高校劳动教育，彻底改变其被弱化、软化、虚无化、边缘化的现状，充分彰显劳动教育在大学生德、智、体、美、劳，以及创新精神和创新能力培养中的重要价值，源源不断地向社会输送符合时代发展要求的高素质劳动者。与此同时，社会层面也应当加大各类资源投入，积极与高校共同构建劳动育人协同机制，为高校劳动育人营造良好外部环境，确保育人效果的延续性和持久性，为经济转型发展和持续增长提供不竭动力。

2. 保持政治肌体健康

中国共产党是以马克思主义为指导的无产阶级政党，"中国共产党党员永远是劳动人民的普通一员"[①]。劳动对于中国共产党人而言，具有特殊的重要意义。习近平总书记曾深刻指出："劳动，是共产党人保持政治本色的重要途径，是共产党人保持政治肌体健康的重要手段，也是共产党人发扬优良作风、自觉抵御'四风'的重要保障。"[②] 回顾历史，中国共产党的成立与五四运动前后"劳工神圣"的思潮兴起密切关联。1918 年 11 月，蔡元培在庆祝一战结束与协约国胜利的演讲中，首次喊出了"劳工神圣"[③] 的口号，李大钊也在同月出版的《新青年》杂志上发表了《庶民的胜利》与《布尔什维主义的胜利》两篇著名文章。此后，"劳工神圣"思想广为流传，尽管在内容和表达形式上还存在庞杂含混的不足，但"'劳工神圣'作为一个最初形态的马克思主义新启蒙口号，以其生动鲜明的特征，展示了中国

[①] 《中国共产党章程 中国共产党纪律处分条例》，人民出版社，2018，第 40 页。
[②] 《习近平在乌鲁木齐接见劳动模范和先进工作者、先进人物代表 向全国广大劳动者致以"五一"节问候》，《人民日报》2014 年 5 月 1 日。
[③] 周天度：《蔡元培传》，人民出版社，1984，第 142 页。

近现代社会交替转换、旧民主主义向新民主主义革命历史性过渡的时代精神"①。它不仅具有思想和文化上的启蒙意义,还直接影响了中国的社会发展和革命运动,并在五四运动之后产生了一个影响中国未来走向的结果,即中国共产党的诞生。由此可见,中国共产党自成立之初,就是代表广大无产阶级和劳动人民根本利益的政党,从那时起,中国共产党人就清醒地认识到,劳动是人类最基本、最重要的实践活动,劳动是"世界上第一桩神圣事业"②。无论是在革命战争年代,还是在社会主义建设和改革开放新时期及中国特色社会主义新时代,中国共产党人唯有坚守劳动人民本色,不断增进同劳动人民的感情,才能永葆初心、不负使命,始终保持自身的先进性和纯洁性,才能在时代大潮中永远立于不败之地。

劳动作为党建工作的重要抓手,长期以来,在促进党员干部提升党性修养、转变工作作风、保持身心健康等方面发挥了重要作用。领导干部带头参加劳动,一直是中国共产党人的优良传统。在新民主主义革命时期,"朱德的扁担"是井冈山革命根据地时期共产党人和人民群众同甘共苦、团结奋斗的最好见证,在延安时期轰轰烈烈的南泥湾大生产运动中,上至党的高级领导干部,下至普通战士,人人参加劳动,生动诠释了毛泽东提出的"自己动手、丰衣足食"口号的精神内涵。在社会主义革命和建设时期,中国共产党仍然高度重视党员干部参加劳动。在1957年,发布了由毛泽东亲自审定的《中共中央关于各级领导人员参加体力劳动的指示》后,紧接着又在1958年发布了《中共中央、国务院关于干部参加体力劳动的决定》,要求在职干部每年都抽出一定的时间参加工农业生产劳动。新时代大学生作为未来推动经济社会发展的中坚力量,是党的事业的接班人,他们身上所体现出的劳动态度、劳动品德和劳动本领,不仅直接代表着未来党员队伍的劳动素养,以及由此折射出的亲民作风、为民情怀和爱国奋斗精神,更是直接关系到中国特色社会主义事业的兴衰成败。因此,新时代高校劳动育人的价值不仅体现在助力大学生综合素质培养和经济转型发展层面,还体现在有其重要的政治意义上。

---

① 徐中振:《"劳工神圣"——一个不容忽视的五四新启蒙口号——兼论中国现代革命和历史的时代精神》,《江汉论坛》1991年第7期。
② 转引自杨宏雨、吴昀潇《建党时期中国共产党人的劳动观——以〈劳动界〉为中心的研究》,《江苏社会科学》2013年第2期。

3. 弘扬拼搏进取文化

前文分析了传统思想观念和社会发展变迁对大众劳动认知和高校劳动育人的深远影响,从文化视角来看,产生这些影响的原因,既有对传统劳力与劳心价值之辩的文化传承,又包括市场经济环境下资本逻辑介入劳动文化发展的现代悖论,还有新一轮信息科技革命对劳动文化形态、结构和价值追求的消解与重构,等等。总体而言,主要呈现为三种不良劳动文化倾向。一是"传统论"。社会上存在这种思想文化倾向的人不在少数,他们往往固守"劳心者治人,劳力者治于人"的传统观念,将劳动简单等同于体力劳动,认为劳动就是吃苦受累,是下等人从事的工作。他们从心底里鄙视劳动,其发奋努力读书学习就是为了在将来能够找到一份轻松体面的工作,远离艰辛苦累的体力劳动。二是"阶段论"。持这种观点的人认为艰苦奋斗、勤俭节约这些优良传统和作风,是与经济发展的阶段性特征相适应的,在经济发展水平落后的阶段应当大力弘扬,但如今经济条件好了,那些省吃俭用、节衣缩食的日子已经一去不复返了,再提艰苦奋斗、勤俭节约,就已经过时了。尤其是一些党员干部,认为自己奋斗了一辈子,作了很大贡献,现在条件改善了,可以停一停、歇一歇了,于是放松了思想警惕,开始贪图享乐、挥霍浪费,甚至以权谋私,走上贪腐歧途。三是"淘汰论"。这种论调认为随着信息科技的发展进步,在未来的人工智能时代,人类的劳动将被智能机器完全替代,劳动就变成了一件无足轻重的事情,就可以被淘汰了,因为人力再如何开发也永远赶不上电脑芯片和智能机器的效率。持这种观点的人忽视了一点,那就是再智慧的机器都是由人类创造的,都是人类的体力和脑力的延伸,而人类所具有的创新创造的本质力量,是任何人工智能都无法取代的。总之,上述三种具有一定代表性的不良文化倾向,潜移默化地对高校劳动育人活动造成了负面影响。对此,中共中央、国务院在2020年印发的《关于全面加强新时代大中小学劳动教育的意见》中,明确要求加强宣传引导,营造全社会关心和支持劳动教育的良好氛围,以此来切实加强劳动教育的组织实施。而通过扎实开展高校劳动教育活动,充分发挥劳动的特殊育人作用,能够培养出一批又一批高素质劳动者,他们在未来的劳动实践中所彰显出的劳动素养,又将生动诠释出辛勤劳动、诚实劳动、创造性劳动的时代价值,进而促进全社会劳动文化环境呈现"劳动最光荣、劳动最崇高、劳动最伟大、劳动最美丽"① 的美好景象。

习近平总书记指出,"今天,中国人民拥有的一切,凝聚着中国人的聪明才智,浸透着中国人的辛勤汗水,蕴涵着中国人的巨大牺牲"②,而"一代人有一代人的奋斗,一个时代有一个时代的担当"③,新时代青年大学生既是追梦人,也是圆梦人,"追梦需要激情和理想,圆梦需要奋斗和奉献"④。新时代高校劳动育人在社会文化层面上的价值追求,正体现为对爱国奋斗、拼搏奉献、开拓创新等先进文化的大力弘扬和深度践行。需要指出的是,对先进文化的弘扬和践行,应当植根于劳动者个体对未来美好幸福生活的追求之中,而唯有将个体的美好幸福生活融入全社会的整体利益和共同发展之中,将个体价值追求与全社会的价值追求紧密结合起来,才能切实提升每个社会成员的幸福感,进而真正实现全社会对美好幸福未来的向往和追求。

(四) 国家层面:培养堪当重任的时代新人

从党的十九大报告到全国宣传思想工作会议上的重要讲话,习近平总书记反复强调"培养担当民族复兴大任的时代新人"⑤。这是习近平总书记从新时代党和国家事业发展全局出发,就"培养什么样的人"这一问题所作出的鲜明问答。对于"时代新人"应当具备的基本素质,习近平总书记在多个场合都有论及。在同各界优秀青年代表座谈时他指出:"青年一代有理想、有担当,……实现我们的发展目标就有源源不断的强大力量。"⑥ 在党的十九大报告中他指出:"青年一代有理想、有本领、有担当,国家就有

---

① 习近平:《在庆祝"五一"国际劳动节暨表彰全国劳动模范和先进工作者大会上的讲话》,人民出版社,2015,第5页。
② 习近平:《在第十三届全国人民代表大会第一次会议上的讲话》,人民出版社,2018,第4页。
③ 习近平:《在中国科学院第十九次院士大会、中国工程院第十四次院士大会上的讲话》,人民出版社,2018,第22页。
④ 习近平:《在北京大学师生座谈会上的讲话》,人民出版社,2018,第3页。
⑤ 习近平:《决胜全面建成小康社会 夺取新时代中国特色社会主义伟大胜利——在中国共产党第十九次全国代表大会上的报告》,人民出版社,2017,第42页。
⑥ 习近平:《在同各界优秀青年代表座谈时的讲话》,《人民日报》2013年5月5日。

前途，民族就有希望。"① 在中国科学院第十九次院士大会、中国工程院第十四次院士大会上他强调："青年一代有理想、有本领、有担当，科技就有前途，创新就有希望。"② 需要指出的是，有理想、有本领、有担当这三个方面的基本素质并非彼此孤立，而是一个紧密联系、相互支撑的有机整体，规定着时代新人素质培养的不同方面，共同构成了新时代高校劳动育人在国家层面对培养社会主义合格建设者和接班人的具体要求。

1. 树立在新征程上奋发有为的理想志向

从改革开放到全面建成小康社会，再到开启全面建设社会主义现代化国家新征程，中国共产党团结带领全国人民攻克了一个个发展难题，迈上了一级级发展阶梯，进入了新的发展阶段。新发展阶段，就是全面建设社会主义现代化国家、向第二个百年奋斗目标进军的阶段。这在我国发展进程中具有里程碑意义。进入新发展阶段，是实现中华民族伟大复兴历史进程的伟大跨越，也是中国特色社会主义现代化建设承前启后、继往开来的历史新方位。面对新形势、立足新方位、踏上新征程，党的十九届五中全会明确提出了"十四五"时期我国经济社会发展的主要目标和到2035年的远景目标，实现了近期目标和远景目标的有机衔接，进一步增强了发展规划的系统性和稳定性，体现了党和国家"一张蓝图绘到底"的勇气与决心，也展现出中国共产党实事求是、与时俱进的发展态度和领导能力。宏伟蓝图已绘就，砥砺奋进正当时。要顺利完成十九届五中全会制定的各项目标，全党全国各族人民必须紧密团结在以习近平同志为核心的党中央周围，同心同德，顽强奋斗，以辛勤劳动、诚实劳动和创造性劳动奋力夺取全面建设社会主义现代化国家新胜利。

在全面建设社会主义现代化国家新征程上，前进的道路必定不会一帆风顺。面对"十四五"时期经济发展取得新成效、改革开放迈出新步伐、社会文明程度得到新提高、生态文明建设实现新进步、民生福祉达到新水平、国家治理效能得到新提升的"六新"目标，以及到2035年基本实现社会主义现代化的远景目标，广大青年学生应当有重任在肩、时不我待的使

---

① 习近平：《决胜全面建成小康社会 夺取新时代中国特色社会主义伟大胜利——在中国共产党第十九次全国代表大会上的报告》，人民出版社，2017，第70页。
② 习近平：《在中国科学院第十九次院士大会、中国工程院第十四次院士大会上的讲话》，人民出版社，2018，第24页。

命感和责任感，以只争朝夕、顽强拼搏的昂扬姿态投身其中，在劳动中挥洒汗水、收获成长、创造价值，为全面建设社会主义现代化国家，实现中华民族伟大复兴的中国梦贡献自己的一份力量。而要做到这些，最为关键的是教育引导大学生树立坚定的理想信念和远大的人生志向，从思想和行为层面主动将自我人生追求同国家和民族的事业发展紧密联系起来，通过劳动实现自我价值和社会价值的和谐统一。对此，新时代高校劳动育人应当以人类劳动活动为核心线索，教育引导大学生正确认识人类社会历史发展的客观规律，懂得运用生产力决定生产关系、经济基础决定上层建筑的一般规律来分析不同社会形态由低级向高级不断发展的历史进程，进而认识到共产主义既具有实现的必然性，又必须经历一个非常漫长的历史过程；应当教育引导大学生通过亲身参与劳动实践开阔眼界、增长见识、了解基本国情，以劳动为主线深化"四史"学习教育，引导大学生进一步坚定社会主义理想信念；应当教育引导大学生通过亲身参与劳动，不断增进与社会底层民众的血肉联系，真切感受他们的工作和生活处境，了解他们的所思、所想、所盼，逐步树立为广大人民群众的利益而奋斗的崇高志向，自觉将自我人生追求融入为国为民的拼搏奉献中去，在劳动中成就美好生活、实现人生价值。

2. 练就在大变局中开拓创新的本领才干

当前，世界正经历百年未有之大变局，我国发展仍处于并将长期处于重要战略机遇期，这是习近平总书记站在人类历史发展进程的高度，以大国领袖的担当，对世界发展大势和中国自身发展作出的重大战略判断，在当前外部环境复杂严峻、国际格局剧烈动荡、经济面临下行压力的时代背景下，具有举旗定向的重要意义。所谓世界百年未有之大变局，是指在一个相对较长的历史时期深刻影响人类历史发展方向和进程的世界大发展、大变化、大调整、大转折、大进步。[1] 习近平总书记关于当今世界百年未有之大变局的论断内涵丰富，其关键在于一个"变"字，其核心议题是世界秩序的演进方向和发展趋势，其主要内容包括世界经济格局正经历深刻变化、国际权力格局出现根本性变化、现行国际关系秩序和全球治理机制遭遇严峻挑战、大变局中科技要素的比拼前所未有，等等。总之，大变局中

---

[1] 参见罗建波《从全局高度理解和把握世界百年未有之大变局》，《学习时报》2019年6月7日。

蕴含着大机遇与大挑战。如何抓住机遇、应对挑战，在危机中育先机，于变局中开新局，牢牢把握好我国发展的重要战略机遇期，已成为我国迫切需要回答的"时代之问"。当我们运用历史唯物主义的原理和方法来分析这一"时代之问"可以发现，近代以来人类相继经历的三次大的技术革命，推动着人类社会相继进入"蒸汽时代"、"电气时代"和"信息时代"，并由此带来了世界经济的跨越式发展和国际权力格局的根本性重塑。当前，以人工智能、大数据、物联网、生物科技、量子科技等为代表的新科技革命方兴未艾，正推动着世界范围内新产业、新业态、新模式的巨大发展，并由此带来了人类生产生活方式和思维方式的显著变化。与历次科技革命相伴随的是人类社会在思想和制度层面也在不断推陈出新，从封建制度、资本主义制度到社会主义制度，每一次社会制度的创新都推动着生产力水平的巨大提升和人类更大程度的解放。由此可见，推动大变局的根本动力在于科学技术的突破性进展和与之相适应的社会制度的伟大创新。正如习近平总书记所指出的："当今世界正经历百年未有之大变局，科技创新是其中一个关键变量。"[①] 当代大学生是未来科技创新的主力军，如何教育培养其形成良好的创新意识和创新能力，这是摆在我国教育工作面前的重大时代课题，尤其是在当前美国等西方国家对我国进行高科技封锁的背景下，回答这一时代课题显得更为迫切和重要。

高校对大学生创新意识和创新能力的培养，仅仅通过课堂教学、模范宣讲、模拟训练是远远不够的，必须让大学生在真实场景中去亲身探索、去摸爬滚打、去经历挫折，在劳动实践中练就创新创业的本领才干，这也正是新时代高校劳动育人的重要使命。因此，新时代大学生不仅需要"修内功"，掌握扎实的基础理论知识，保持好奇心和探索精神，更需要"练外功"，将理论知识付诸实践，在创新创业劳动探索中积累经验、磨砺本领、增长才干，通过自身聪明才智和拼搏奋斗，创造出更大的劳动价值，助力我国在激烈的大国博弈中打破科技封锁，勇立科技发展潮头，为实现第二个百年目标提供关键支撑。

3. 涵养在危难时刻迎难而上的责任担当

历史上，中华民族是一个多灾多难的民族，更是一个不屈不挠的民族。

[①] 《习近平在中央政治局第二十四次集体学习时强调 深刻认识推进量子科技发展重大意义 加强量子科技发展战略谋划和系统布局》，《人民日报》2020年10月18日。

在五千年发展历程中,中华民族饱经沧桑,经历过地震、旱灾、涝灾、疫病等种种巨大的灾难,但从来没有退缩过、屈服过、沉沦过,而是进行不屈不挠的艰苦斗争并最终在逆境中奋起。在这些重大灾害面前,在生死存亡的危急关头,中华民族往往能够展现出强大的凝聚力和战斗力。中华民族历经磨难而不倒、饱经风霜而弥坚,靠的就是伟大的民族精神。习近平主席在第十三届全国人民代表大会第一次会议上的讲话中,明确将伟大民族精神概括为伟大创造精神、伟大奋斗精神、伟大团结精神和伟大梦想精神。① 这一概括既有着对中华民族厚重历史底蕴的深刻思考,也饱含着对近代中国苦难斗争历程的深切体悟,更彰显出对未来中华民族伟大复兴光明前景的坚定自信。

其实,责任和担当是紧密联系在一起的,担当就是一种责任。习近平总书记曾殷切嘱托青年大学生"关心国家、关心人民、关心世界,学会担当社会责任"②。在新冠疫情防控斗争中,大批刚刚走出大学校门的医护工作者和社区工作者,以及许多在校大学生志愿者奋战一线、不畏艰险、冲锋在前,他们在国家危难面前不当旁观者、冷漠者,争做逆行者、奋斗者,用实际行动生动诠释了新时代青年的担当奉献精神。古人云:"殷忧启圣,多难兴邦。"当今中国正处于百年未有之大变局,已开启全面建设社会主义现代化国家新征程,在朝向第二个百年奋斗目标奋进的过程中,将经历更多艰难险阻,面临更为复杂严峻的困难和挑战。当代大学生应当勇做堪当民族复兴大任的时代新人,始终保持只争朝夕、奋发有为的奋斗姿态和越是艰险越向前的斗争精神,自觉担当起时代赋予青年人的责任。新时代高校劳动育人应当教育引导大学生在劳动中涵养家国情怀,厚植人民情怀,认清在新时代的接力跑中自己所扮演的角色,明确自己所担负的历史使命和时代责任,并通过自身辛勤劳动、诚实劳动和创造性劳动,为实现这一崇高使命作出应有的贡献。

---

① 参见《习近平谈治国理政》(第3卷),外文出版社,2020,第140~142页。
② 习近平:《青年要自觉践行社会主义核心价值观——在北京大学师生座谈会上的讲话》,人民出版社,2014,第10页。

第三章　新时代高校劳动育人的思想资源

在明确新时代高校劳动育人的特殊重要性、客观必要性和目标趋向性的基础上，还需从历史角度出发，梳理总结古今中外关于劳动育人的思想资源，为本书提供理论支撑和经验借鉴。正如人类劳动活动的形式和样态在人类社会历史进程中不断发展变革，与劳动相关的思想和理论也在人类劳动实践中不断丰富和发展。古今中外，不同历史时期、不同地域的人们都从自身所处的社会历史条件出发，对劳动及其育人价值进行了理论和实践的探索，形成了丰富的思想资源。梳理总结马克思主义、中华文化，以及西方教育理论中关于劳动育人的思想，从中借鉴有益经验，汲取深刻教训，对于本书具有重要意义。

一　马克思主义关于劳动育人的思想

梳理总结马克思主义关于劳动育人的思想资源，不仅应当从马克思主义创始人出发，追寻劳动育人思想的理论源头，还应以马克思主义理论的传承者、践行者和发展者的视角，对劳动育人思想的发展进程进行回顾总结。本部分拟从唯物史观、政治经济学和马克思主义教育学等不同角度，分析阐释马克思恩格斯的劳动育人思想，并在此基础上，梳理总结苏联劳动教育理论和实践中的经验教训，以及中国共产党人的劳动育人思想在不同历史时期所展现出的不同特点。

（一）马克思恩格斯关于劳动育人的思想

马克思恩格斯的劳动育人思想系统而深刻，应从不同视角加以考察。从历史唯物主义视角看，劳动是人类社会历史的起点，是推动历史发展的动力，劳动能够创造社会物质财富、促进人类体力智力发展。在政治经济学语境中，劳动创造财富的同时，劳动的异化导致人的异化，而劳动解放是实现人的解放的基本前提。马克思主义教育学认为,劳动是实现人的自由全面发展的重要途径,教育与生产劳动相结合是社会主义教育的基本原则。

1. 劳动创造了人本身

前文从锻炼生理机能、促进社会交往、创造物质前提和滋养精神世界等四个方面,论述了劳动是人类自身发展的源泉。正如恩格斯所指出的:"劳动是整个人类生活的第一个基本条件,而且达到这样的程度,以致我们在某种意义上不得不说:劳动创造了人本身。"① 这一经典理论命题深刻揭示了劳动对于人之产生和发展的重要意义,蕴含着丰富的劳动育人思想,具体可以从三个方面加以把握。

第一,劳动是从猿到人转变过程中的决定性因素,但不是唯一因素。从20世纪80年代以来,学界对于"劳动创造了人本身"这一命题时有争议。有学者提出应当用"劳动选择人"来取代"劳动创造人",认为恩格斯关于劳动的论述存在逻辑矛盾。② 有学者认为,"劳动创造人类"的观点源于苏联学者语录化、口号式的断章取义,并不符合恩格斯的原意。③ 还有学者认为"劳动创造了人本身"不等于"劳动创造了人",前者"人本身"是指"正在生成中的人",其本质上仍属于动物,而后者的"人"是指"从动物状态中脱离出来"的原始人。④ 这些从不同视角提出的观点有利于深化我们对"劳动创造了人本身"这一理论命题的理解。从《劳动在从猿到人的转变中的作用》中可以看到,从猿到人的转变过程经历了由"攀树的猿群"到"正在形成中的人",再到"完全形成的人"的进化过程。在这个跨越几十万年的漫长进化过程中,劳动是其中起决定性作用的因素。正是在劳动中产生了语言,再由劳动和语言共同推动猿脑变为人脑,进而促进其他各感觉器官的发展完善,最终以人类社会的出现标志着人的完全形成。虽然在从猿到人的转变过程中,除了劳动因素外,直立行走、饮食习惯、

---

① 《马克思恩格斯选集》(第3卷),人民出版社,2012,第988页。
② 参见朱长超《是劳动创造了人,还是劳动选择了人?》,《自然辩证法通讯》1981年第5期。
③ 参见郭华庆、张青棋《恩格斯对人类起源理论的奠基性贡献》,《自然辩证法研究》1992年第9期。
④ 参见黄湛、李海涛《"劳动创造了人":对恩格斯原创思想的误读和曲解》,《吉林大学社会科学学报》2013年第6期。

遗传变异和自然环境等诸多因素都会对这一转变产生影响，但是，我们必须看到，这些因素并不是孤立的，而是相互关联、相互作用的，劳动始终贯穿其中并对这些因素的作用发挥产生影响。比如，猿类直立行走解放双手的直接动因是为了从事越来越多、越来越复杂的劳动，以更好地满足其生存需要；对饮食习惯和生存环境的选择和适应，也是为了赢得更多时间、摄取更多营养、获取更多资源来改善自身的生存条件。总之，尽管劳动起到决定性作用，但不应忽视其他因素的影响，从猿到人的转变应当是以劳动为主导的多种因素综合作用的结果。

第二，人类在劳动中成长发展，经历了由自发到自觉的过程。与成年动物向下一代传授捕食技能类似，早期原始人类教授下一代生存技能和经验，是为了完成种族繁衍、改善生存条件的自发行为。随着人类社会的发展，人们越来越意识到教授下一代如何通过劳动获取生存资料的重要性，劳动也越来越被自觉地附带上锻炼体力脑力、磨砺生存本领、传承技能经验等作用。这种在长期实践中自然形成的朴素劳动教育观随着人类教育理论和实践的发展不断走向成熟，通过劳动来实现育人目标的理论和实践也日趋丰富，推动着劳动生产率的不断提升和劳动者自身素质的发展完善。

第三，劳动对人类成长发展的影响，受到生产力发展水平的限制。在生产力水平极端低下的原始社会，劳动条件差，劳动工具落后，人类利用和改造自然的过程异常艰辛，背后付出的是体力精力的极大消耗，人们在原始劳动中除了收获勉强维系生存所必需的物质生活资料，还有出于提高劳动生产率目的而自然衍生出的语言能力、团队配合等。随着生产力水平的提升，劳动分工越来越精细，劳动经验和技能在劳动过程中起到的作用越来越大，人类的体力和脑力在劳动中都得到了充分的锻炼和成长。随着私有制的产生，人与人之间出现不平等现象，少数人利用政治、经济上的特权占有多数人的劳动成果，劳动者在这种异化的劳动中遭到剥削、受到束缚，对其创造力和能动性造成极大破坏。只有在扬弃私有制、生产力水平高度发达的共产主义社会里，"在劳动已经不仅仅是谋生的手段，而且本身成了生活的第一需要之后"[①]，个体的创造力、生命力才能被充分激活，劳动才能真正成为每个人展现才华、实现价值、收获幸福的重要途径。

---

① 《马克思恩格斯选集》（第3卷），人民出版社，2012，第365页。

2. 劳动解放是人的解放的基本前提

习近平总书记曾指出:"马克思主义博大精深,归根到底就是一句话,为人类求解放。"① 马克思恩格斯毕生追求的正是无产阶级和全人类的解放。人的解放直接指向人的自由全面发展,是人类教育活动存续和发展的根本意义所在。因此,劳动解放作为人的解放的基础性前提,具有重要的理论和现实意义。劳动解放思想是马克思立足当时的资本主义社会,怀着对无产阶级的深切同情,从异化劳动出发揭示资本主义社会的深刻矛盾,并力图消除这种异化的理论成果。正如马克思在《国际工人协会总委员会关于普法战争的第二篇宣言》中向法国工人及全世界无产者所呼吁的:"去为法国的复兴和我们的共同事业即劳动解放的事业而斗争。"② 恩格斯也称马克思代表的是"在劳动发展史中找到了理解全部社会史的锁钥的新派别"③。全面准确把握马克思劳动解放思想,对于新时代确立和实现劳动育人目标具有指导性意义。

第一,马克思劳动解放思想经历了一个不断深化的过程。这一思想始见于《1844年经济学哲学手稿》(以下简称《手稿》),马克思在《手稿》中以异化劳动为逻辑起点,从四个维度剖析了劳动异化现象,并提出扬弃异化劳动、消灭私有财产、实现共产主义是劳动解放的必由之路。随着唯物主义历史观的逐步成熟,马克思在《德意志意识形态》中将人本主义的劳动异化理论拉回到现实的人类物质生产的历史进程中。唯物史观以物质生产劳动作为人类社会存在和发展的前提,体现了劳动对于人类解放的普遍意义,形成了劳动解放思想的体系化表达,明确了"只有在现实的世界中并使用现实的手段才能实现真正的解放"④。但此时的劳动解放思想对现实中劳动如何实现解放这一问题缺乏细致深入的回答,削弱了其批判性和革命性,难以对无产阶级劳动解放实践进行切实有效的指导。从《1857—1858年经济学手稿》到后来《资本论》的研究中,马克思将视线聚焦于资本主义社会机器大生产,逐步对资本主义生产方式的基本矛盾进行深入剖析,创立了科学的劳动价值论和剩余价值理论,从而完成了对其劳动解放思想的具体化表达。

---

① 习近平:《在纪念马克思诞辰200周年大会上的讲话》,人民出版社,2018,第8页。
② 《马克思恩格斯选集》(第3卷),人民出版社,2012,第72页。
③ 《马克思恩格斯选集》(第4卷),人民出版社,2012,第265页。
④ 《马克思恩格斯选集》(第1卷),人民出版社,2012,第154页。

第二，劳动解放和人的解放密不可分，共同指向自由自觉的劳动。从马克思劳动解放思想的发展历程可以看到，马克思通过将实现人的解放建立在推翻资本主义生产关系，将劳动从资本的桎梏中解放出来的基础上，完成了对人类历史上各种人的解放学说的超越。劳动作为人的基本存在方式和人的类本质，是实现人的解放的现实基础。"现实的异化劳动为未来的人类解放做了物质准备，提供了现实依据。"[1] 只有通过劳动创造社会财富、推动生产力不断发展，人的解放才具备现实条件。劳动解放意味着劳动真正成为人类自由自觉的活动，而不再是被动的负担和需要。在自由自觉的劳动中，人可以完全占有自己的劳动对象和劳动产品，可以充分发挥个性和创造力，可以真正实现外在尺度与内在尺度的和谐统一，从而得到自由全面的发展，实现人的解放。

第三，人的解放不仅要求劳动解放，还包含政治解放、社会解放等不同向度。人是一切社会关系的总和，除了劳动，人的类本质还受到人置身其中的政治、社会、文化等因素的影响。因此，人的解放是一个包含多个方面、内在有机统一的系统。马克思在《论犹太人问题》中集中阐述了政治解放与人的解放的关系，在此基础上，马克思进一步提出超越政治解放、走向人类解放的思想。马克思指出："只有当现实的个人同时也是抽象的公民，并且作为个人，在自己的经验生活、自己的个人劳动、自己的个人关系中间，成为类存在物的时候，只有当人认识到自己的'原有力量'并把这种力量组织成为社会力量因而不再把社会力量当做政治力量跟自己分开的时候，只有到了那个时候，人类解放才能完成。"[2] 可见，马克思关于人的解放思想还包含个体和社会两个层面。总体看来，政治解放、社会解放和劳动解放都是建立在消灭资本主义私有制的基础上，都是马克思人的解放思想在不同向度的表现，只是各自的立足点和侧重点有所区别。只有综合把握不同向度，才能准确全面地理解马克思关于人的解放思想。

3. 教育要与生产劳动相结合

尽管马克思恩格斯没有专门论述教育的专著，但他们深刻体察工人阶

---

[1] 刘同舫：《政治解放、社会解放和劳动解放——马克思人类解放思想再探析》，《哲学研究》2007年第3期。

[2] 《马克思恩格斯全集》（第1卷），人民出版社，1956，第443页。

级疾苦，高度重视并长期关注教育问题。他们的教育思想散见于《共产党宣言》《资本论》《哥达纲领批判》《临时中央委员会就若干问题给代表的指示》等文献中，其核心内容就是教育与生产劳动相结合思想。马克思恩格斯批判性地继承了空想社会主义以及欧洲思想启蒙运动时期的教育思想，提出了一些关于教育与生产劳动相结合的著名论断。例如，《共产党宣言》中提出："对所有儿童实行公共的和免费的教育。取消现在这种形式的儿童的工厂劳动。把教育同物质生产结合起来，等等。"① 《资本论》中指出："未来教育对所有已满一定年龄的儿童来说，就是生产劳动同智育和体育相结合，它不仅是提高社会生产的一种方法，而且是造就全面发展的人的唯一方法。"② 《哥达纲领批判》中指出："在按照不同的年龄阶段严格调节劳动时间并采取其他保护儿童的预防措施的条件下，生产劳动和教育的早期结合是改造现代社会的最强有力的手段之一。"③ 对于马克思恩格斯教育与生产劳动相结合思想，可以从三个方面加以把握。

第一，教育与生产劳动相结合思想的产生是主客观因素共同作用的结果。马克思恩格斯生长于资本主义机器大工业时代，传统手工业被机器大工业所取代的直接后果是，大量丧失生产资料、只能靠出卖劳动力为生的劳动者被卷入工厂，被迫沦为资本家创造剩余价值的工具。此时的工人阶级生活贫苦、地位低下，恩格斯曾这样描述当时工人阶级的总体状况："妇女不能生育，孩子畸形发育，男人虚弱无力，四肢残缺不全，整代整代的人都毁灭了，他们疲惫而且衰弱，——而所有这些都不过是为了要填满资产阶级的钱袋！"④ 繁重而单调的劳动、窘迫的生活境遇以及严重缺失的教育，造成工人阶级片面、畸形的发展。马克思恩格斯立志"为同时代人的完美、为他们的幸福而工作"⑤，他们站在工人阶级立场上，基于对人类社会发展规律的深刻认识，描绘出推翻资本主义制度，实现劳动解放和人类解放的美好愿景。工人阶级要砸碎身上的锁链，必须高度觉醒、奋起抗争、不懈斗争，而革命意识的觉醒和革命本领的锻造，都在客观上需要教育与生产劳动相结合。

---

① 《马克思恩格斯选集》（第1卷），人民出版社，2012，第422页。
② 《马克思恩格斯选集》（第2卷），人民出版社，2012，第230页。
③ 《马克思恩格斯选集》（第3卷），人民出版社，2012，第377页。
④ 《马克思恩格斯全集》（第2卷），人民出版社，1957，第453页。
⑤ 《马克思恩格斯全集》（第1卷），人民出版社，1995，第459页。

第二，教育与生产劳动相结合思想具有重要的现实意义。教育与生产劳动相结合思想基于马克思主义哲学，扎根现实土壤，是理论与实践的结合，体现了劳动在教育活动中的重要作用，彰显了社会主义教育的根本原则。在此基础上，马克思提出的综合技术教育思想，使得教育与生产劳动相结合思想有了实质性内涵。从政治层面看，变革资本主义制度必须首先改变教育的性质，要让工人阶级清楚认识到自己的悲惨处境和所承担的历史重任，"共产党一分钟也不忽略教育工人尽可能明确地意识到资产阶级和无产阶级的敌对的对立"①，未来新社会的建设发展在根本上取决于作为建设者的无产阶级所受到的教育。从经济层面看，通过教育与生产劳动相结合，向劳动者传授科学知识和技术，有助于提升劳动者的劳动本领，推动科学技术进步，能够有力提升社会生产力水平。从劳动者自身看，教育与生产劳动相结合能够促进其综合素质的提升，使其具备更加全面的知识和技能结构，并在意志品质、身体机能和审美情趣等方面得到综合提升，是实现人的自由全面发展的根本途径。

第三，要用全面、发展的眼光来看待教育与生产劳动相结合思想。马克思恩格斯提出教育要与生产劳动相结合，针对的是当时资本主义社会中教育与生产劳动相分离的现象。在机器大工业出现之前，农民、家庭手工业者和工厂手工业工人的生产劳动是与专门的教育活动相分离的。进入大工业时代后，生产发展更多地依靠科学进步和机器革新，依靠劳动者熟练地运用机器从事各类生产实践活动。可见，机器大工业生产必然要求教育与生产劳动相结合。正如马克思所指出的，"它不仅是提高社会生产的一种方法，而且是造就全面发展的人的唯一方法"②，也是"改造现代社会的最强有力的手段之一"③。马克思恩格斯教育与生产劳动相结合思想既立足现实，又着眼未来，其实质和未来方向在于培养一代又一代无产阶级劳动者，逐步改变资本主义生产方式，推动生产力持续发展和人的素质全面提升，朝着共产主义理想不断迈进。需要指出的是，教育与生产劳动相结合思想阐述的是社会主义教育的基本原理，其实际运用必须以当时的历史条

---

① 《马克思恩格斯选集》（第1卷），人民出版社，2012，第434页。
② 《马克思恩格斯选集》（第2卷），人民出版社，2012，第230页。
③ 《马克思恩格斯选集》（第3卷），人民出版社，2012，第377页。

件为转移。在具体实践中,把握"结合"的双向性和层次性,界定"生产劳动"内涵和外延,都不应拘泥于其原始含义,而是应当从马克思主义基本原理出发,结合时代特点和现实需求,在实践中对其加以创新和发展。

(二) 苏联教育探索中的劳动育人思想

十月革命后,新生的苏维埃政权首次践行了马克思恩格斯的劳动育人思想。回顾苏联教育史,教育与生产劳动相结合思想始终贯穿其中。由于种种历史原因,苏联践行马克思主义关于教育与生产劳动相结合思想的过程波折起伏,其中的经验和教训十分丰富,对近现代以来我国的教育活动产生了深远影响。概言之,我们可以从综合技术教育思想、集体主义教育思想和个性全面和谐发展教育思想等三个方面,简要探讨苏联教育探索中的劳动育人思想。

1. 综合技术教育在教育体系中占重要地位

"综合技术教育"的英文为"polytechnic training",最早出现在1866年马克思为在日内瓦举行的国际工人协会第一次代表大会的议程问题所写的重要指示,即《临时中央委员会就若干问题给代表的指示》文件中。马克思指出,工人阶级的未来,乃至人类的未来,"完全取决于正在成长的工人一代的教育"[1]。马克思认为,应当将教育理解为智育、体育和技术教育三件事,并强调:"把有报酬的生产劳动、智育、体育和综合技术教育结合起来,就会把工人阶级提高到比贵族和资产阶级高得多的水平。"[2] 需要指出的是,在这里马克思是在相同意义上使用"技术教育"和"综合技术教育"的,但在之后他基本上使用的是"综合技术教育"这一概念。其实早在《哲学的贫困》中,马克思就对蒲鲁东所谓"综合劳动"(synthetic labor)进行批判,指责其"除了让我们回到中世纪的帮工或者至多中世纪的手工业师傅那里以外,没有想出更好的办法"[3]。在马克思看来,综合技术教育基于现代科学技术和工业发展水平,旨在克服资本主义生产方

---

[1] 《马克思恩格斯全集》(第16卷),人民出版社,1964,第217页。
[2] 《马克思恩格斯全集》(第16卷),人民出版社,1964,第218页。
[3] 《马克思恩格斯选集》(第1卷),人民出版社,2012,第250页。

式下分工所带来的人被"分割"的问题，同时为工人阶级提供在不同生产部门之间流动锻炼的机会，从而使他们克服自身片面性，实现个体综合全面发展。

综合技术教育思想对苏联的教育发展产生过重要影响。1919年，就在苏维埃政权建立初期，列宁就在他草拟的《俄共（布）党纲草案》中，把对未满16周岁儿童实行免费义务综合技术教育作为党的最迫切任务提出来。在苏维埃政权粉碎外国武装干涉，结束国内战争并开始恢复国民经济时期，列宁在俄国共产主义青年团第三次全国代表大会上向广大青年呼吁："你们面临的任务是振兴全国的经济，要在立足于现代科学技术、立足于电力的现代技术基础上使农业和工业都得到改造和恢复。"[1] 列宁在不久后进一步强调，"我们一定要立刻尽可能地实施综合技术教育"[2]，并规定了实施综合技术教育的具体内容和任务。在斯大林执政时期，苏联由农业国变成了工业国，形成了高度集中的计划经济体制，但其工业发展水平仍远落后于资本主义国家。为了改变落后状况，斯大林提出"在改造时期，技术决定一切"[3] 的口号，要求全党和全国人民努力学习科学技术。与此同时，苏联政府也先后颁布了一系列改善和加强综合技术教育的决议，并在1930年召开了全俄综合技术教育第一次代表大会。在此背景下，综合技术教育作为一种重要的教育思潮，其理论研究和实践探索得到了进一步丰富和发展。克鲁普斯卡娅在她的重要教育著作《国民教育与民主主义》中，第一次用马克思主义观点阐述了劳动教育的发展史，并深刻揭示了实行综合技术教育的历史必然性。克鲁普斯卡娅认为，社会主义教育的目的和任务是培养全面发展的一代新人，社会主义学校不应只是传授简单机械劳动技巧的狭隘的劳动学校，也不应是脱离生活、脱离劳动的传统的"读书学校"，而应当是将劳动教学和其他课程教学联系起来，从各门学科及其相互联系中揭示具有普遍性的现代科学技术原理的综合技术教育学校。对于综合技术教育的具体实施，克鲁普斯卡娅也有其独到见解。综合技术教育思想的另一位代表性人物卢那察尔斯基同样认识到劳动教育和综合技术教育的重要意义，

---

[1] 《列宁选集》（第4卷），人民出版社，2012，第287页。
[2] 《列宁全集》（第40卷），人民出版社，2017，第228页。
[3] 《斯大林选集》（下卷），人民出版社，1979，第275页。

在负责教育工作期间，他领导制定了一系列有关苏维埃教育改革的重要政策，并在劳动教育和综合技术教育的具体实施中发挥过重要作用。

总体而言，实施综合技术教育能够帮助青年人摆脱现代分工导致的片面性，将理论与实践、教学与生产、普通教育与职业教育紧密结合起来，在促进人的全面发展、适应大工业生产需要、加快社会主义建设等方面具有积极意义。苏联在综合技术教育的理论研究上取得了丰硕成果，但在实践探索中却经历了一些曲折起伏，甚至犯过一些严重错误，如忽视理论知识教学、片面强调劳动教育等，这些经验和教训具有重要的启示和借鉴价值。

2. 劳动集体在儿童教育中具有关键性意义

集体主义教育思想是十月革命后，在当时苏俄经济社会条件下逐渐形成和发展起来的。在苏维埃政权建立初期，为了巩固政权、恢复和发展国民经济，苏俄在工业、农业、教育等方面大力改革，要求学校"不仅应当传播一般共产主义原则，而且应当对劳动群众中的半无产者和非无产者的阶层传播无产阶级在思想、组织、教育等方面的影响，以利于彻底镇压剥削者的反抗和实现共产主义制度"[①]。以此方针政策为指导，苏维埃政权在一开始就提出了集体主义教育的问题，包括卢那察尔斯基、克鲁普斯卡娅、沙茨基等在内的众多教育家都投入对集体主义教育的研究和实践中。其中，苏联著名教育家马卡连柯是这一教育思想的主要代表人物。马卡连柯主张为了集体、在集体中、通过集体来教育学生。在马卡连柯看来，"集体是以社会主义的结合原则为基础的人与人的相互接触的整体"[②]。马卡连柯认为："苏维埃的教育体系与任何其他的教育体系不同之点，在于它是社会主义的体系，并且因为我们教育的机构具有集体的形式。"[③] 集体主义教育的基本原则之一是在劳动中进行教育。马卡连柯非常重视从教育视角出发理解劳动概念，指出"劳动永远是人类生活的基础，是创造人类生活和文明幸福的基础。……在教育工作中，劳动也应当是最基本的因素之一"[④]。基于此，马卡连柯提出学校劳动教育的总体方针，即建立良好的劳动集体，充分发

---

① 《列宁选集》（第3卷），人民出版社，2012，第744页。
② 《马卡连柯教育文集》（上卷），人民教育出版社，1985，第15页。
③ 《马卡连柯教育文集》（上卷），人民教育出版社，1985，第15页。
④ 《马卡连柯教育文集》（下卷），人民教育出版社，1985，第179~180页。

挥劳动集体对个人的引导作用。在劳动集体中，有着共同目的的共同劳动、合理的劳动组织以及被严格执行的劳动纪律，能够有力激发个人对于集体的归属感和责任感，培养学生的组织协作能力、守纪精神与意志品质。同时，马卡连柯指出："在任何情况下，劳动如果没有与其并行的知识教育——没有与其并行的政治的和社会的教育，就不会带来教育的好处，会成为不起作用的一种过程。"[①] 因此，必须将劳动与思想政治教育紧密结合起来，才能取得良好的教育效果。正是基于这一教育理论，马卡连柯在高尔基工学团和捷尔任斯基公社的教育实践取得了较大成功，并在世界范围内产生了积极广泛的影响。

总体来看，以马卡连柯为主要代表的集体主义教育思想和通过劳动集体来开展劳动教育的实践探索，既具有坚实的理论基础，又有着积极的现实意义。但同时也应当看到，这一教育思想是在苏维埃政权建立初期形成和发展起来的，当时的集体教育主要是针对流浪儿童和少年违法者，不可避免带有一定程度的时代局限性和理论片面性。例如，将集体教育看作苏维埃教育的唯一形式，遵循单一的目标体系和价值标准，忽视对个别学生的教育指导，试图以整体利益取代个体独立价值等，未免失之偏颇。尽管在某些方面存在一定缺陷，但我们必须承认，集体主义教育思想在苏联国内和全世界范围内均产生过很大影响，对我国教育工作的影响尤其巨大。

3. 劳动教育要与人的全面和谐发展相结合

关于人的全面和谐发展的教育思想由来已久，早在古希腊时期，柏拉图就已提出使受教育者养成"身心既美且善"的和谐教育思想，之后经过人文主义者和启蒙思想家，尤其是19世纪空想社会主义者的宣传和倡导，人的自由、全面、和谐发展的问题日益受到重视。在马克思主义完成对人的自由全面发展的科学考察后，人的全面和谐发展思想才由带有空想性质的教育思潮转变为科学的教育理论，而这一科学教育理论的真正实践，是从苏维埃政权建立后开始的。列宁在《共产主义运动中的"左派"幼稚病》中提出社会主义教育的目标就是"教育、训练和培养出全面发展的和受到

---

① 《马卡连柯教育文集》（下卷），人民教育出版社，1985，第 13~14 页。

全面训练的人，即会做一切工作的人"①。但在20世纪50年代之前，这一教育目标的实现由于受到当时历史条件的限制，经历了摇摆不定、曲折发展的过程。从20世纪50年代开始，随着科学技术的显著进步和电气化的大力发展，生产的机械化、自动化程度越来越高，从根本上改变了传统劳动的性质，苏联经济社会的发展越来越迫切地需要通过教育培养出全面发展的合格人才。在此背景下，以苏联教育家苏霍姆林斯基为代表的众多教育人士以马克思列宁主义为指导，积极汲取人类教育历史经验，密切联系苏联教育实际，经过长期的实验研究，逐步构建起"个性全面和谐发展"的教育理论体系。

苏霍姆林斯基认为，社会主义教育的任务就是培养个性全面和谐发展的人。所谓个性全面和谐发展，即"意味着劳动与人在各类活动中的丰富精神的统一，意味着人在品行上以及同他人相互关系上的道德纯洁，意味着体魄的完美、审美需求和趣味的丰富及社会兴趣和个人兴趣的多样"②。个性全面和谐发展教育理论要求对学生进行智育、体育、德育、劳动教育和审美教育，并且要求使各方面的教育相互渗透交织，成为一个统一完整的过程。在苏霍姆林斯基看来，劳动教育是个性全面和谐发展教育的重要组成部分，并且劳动教育应当与德、智、体、美等方面的教育密切联系起来。他指出，只有通过"在一件有意义的设想的基础上进行长期的活动时，儿童的力量和可能性才能大大增长"③。在劳动教育的过程中，苏霍姆林斯基认为，劳动应带有明确的公益性目的，通过多样化、合理化的劳动形式内容和经常性、连续性的劳动组织安排，把知识智慧和科学技术渗透到体力劳动中去，在手脑并用、手脑结合的过程中，充分激发劳动过程本身的创造性，从而在劳动中迸发出强大的教育力量。

个性全面和谐发展教育思想强调人的德智体美劳多方面全面和谐发展，将劳动教育与德育、智育、体育和美育一道，作为实现人的全面和谐发展的必要条件，并指出各方面教育之间彼此的相互联系和互动关系。此外，苏霍姆林斯基强调，除了应有良好的教育措施和外部必要条件，在教育活

---

① 《列宁选集》（第4卷），人民出版社，2012，第159页。
② 蔡汀、王义高、祖晶主编《苏霍姆林斯基选集》（第4卷），教育科学出版社，2001，第13页。
③ 蔡汀、王义高、祖晶主编《苏霍姆林斯基选集》（第1卷），教育科学出版社，2001，第229页。

动中还应当高度重视教育者自身的人格和道德水平,因为教育目标能否实现"在很大程度上取决于每一个教育者和整个教师集体是否深刻理解人的和谐发展的各种因素和各个方面的相互依存性和相互制约性"①。这一思想无疑是十分正确的。

(三) 中国共产党人关于劳动育人的思想

中国共产党人开展劳动教育、实施教育与生产劳动相结合的历史较长,从1927年开辟革命根据地开始,迄今已经历了近百年时间,积累了丰富的经验,也得到过深刻的教训。总体来看,不论在革命战争年代、社会主义建设初期,还是改革开放40多年来,中国共产党人始终坚持马克思主义教育原则,积极开展劳动教育,推进劳动育人,并且,与之相关的理论和实践探索在不同历史时期呈现出不同特点。

1. 知识分子必须与工农群众相结合

早在五四运动时期,中国共产党的创始人之一李大钊就号召"知识阶级与劳工阶级打成一气"②,并组织领导北京的共产主义知识分子深入工人中间进行活动,与工人群众相结合,这对中国共产党的创建起到了重要作用。毛泽东在纪念五四运动20周年的文章中明确指出:"在中国的民主革命运动中,知识分子是首先觉悟的成分。……然而知识分子如果不和工农民众相结合,则将一事无成。革命的或不革命的或反革命的知识分子的最后的分界,看其是否愿意并且实行和工农民众相结合。"③后来在《青年运动的方向》《在延安文艺座谈会上的讲话》等文章和讲话中,毛泽东又多次阐述过这一观点。中国共产党人早在土地革命时期就曾试图使教育与生产劳动结合起来,但由于受到当时客观条件的限制,未能有效部署实施。直到40年代,才逐渐形成了一套适应根据地环境的教育与生产劳动相结合体系,有了较为明确的主导思想,即知识分子与工农群众相结合。这一主导思想的确立与中国革命的历史特点密切相关。当时在中国大地上进行的这场大革命,是一场以马克思主义为指导的、以工农群众为主体的、人民自

---

① 蔡汀、王义高、祖晶主编《苏霍姆林斯基选集》(第1卷),教育科学出版社,2001,第279页。
② 《李大钊全集》(第2卷),人民出版社,2013,第422页。
③ 《毛泽东选集》(第2卷),人民出版社,1991,第559页。

己解放自己的人民民主革命。尤其是在敌强我弱的阶级力量对比态势下，如果不充分发动群众、依靠群众，就不可能战胜强大的敌人。半殖民地半封建社会的中国极端贫穷落后，根据地缺乏民主传统，民智未开，迫切需要具备先进觉悟的知识分子深入民众中去，积极发挥骨干力量以教育、发动民众。而来自城市的知识分子虽有为工农服务之热忱，但由于不熟悉农村环境、不体察农民需求，加上受传统文化影响较深，存在轻视体力劳动和体力劳动者的倾向，导致知识分子难以相信民众的力量，与民众格格不入，难以承担其历史使命。因此，将引导知识分子参加生产劳动作为其与工农群众紧密联系的桥梁和纽带，使知识分子在劳动中开展自我教育的同时，更好地教育、发动民众，不断推进知识分子劳动化和工农群众知识化，这是中国人民民主革命中的一大创举，对革命取得最终胜利起到了至关重要的作用。

新中国成立后，中国共产党人认真总结并继承发扬这一历史成功经验，取得了显著成效。1956年，周恩来在《关于知识分子问题的报告》中指出，由于党的政策的影响和知识分子自身的努力，"我国的知识界的面貌在过去六年来已经发生了根本的变化"[1]，知识分子中的绝大部分"已经是工人阶级的一部分"[2]。但是，1957年以后，由于受到"左"的指导思想影响，大量知识分子遭受不公正待遇，被迫接受劳动改造，遭受苦难折磨。"文革"结束后，党中央全面拨乱反正，宣传贯彻党的知识分子政策，大力营造尊重知识、尊重人才的社会氛围，大大调动了广大知识分子投身改革开放和社会主义现代化建设的积极性和主动性。随着中国特色社会主义进入新时代，当代知识分子所担负的历史使命已与过去有所不同，其劳动和生活方式较以往也发生了很大变化，但知识分子成长的基本原则没有改变，知识分子与工农群众相结合思想依然具有重要的时代价值。

2. 实行半工半读的教育制度

新中国成立初期，党和国家的工作重点从革命战争转向生产建设。在当时新的历史条件下，教育工作既要继续运用革命战争时期的有益经验，又必须在新的客观条件下对其加以丰富和发展。由于新中国成立初期缺乏

---

[1] 《周恩来选集》（下卷），人民出版社，1984，第163页。
[2] 《周恩来选集》（下卷），人民出版社，1984，第162页。

在新形势下开展教育工作的经验，当时我国基本把苏联的教育模式照搬过来，结果是既学到了其中好的部分，也或多或少地吸收了苏联教育模式中的一些缺陷。对此，毛泽东在《论十大关系》中指出："一切国家的长处都要学，政治、经济、科学、技术、文学、艺术的一切真正好的东西都要学。但是，必须有分析有批判地学，不能盲目地学，不能一切照抄，机械搬运。他们的短处、缺点，当然不要学。"① 随着"三大改造"的完成，我国社会主义建设事业全面进入大发展时期，急需一大批有社会主义觉悟、有知识、有技术的高素质人才，但此时的教育发展规模和水平难以满足经济发展需要，教育发展中面临的升学和就业问题十分突出，教育制度改革迫在眉睫。对此，刘少奇进行了深入的调查研究，陆续提出一些改革教育制度的设想。他于1957年5月在《中国青年报》发表了题为《提倡勤工俭学，开展课余劳动》的文章，提出："开展课余劳动，提倡勤工俭学，有可能成为解决学生学习费用困难和普及教育的一个重要途径。"② 在此基础上，经过深入思考和试点探索，刘少奇于1958年5月在中共中央政治局扩大会议上作了《我国应有两种教育制度、两种劳动制度》的报告，明确提出："我们国家应该有两种主要的学校教育制度和工厂农村的劳动制度。一种是现在的全日制的学校教育制度和现在工厂里面、机关里面八小时工作的劳动制度。这是主要的。此外，是不是还可以采用一种制度，跟这种制度相并行，也成为主要制度之一，就是半工半读的学校教育制度和半工半读的劳动制度。就是说，不论在学校中、工厂中、机关中、农村中，都比较广泛地采用半工半读的办法。"③ 这一讲话内容涉及教育体制改革，得到了毛泽东的支持，刘少奇随之投入更大精力来推动这项工作。

但是，1958年正在逐步兴起的半工半读、半农半读学校，由于受到"大跃进"和人民公社化的影响，在一定程度上存在"左"的倾向，并在此后的三年困难时期遭遇困境，大部分学校或半途夭折，或自生自灭，只有小部分坚持下来。1964年，刘少奇通过对半工半读教育经验和教训的总结反思，再次提出实行"两种教育制度、两种劳动制度"的建议，随后党中

---

① 《毛泽东著作选读》（下册），人民出版社，1986，第740页。
② 《刘少奇选集》（下卷），人民出版社，1985，第314页。
③ 《刘少奇选集》（下卷），人民出版社，1985，第324页。

央采取了多项举措来推进这项工作,半工半读教育制度在全国各地被贯彻执行,并取得了初步成效。教育部 1965 年下半年初步统计显示:"全国当时半工(农)半读学校有四千多所,学生达 80 多万人;农业中学和其他职业中学发展到 61600 所,在校学生 443.3 万人。各地还创办了耕读小学 40 万所,占全国小学总数的 31.4%。"① 然而,令人遗憾的是,正当全国范围内半工(农)半读学校稳步发展之时,"文化大革命"却摧毁了这一教育改革成果。总体来看,尽管半工半读教育改革受到当时政治、经济环境的影响,表现出某些局限和缺憾,但其将教育和劳动紧密结合、相互配合的理论和实践探索,对于当前加强劳动教育、推进劳动育人具有重要的借鉴意义。

3. 抓好劳动技术教育,为社会主义现代化建设服务

党的十一届三中全会的召开拉开了改革开放的序幕,党和国家的中心工作转向经济建设,教育事业的发展也进入一个崭新的时期。邓小平在 1978 年 4 月召开的全国教育工作会议上指出:"为了培养社会主义建设需要的合格的人才,我们必须认真研究在新的条件下,如何更好地贯彻教育与生产劳动相结合的方针。……现代经济和技术的迅速发展,要求教育质量和教育效率的迅速提高,要求我们在教育与生产劳动结合的内容上、方法上不断有新的发展。"② 为促进劳动教育更好地服务于社会主义现代化建设,1981 年 4 月,教育部颁布的《全日制六年制重点中学教学计划(试行草案)》中正式提出"劳动技术教育"概念,规定在中学阶段开设劳动技术教育课,教学时长为初中阶段两周,高中阶段四周。③ 1982 年 10 月,教育部《关于普通中学开设劳动技术教育课的试行意见》指出:"劳动技术教育是中学教育不可缺少的组成部分。开设劳动技术教育课的目的,在于培养德、智、体全面发展的一代新人。通过劳动技术教育课,培养学生的劳动观点,形成劳动习惯,同时,使学生初步学会一些基本生产技术知识和劳动技能,既能动脑,又能动手,为毕业后升学和就业打下一些基础。"该意见进一步规定了开设劳动技术教育课应遵循的原则以及相关的内容和要求。

---

① 转引自朱永新《嬗变与建构:中国当代教育思想史》,人民教育出版社,2004,第 119~120 页。
② 《邓小平文选》(第 2 卷),人民出版社,1994,第 107 页。
③ 参见何东昌主编《中华人民共和国重要教育文献(1976~1990)》,海南出版社,1998,第 1927 页。

在该意见的基础上，国家教委陆续出台一系列加强和改进劳动技术教育的指导性文件，基本确立了劳动技术教育在国家基础教育中的学科和课程地位。

1992年"南方谈话"后，教育领域的改革十分活跃。在中共中央、国务院1993年2月发布的《中国教育改革和发展纲要》中，明确将"必须坚持教育为社会主义现代化建设服务，与生产劳动相结合，自觉地服从和服务于经济建设这个中心，促进社会的全面进步"作为中国特色的社会主义教育体系的基本原则之一，并提出"中小学要由'应试教育'转向全面提高国民素质的轨道，面向全体学生，全面提高学生的思想道德、文化科学、劳动技能和身体心理素质，促进学生生动活泼地发展，办出各自的特色"。这里将提高劳动技能作为素质教育的四大任务之一，体现了党和国家对劳动技术教育地位和作用的清醒认识和高度重视。1999年6月，《中共中央、国务院关于深化教育改革全面推进素质教育的决定》明确提出："实施素质教育，必须把德育、智育、体育、美育等有机地统一在教育活动的各个环节中。学校教育不仅要抓好智育，更要重视德育，还要加强体育、美育、劳动技术教育和社会实践，使诸方面教育相互渗透、协调发展，促进学生的全面发展和健康成长。"可以看到，素质教育涉及德智体美劳等诸多要素，劳动技术教育是其中重要内容之一。

需要指出的是，尽管"劳动技术教育"是1981年4月才正式使用的概念，但在此以前，我国中小学教育中一直存在着"劳动教育"与"技术教育"的成分，只是其在不同历史条件下承担着不同使命，呈现出不同的样态和特征。"劳动技术教育"应改革开放、社会主义现代化建设的需求而生，尽管得到了较快发展，但在实践中却逐渐失衡，从整体上看，未能取得理想的教育效果。产生这一结果的原因是多方面的，既有应试教育"指挥棒"带来的压力，又与劳动技术教育课程建设和学科建设相对滞后有关，还受到整体社会环境中急功近利、轻视劳动等错误思想的影响。多种因素综合作用，造成现实中学校劳动技术教育被弱化、被边缘化，这值得深刻反思。

4. 加强劳动教育，培养全面发展的时代新人

进入21世纪，新一轮信息科技革命带来劳动工具、劳动方式、劳动内容等方面的新变化，给新一代劳动者的素质提出了新的更高的要求，也进一步丰富和拓展了劳动教育的内涵和外延。但是，由于受到教育体制、文化传统以及社会环境等因素的影响，劳动教育在学校教育体系中长期处于被弱化、淡化、边缘化的尴尬境地，致使其重要性和必要性往往只是体现在理论中、停留在文件里，缺乏完善配套的课程设置和条件保障，缺乏大中小学整体衔接的体制机制，缺乏职业化、专业化的教师队伍。这些现实问题的存在，导致劳动教育越来越成为我国教育事业发展中的一块短板，没有在真正意义上落实落地。针对劳动教育存在的诸多问题，党的十八大以来，以习近平同志为核心的党中央坚持以马克思主义为指导，从新时代党和国家建设发展的中心任务出发，继承和发扬党在不同历史时期教育工作的有益经验，围绕劳动、劳动教育、劳动育人等理论和现实命题提出了一系列新思想、新观点、新论述，为新时代加强和改进劳动教育提供了重要的思想武器和行动指南。

在习近平新时代中国特色社会主义思想体系中，劳动占有重要地位，发挥着重要作用。劳动不仅是人类的本质活动，也是推动人类社会发展进步的根本力量。劳动不仅能托起中华民族伟大复兴的中国梦，更是人民群众共创美好生活的必由之路。因此，切实加强和改进劳动教育，努力培养一大批善于劳动、勤于劳动、乐于劳动的社会主义合格建设者和接班人，是新时代摆在党和国家教育工作面前的核心任务。习近平总书记指出："要通过各种措施和方式，教育引导广大青少年牢固树立热爱劳动的思想、牢固养成热爱劳动的习惯，为祖国发展培养一代又一代勤于劳动、善于劳动的高素质劳动者。"[①] 2015 年 8 月，教育部联合共青团中央、全国少工委印发的《关于加强中小学劳动教育的意见》明确提出："通过劳动教育，提高广大中小学生的劳动素养，促进他们形成良好的劳动习惯和积极的劳动态度，使他们明白'生活靠劳动创造，人生也靠劳动创造'的道理，培养他们勤奋学习、自觉劳动、勇于创造的精神，为他们终身发展和人生幸福奠定基础。"习近平总书记在 2018 年 9 月召开的全国教育大会上强调："培养德智体美劳全面发展的社会主义建设者和接班人"，"要在学生中弘扬劳动精神，教育引导学生崇尚劳动、尊重劳动，懂得劳动最光荣、劳动最崇高、

---

① 《习近平在乌鲁木齐接见劳动模范和先进工作者、先进人物代表 向全国广大劳动者致以"五一"节问候》，《人民日报》2014 年 5 月 1 日。

劳动最伟大、劳动最美丽的道理，长大后能够辛勤劳动、诚实劳动、创造性劳动"。① 2020 年 3 月，中共中央、国务院发布《关于全面加强新时代大中小学劳动教育的意见》。2020 年 7 月，教育部印发《大中小学劳动教育指导纲要（试行）》。上述这些重要论述的提出和指导性文件的相继发布，体现出劳动教育的重大时代价值和现实意义，也为新时代加强劳动教育、推进劳动育人提出了新的目标和任务。

二　中华文化中关于劳动育人的思想

中国是一个拥有五千年历史的文明古国，也是一个农业历史悠久的国家。在农业国家里，土地是财富的根本来源，农业是生产的基本形式。在农耕文明中，劳动居于核心位置，劳动因素在个人和社会发展，以及国家治理中起着至关重要的推动作用。从中国古代到近现代，与劳动相关的思想理论丰富而深邃，对于开展劳动育人研究具有重要的参考和借鉴意义。

（一）中国古代传统文化中的劳动育人思想

中国古代传统文化源远流长、博大精深，蕴含着丰富的劳动育人思想。其中不仅包含有对劳动主体和劳动价值的尊重和肯定，也有对劳动态度和劳动精神的树立和弘扬。具体而言，可以尝试从耕读文化、分工理论、工匠精神和人才观念等四个方面，对中国传统文化中的劳动育人思想加以总结凝练。

1. 润德启智的耕读文化

中国传统耕读文化历史悠久、内涵丰富，可以追溯至春秋战国时期，并随着隋唐两宋时期科举制的产生和发展进一步深入人心，在明清时期更是盛极一时。但是，随着商品经济的繁荣发展，农业文明下的耕读文化根基被逐步撼动，清末科举制的废止和新式学堂的建立，标志着耕读时代自此走下历史舞台。"耕织传家久，诗书济世长"，今人从这则古训中，仍然可以感受到古人对于自身生存发展的理想状态的向往和追求。"耕读"是"农耕"和"读书"的合称，泛指各种农业活动和文化活动。"传家"则是

---

① 《习近平在全国教育大会上强调 坚持中国特色社会主义教育发展道路 培养德智体美劳全面发展的社会主义建设者和接班人》，《人民日报》2018 年 9 月 11 日。

一种祈愿式的表达，指希望这种理想生存状态能够世代延续。《论语·子张》主张"学而优则仕"，通过读书获取功名是古人晋升士阶的最佳途径，"朝为田舍郎，暮登天子堂"也成为古代读书人共同的理想。但是，由于受到经济条件的限制，相当一部分古代读书人家庭生活贫苦，难以支撑其全力读书，他们不得不从事生产劳动以保障基本物质需求。因此，"耕"为"读"提供物质保障，"读"的成果改善家庭状况和地位后，又反过来促进"耕"，两者良性互动，逐渐形成一种"耕读文化"。

但是，并非所有古代读书人都是因为家境贫困而选择耕读结合。在古代的一些私学教育中，耕读结合的主要目的是培养学生的道德修养。例如，明代理学家、教育家吴与弼认为，学生可以在劳动中养成勤劳的品格，可以从耕作中体会乾坤八卦。清初思想家、教育家颜元同样将劳动作为提升学生道德修养的必要途径，认为"吾用力农事，不遑食寝，邪妄之念，亦自不起"[①]，意指通过辛勤耕作可以满足食宿之需，集中精力于劳动可以滋养情操、不生邪念。此外，通过农耕培养道德情操的思想，也同中国古代的隐逸文化密切相关。例如，东晋陶渊明"采菊东篱下，悠然见南山。山气日夕佳，飞鸟相与还。此中有真意，欲辨已忘言"的诗句，便是这种志趣和情操的生动写照。总体而言，我们可以尝试将耕读文化看作教育与生产劳动相结合思想的原始状态。通过耕读结合，事实上解决了一大批古人读书受教育的问题，通过这种途径培养出来的知识分子，大都关注民间疾苦、维护百姓权益，能够较好地保持人格完善和体魄康健。由此可见，耕读文化从侧面告诉我们，将从事生产劳动与读书学习紧密结合，是润德启智，培养德才兼备的综合性人才的重要途径。耕读结合不仅是指一种半耕半读的生活方式，更代表着一种自立精神、道德情怀和价值追求，至今仍发挥着潜移默化的社会影响和教育作用。当然，今天我们挖掘劳动的育人价值，探索劳动教育的有效途径，并不是要直接回到耕田种地的传统劳动形态中去，而是要从传统耕读文化中发掘劳动和育人之间良性互动的内在逻辑和有益经验，进而促进新时代劳动教育不断完善和发展。

2. 劳力劳心的分工理论

"劳心者治人，劳力者治于人"的论断出自《孟子·滕文公章句上》。

[①] 《颜元集》（下册），中华书局，1987，第624页。

文中叙述了孟子针对"为神农之言者"许行的观点，与"道许行之言"者陈相进行的一场辩论。许行和陈相主张贤君应当"与民并耕而食，饔飧而治"，即贤明的国君应该与老百姓一起耕种，一起做饭，同时还要治理国家。这种思想反映了当时的小生产者反对剥削、渴求均等的朴素愿望，但其忽视了社会分工的合理性和必然性。孟子随即予以驳斥，他首先指出许行虽能够自耕而食，但仍需要与他人进行交换，才能满足自身的吃、穿、用等需求，进而指出一个人无需事事都亲力亲为，每个人应当各司其职，各自做好分内的事。孟子鲜明地提出自己的观点："有大人之事，有小人之事……或劳心，或劳力，劳心者治人，劳力者治于人，治于人者食人，治人者食于人，天下之通义也。"(《孟子·滕文公章句上》)。从辩论的起因和内容来看，孟子都是围绕着社会分工问题，其结论也是针对许行反对社会分工、主张君民同耕的观点。因此，对于孟子的劳力劳心论，我们不能不加分析地进行批判，而是应当历史地、辩证地加以分析。

就历史大趋势而言，对劳力劳心高低贵贱的判断和二者之间合离关系的认识，大致经历了三个阶段："一是旧石器时代和新石器时代的全民劳力劳心合一；二是跨入文明门槛至近代工业文明兴起之前的劳力劳心分离；三是近代工业文明兴起之后的劳力劳心在新的层面合一。"① 孟子提出劳力劳心论的时间在春秋战国时期，即第二阶段初期，这是中国由奴隶制向封建制转型，由分裂走向统一的急剧变动时期。这一时期随着铁农具和牛耕的广泛使用和推广，劳动生产率大大提升，农业、手工业和商品经济快速发展，社会生产力水平显著提升。在此背景下，形成了一批具有专门职能的劳动职业，一批人脱离了具体的生产劳动，专门从事劳动组织管理、科学艺术活动和国家政务处理等工作。这种分工的出现适应了当时社会生产力的发展要求，是必要的和进步的。而"分工的规律就是阶级划分的基础"②，劳力者和劳心者的社会分工与各自阶级的划分是基本一致的。因此，劳力劳心论反映了社会分工和阶级对立关系存在的历史事实，以及这一历史事实在一定历史时期内存续的合理必然性。在承认社会分工和阶级对立的同时，孟子也明确表达了其重民思想和仁政学说。在"劳心者治人，劳

---

① 冯天瑜：《劳力劳心"合—离—合"的辩证历程》，《社会科学战线》2016年第10期。
② 《马克思恩格斯选集》（第3卷），人民出版社，2012，第669页。

力者治于人"之后,紧接着一句是"治于人者食人,治人者食于人,天下之通义也",即被人治理的人养活别人,治理人的人靠别人养活,这是天下通行的道理。孟子毫不避讳地指出一个客观事实,即劳动人民养活了统治者。基于这一思想,孟子劝诫梁惠王"保民而王,莫能御也"(《孟子·梁惠王上》),意指爱护百姓,推行王道,就没有谁能够阻挡。

总体而言,尽管历史上劳力劳心的分离致使相当一部分知识分子形成轻视劳动、脱离生产、脱离劳动人民的错误倾向,但历史地、辩证地看,这一思想中蕴含的分工思想和重民倾向,在当时的社会历史条件下,带有明显的积极因素和进步意义。在现代科技文明迅猛发展的今天,劳力劳心由分离再次走向聚合,劳力劳心论中内含的尊重劳动、尊重劳动人民思想,依然有着重要的时代价值。

3. 精益求精的工匠精神

工匠精神在中国古已有之。几千年来,中国古代工匠创造了璀璨的物质文明,为今人留下了宝贵的物质财富,同时也为中华民族打下了深刻的文化烙印。据史料记载,早在4300年以前,中国的工匠精神开始萌芽。自舜时期开始,有关工匠的记载大量出现在史料之中,其历史演进脉络乃至工艺活动的设计制作风格,与中国古代政治、经济、文化等领域的发展状况紧密联系并相互依存,形成了独具特色、历史悠久的中国工匠文化和工匠精神。中国已知年代最为久远的手工业技术文献是《周礼·考工记》,书中记载了春秋战国时期官营手工业中的六大类共30个工种,把当时的社会成员也划分为六个大类,并对百工的职责做出明确界定。据《考工记》记载:"知者创物,巧者述之,守之,世谓之工。百工之事,皆圣人之作也。"这里将"百工"称作"圣人",充分体现了当时社会对能工巧匠的重视和对科学技术的向往。相较于西方,中国古代的技术文明十分发达,除《考工记》外,有关农业和手工业的知识和技术还散见于《氾胜之书》《齐民要术》《农政全书》《天工开物》等著作中。此外,梳理中国历代中央政府机构发现,历代均设有工部,从中也反映出中国古代对于工匠专业性、重要性的深切认知。

工匠的首要职责是造物,工匠精神是围绕造物活动所形成的职业素养和价值观念的集合。具体而言,它既包括精湛的技艺和专注的心态,也内含敬业的品质和严格的传承,更体现着追求完美的境界和推陈出新的潜能。

当我们欣赏古代工匠留下的精美作品时，不仅可以获得美好的艺术享受，还能从中感受到一种精神的遗存，这种精神正是专注坚守、追求卓越、开拓创新的工匠精神。随着时代发展，现如今一些老手艺人慢慢凋零，一些曾经的老手艺由于脱离时代而慢慢失传，但是工匠精神却传承下来，并在新时代焕发出更强的生命力，展现出更大的时代价值。在新时代新征程上，制造业是国家发展的根基，关系着经济发展、民生保障、国家安全和国际地位，有着极其重要的战略意义。习近平总书记在党的十九大报告中提出，要"建设知识型、技能型、创新型劳动者大军，弘扬劳模精神和工匠精神，营造劳动光荣的社会风尚和精益求精的敬业风气"[①]，2016年全国两会的政府工作报告也提出要"培育精益求精的工匠精神"。我们应当清醒认识到，虽然中国是世界上规模最大的制造大国，但也面临着核心技术受制、产能分布不均、技术人才紧缺、品牌建设滞后等诸多突出问题。要转变困局，唯有培养出一支专业技能和职业素养兼备的高层次劳动者大军，才能在全球化浪潮中站稳脚跟。在此背景下，我们不仅需要继续发扬工匠精神，更要将工匠精神作为重要的教育内容，在大学生中间大力培育和弘扬，带动更多青年学生接受并身体力行。只有通过一代又一代人坚持不懈的努力，才能让工匠精神融入每一位中国劳动者的血液之中，真正成为中国制造的精神信仰。

4. 经世致用的人才观念

人才观念是教育目的和价值理论的逻辑起点。教育目的和价值在宏观层面引导着教育活动的设计和开展。教育目的的设定和实现，不仅受到当时社会政治、经济、文化等因素的制约，也同教育者与受教育者的客观情况紧密相关。经世致用的人才观念几乎贯穿中国教育思想史的整个过程，其在不同历史时期有着不同的表现形式和特征。孔子生活在春秋末期社会动荡时代，他的人才观念可以简要概括为培养治国理政的贤才，孔子的学生也大都践行其"学而优则仕"的教诲。墨子出身于侠，其人才观念聚焦于培养具有"兼相爱""交相利"品质的"兼士"。道家的人才观念与儒家推崇世俗型、道德型"圣人"不同，他们赞扬与世无争、精神自由的自然型"圣人"。法家则以远大见识、明辨是非、果敢坚毅、克己奉公的品质作

---

① 习近平：《决胜全面建成小康社会 夺取新时代中国特色社会主义伟大胜利——在中国共产党第十九次全国代表大会上的报告》，人民出版社，2017，第31页。

为其衡量人才的标尺。魏晋时期的颜之推认为,教育不能培养清谈家和章句博士,而是应当培养在政治、军事、技术、文化等方面具有某一专长的"国之用材"。

自唐宋以后,中国传统人才观念大致有两种:一是以韩愈、朱熹为代表的强调仁义道德的人才观念;二是以王安石、颜元为代表的强调经世致用的人才观念。[①] 北宋王安石认为,当时学校教育的最大问题是不能培养出国家发展所需要的经世致用的人才。对此,他在选才取士标准方面进行改革,主张经学取士,认为"夫圣人之术,修其身,治天下国家,在于安危治乱,不在章句名数焉而已"(《与王逢原书》),意指经学的核心要义不在章句名数,而在经世致用。南宋浙东事功学派代表人物陈亮的观点与朱熹对立,他反对空谈德性,主张求真务实、学以致用、德艺并举、匡时救世的"成人之道"。明清时期,随着封建社会内部矛盾的激化和资本主义经济的萌芽,中国社会涌现出一股反对空疏无用,追求经世致用的实学思潮。清初颜李学派作为实学代表,与宋明理学相对立,主张"实文、实行、实体、实用",其经世致用的人才观和教育观在中国古代教育史上占有重要地位。此外,黄宗羲、顾炎武、王夫之等实学思想家也猛烈抨击宋明理学,主张"学贵适用",倡导"征实之学",提出教育的目的是培养经邦治国、明道救世的实用型人才。需要指出的是,不论是强调仁义道德的人才观念,还是重视经世致用的人才观念,都不是完全对立、水火不容的,两者在中国古代教育理论和实践中其实是相互渗透、相互影响的关系。例如,王安石在主张经世致用的同时,也并不排斥仁义道德的内容;朱熹的理学教育虽以仁义道德为根本,但其中也暗含有实用教育的成分。

(二) 近代教育救国思潮中的劳动育人思想

从1840年鸦片战争爆发,到1949年中华人民共和国成立,百余年的中国近代史见证了古代教育思想向近代教育思想过渡的艰辛历程,谱写了可歌可泣的教育救国宏大诗篇。鸦片战争的炮声惊醒了龚自珍、魏源等一批先进的中国人,他们激烈批判当时社会的种种弊端,高声呼吁改变人才培养和选拔制度,并提出"师夷长技以制夷"的救国路径。在镇压太平天国

[①] 参见朱永新《中国教育思想史》(上),上海交通大学出版社,2011,第70页。

运动中,洋务派领教到了"洋枪洋炮"的威力,于是大力兴办军事工业、开办新式学校,明确提出"中学为体,西学为用"的教育纲领,为中国近代教育思想的诞生奠定了基础。随着甲午中日战争的失败,洋务运动宣告破产,维新教育取代洋务教育,通过变更学制、废除科举、创建团体、创办刊物等一系列举措,大量介绍和引进西方教育理论和教育制度,形成了多种具有影响的教育思潮。但辛亥革命胜利果实被窃取,让中国的先进知识分子再度反思,开始探索从思想启蒙、改造愚昧落后的国民观念着手,寻找救国救民的出路。经过新文化运动和五四运动时期的理论传播和斗争洗礼,中国近代教育得到充分发展,孕育出一系列重要的教育思想,其中蕴含的劳动育人成分,值得进行认真的梳理总结。

1. 工读结合的实用思潮

主张工读结合的工读主义教育思潮,是五四运动时期传入中国的西方教育思想同当时中国的政治经济形势紧密结合的产物。包括陈独秀、李大钊、毛泽东、周恩来、恽代英等在内的一大批青年学子,都一度深受其影响,这一教育思潮也在很大程度上推动了留法勤工俭学运动的发展。周恩来在《留法勤工俭学之大波澜》一文中指出:"迨欧战既停,国内青年受新思潮之鼓荡,求智识之心大盛,复耳濡目染于'工读'之名词,耸动于'劳工神圣'之思,奋起作海外勤工俭学之行者因以大增。"[①] 在留法勤工俭学运动中,一大批不满当时社会现状、立志改造旧中国的知识青年克服困难,远涉重洋,前往西方文明昌盛地法国寻求救国救民的真理。正是在留法勤工俭学的实践中,一大批起初信奉工读主义的青年学子深入资本主义社会的最底层,从事繁重的体力劳动,并从一系列事实中逐步认清了资本主义的真面目。正如陈毅所指出的:"若把勤工俭学当著一种主义,更为荒谬。因为主义必有目的,试问勤工俭学主义的目的难道是替资本家造享福吗。至说借勤工俭学来改造社会尤是荒谬,试问把人塞到孔口,为生活呼吸都无余力,那里能说改革事业。"[②] 通过工读结合,在一定程度上改变了当时的知识青年脱离劳动、脱离劳动人民的倾向,促进了知识青年与工人

[①] 《周恩来早期文集(一九二一年十月——一九二四年六月)》(下卷),中央文献出版社、南开大学出版社,1998,第25页。
[②] 清华大学中共党史教研组编《赴法勤工俭学运动史料》(第3册),北京出版社,1981,第53页。

阶级的结合。更重要的是，工读主义理想的破灭，让一大批知识青年清醒认识到"实业救国""教育救国"等道路是行不通的，这为他们理解并接受马克思主义创造了重要的前提条件。

除留法勤工俭学运动外，工读结合也是民国时期职业教育中人才培养的重要途径。黄炎培作为中国近代职业教育的创始者和实践者，多次强调劳动教育对于实现职业教育目的的重要性和必要性。他在对国内外教育发展状况进行广泛调研的基础上，提出教育与职业脱节、学校与社会脱节，是教育不能满足实业发展需求的根本原因，而解决这一问题的途径就是开展职业教育。黄炎培始终坚持教育的实用性，认为职业教育在满足实业发展对技术和管理人才需求的同时，也应当满足个体生存和发展的需要。1917年，黄炎培发起成立中华职业教育社，并于1918年创办中华职业学校，提出"劳工神圣""双手万能""手脑并用"的办学方针和"敬业乐群"校训。黄炎培主张采取半工半读、工读结合的教学模式，多次强调"一面做，一面学，从做里求学"[①]的学习方法，认为从事劳动活动对培养学生的劳动精神和劳动观念具有重要意义。黄炎培积极推动学校与社会合作，加强与实业界的联系，让学生的技能锻炼和实习实训尽可能地在现实岗位上进行，并积极倡议政府出台相应政策给予支持，力求使学生置身于真实的行业环境中进行直观感受，便于其更快更好地达到职业要求。尽管由于当时社会动荡、政局不稳，职业教育的发展状况并不理想，加之其囿于历史和阶级的局限，难以避免带有一定的理想主义和改良主义色彩。但是，职业教育思想却在中国近现代教育史上经久不衰，不断发展，产生过重要影响，对于我们加强和促进新时代职业教育和劳动教育，仍具有重要的参考借鉴价值。

2. 乡村教育中的育人观

民国时期各种教育改革思潮和运动风起云涌，乡村教育是其中的重要代表之一。在西方教育思想和传统中国文化的共同影响下，乡村教育尝试将古今中外的教育经验和中国乡村的实际状况结合起来，探索一条以教育促进乡村现代化、进而推动国家现代化的道路。正是基于"农村破产即国

---

① 田正平、李笑贤编《黄炎培教育论著选》，人民教育出版社，1993，第257页。

家破产,农村复兴即民族复兴"①的普遍认识,一大批知识精英将救亡图存、振兴国家的希望寄托于对乡村的改造和建设。在此背景下,以晏阳初、梁漱溟、陶行知、黄炎培为代表的一批主张教育救国的精英知识分子,将视线聚焦到当时占全国人口80%以上的乡村。晏阳初组织创立的中华平民教育促进会从1924年开始,就将平民教育运动的重心由城市转向乡村,并于1926年在河北定县深入开展平民教育实验研究。陶行知高度重视农民教育问题,于1927年筹办南京晓庄实验乡村师范学校,并在乡村教育运动中孕育形成其生活教育理论体系。黄炎培创办的中华职业教育社从1926年开始在农村创办乡村改进实验区,尝试通过职业教育改善农民生活状况,振兴农村经济。梁漱溟认为中国民族的前途在于乡村建设,而乡村建设的关键是人的建设,他主张从政治、经济、教育上重建中国优秀传统文化,并依托山东邹平乡村建设实验区深入开展乡村建设实验。根据1935年南京国民政府实业部的调查统计,"至1934年,全国从事乡村建设运动的团体和机构达600多个,在各地设立的实验区超过1000处"②,当时的教育资源在乡村场域的投入程度可见一斑。

在20世纪二三十年代的乡村教育运动中,平民教育派、生活教育派、职业教育派、乡村建设派,尽管教育途径和方法不尽相同,但都是以教育救国为出发点,批判和变革传统教育的价值取向,探索从不同角度来教育和改造当时占中国绝大多数人口比例的农民,并试图以此来推动国家振兴和民族复兴。乡村教育的意义和价值不仅在于国家和社会,也在于每一个个体。通过乡村教育,既可以陶冶身心,改变农民的精神状态,使其形成积极健康的人生态度,又能帮助农民掌握从事生产所必需的知识和技能,引导他们靠自己的勤劳努力过上美好生活,还能促进知识分子主动与底层民众深度结合,在教育他人的同时实现自我改造。总体而言,尽管民国时期的乡村教育运动对于中国现代教育具有深远影响,但其所憧憬的仅仅依靠教育力量来实现振兴国家和民族的理想,在当时的社会历史条件下是难以实现的。乡村教育运动中彰显出的救国为民、教学相长、综合培养的育

---

① 转引自徐秀丽《民国时期的乡村建设运动》,《安徽史学》2006年第4期。
② 转引自徐志辉《20世纪二三十年代中国乡村建设实验与启示》,《乡村规划建设》2015年第3期。

人观，带给我们的深刻启示是，无论是脱离劳动的知识分子群体，还是被淹没于简单劳动中的底层民众，其人格修养和道德素养都未能得到真正完善，单一化的知识理论教育或艰辛劳动实践，均难以培养出全面发展的合格人才。

3. 教学做合一的方法论

"教学做合一"① 是陶行知生活教育的重要方法论，也是"生活即教育""社会即学校"原理运用的基本原则。"教学做合一"原理既是对杜威"从做中学"教育思想的批判性继承，又是对中国古代关涉知行关系诸多论述的反思和创新。"教学做合一"原理的最初表述是"教学合一"。陶行知认为，教师的责任不是教，而是教学，是教学生学。在教学活动中，教师负指导责任，学生负学习责任，教师教给学生的不应该是解决问题的现成方案，而是探寻解决方案的经验和方法。教师通过引导学生运用经验和方法自行找到解决问题的方案，从而使学生能够举一反三、触类旁通，不断解决新的问题。他批评传统教育方法中"先生只管教，学生只管受教"②，不考虑学生志趣和个体差异的弊端，主张一切从学生出发，教师根据学生实际情况进行教学。在"教学合一"理论的基础上，陶行知经过十年的探索研究，特别是经过晓庄学校的实验后，正式提出"教学做合一"理论。此后，陶行知将"教学做合一"理论充分应用于其生活教育之中，在"科学下嫁"运动、创办山海工学团、国难教育运动、战时教育运动，创办中华业余补习学校、育才学校、社会大学等不同时期，都将"教学做合一"作为其基本的教育方法论。正是通过以生活为内涵的"做"，将"教"与"学"同社会生活实际和社会革命需要紧密联系起来，为中国革命和建设培养了一大批优秀人才。

在陶行知看来，"教学做只是一种生活之三方面，而不是三个各不相谋的过程"③。教学做合一的核心在"做"字上，所谓"做"就是"在劳力上劳心"④，其既不同于将劳力和劳心对立或分离的传统二元论，也不是将劳力和劳心并重，而是用心御力，将二者融合为一体。在此意义上，"做"不

---

① 胡晓风等主编《陶行知教育文集》，四川教育出版社，2007，第175页。
② 胡晓风等主编《陶行知教育文集》，四川教育出版社，2007，第175页。
③ 胡晓风等主编《陶行知教育文集》，四川教育出版社，2007，第280页。
④ 胡晓风等主编《陶行知教育文集》，四川教育出版社，2007，第233页。

仅包括行动意义上的做，还包括思想意义上的做，是行动和思想的融合。此外，陶行知认为，传统教育不仅束缚了学生的思想和行动，更扼杀了学生的创造力。"教学做合一"中的"做"，除了包含行动和思想外，还有"新价值之产生"[①]的特征，所以他指出："做是发明，是创造，是实验，是建设，是生产，是破坏，是奋斗，是探寻出路。"[②] 只有从这个意义上的"做"出发，教才是真教，学才是真学，学生获得的才是真知识。"教学做合一"原理中蕴含着丰富的劳动育人思想，其将劳动教育融入生活实践的探索，打开了学校教育的"笼子"，给予劳动教育以更大的场域和更广阔的空间；其注重手脑并用、主张在劳力上劳心的思想，暗合教育规律，激发创新潜能，为实现人的全面发展指明了方向；其探索教育救国道路、投身乡村平民教育、扎根劳动人民沃土的为国为民情怀，以及"捧着一颗心来；不带半根草去"[③]、献身教育改革的人生经历，为我们生动诠释了爱国爱民、为人师表、无私奉献的高尚品格。

（三）中国现代教育理念中的劳动育人思想

前文总结了自建党以来中国共产党人践行和发展马克思主义劳动观、教育观，不断深化劳动育人理论和实践探索的基本经验。其实，中国现代教育理念也是在新中国教育70余年的理论和实践探索创新中逐步形成和发展起来的一整套观念体系，它既有着马克思主义的鲜亮底色，又在很大程度上受到中华文化的诸多影响，具有鲜明的中华民族特色。具体而言，与劳动育人相关的现代教育理念主要包括勤能补拙的育人原理、实干兴邦的育人导向和创新创业的育人要求，它们各有侧重，共同指向对学生劳动态度、劳动品德、劳动本领等劳动素养的培养。

1. 勤能补拙的育人原理

"勤能补拙是良训，一分辛苦一分才"，我国著名数学家华罗庚的这句名言，一直激励着一代代中国人。这句话的意思是，勤奋可以弥补自己在天赋上的不足，付出几分努力就能收获几分成绩。唐代著名文学家、思想

[①] 胡晓风等主编《陶行知教育文集》，四川教育出版社，2007，第280页。
[②] 胡晓风等主编《陶行知教育文集》，四川教育出版社，2007，第280页。
[③] 胡晓风等主编《陶行知教育文集》，四川教育出版社，2007，第233页。

家韩愈将"业精于勤，荒于嬉；行成于思，毁于随"（《进学解》）作为他治学多年的经验结晶。王羲之"临池学书、池水尽黑"的典故，以及古人映雪读书、凿壁借光、头悬梁锥刺股的故事，都告诉我们一个亘古不变的道理，那就是：勤奋是成功的基石。在我国历史上，天资一般但经过后天勤奋努力获得成功的人比比皆是，如明代张溥嗜学"七录七焚"的佳话、梅兰芳先生驯鸽练眼功的故事，都生动诠释了勤能补拙的道理，而仲永五岁赋诗、天赋出众，却因不思进取、四处炫耀而"泯然众人"的教训也极为深刻。可见，勤奋可以弥补天资的不足，但天资却无法弥补懒惰的缺陷。勤能补拙的传统教育观深深影响着中国现代教育理念。从生理学、心理学视角看，勤奋代表着对一件事认真专注、全情投入，即使天资较差，但经过反复多次的多样化、重复化刺激，知识也能够在记忆、神经系统和行为反应层面得到巩固和强化。从马克思主义认识论视角看，人的正确认识从实践中来，正是在劳动实践中认识和改造世界，促进人的认知水平和实践能力不断提升，而认知的提升又能对实践起到促进作用，由实践到认识，再从新的实践到新的认识，如此循环往复，形成了人类认识事物的基本规律。当人类对事物的认识由量变积累到质变，又将会激发出许多新的奇思妙想和发明创造，推动社会生产力水平不断提升，进而推动整个人类社会不断发展进步。可以说，正是一代代劳动者辛勤劳作所创造的物质财富和精神财富不断积累下来，才形成了今天辉煌灿烂的人类文明。

尽管自古以来中华民族就有崇尚劳动的传统美德，但随着社会环境的变化，在应试教育指挥棒下，勤能补拙的教育理念在多数时间里主要被应用于知识理论的学习，学生通过勤奋学习改变命运的思想观念根深蒂固，而参与劳动常常被视为可有可无的事情，甚至被放在了学习的对立面。随着我国长期以来忽视淡化劳动教育所带来的负面效应逐渐显现，全社会越来越意识到，勤能补拙的育人原理也同样适用于，甚至说更加适用于劳动教育。因为，仅靠学习上的勤奋虽然能够帮助学生增长知识，考出更高的分数，却会在一定程度上淡化对学生其他素质的培养和锻炼。理论和实践都充分证明，仅靠知识层面的勤奋学习，很难在道德品质、身体素质、审美情趣、创新精神等方面对学生产生持久深刻的影响，而将勤能补拙的育人原理运用于劳动教育领域，也对劳动提出了诸多原则性要求，即劳动不能浅尝辄止，不能蜻蜓点水，必须长期坚持，身心并用，形成习惯。学生通过勤奋学习、勤奋劳动，在改造外部客观世界的同时，收获自身德智体美劳等素质的全面提升，这与劳动育人的本质要求是高度契合的。

2. 实干兴邦的育人导向

实干是中华民族的优良传统。子曰，"君子耻其言而过其行"（《论语·宪问》），意指君子应以说得多、做得少为耻辱。"士虽有学，而行为本焉"（《墨子·修身》），"道虽迩，不行不至；事虽小，不为不成"（《荀子·修身》），其大意都是强调实干、亲身实践才是成就事业的根本。习近平总书记也一贯推崇实干，在不同场合多次强调实干。通过"要力行，知行合一，做实干家"[1]"实干是成就事业的必由之路"[2]"奋斗创造历史，实干成就未来"[3] 等一系列重要论述，习近平总书记深刻阐释了实干对于国家富强、民族振兴、人民幸福的重要意义。从古至今，培养实干型人才一直是学校教育的重要任务。在新时代背景下，现代教育要培养的是能够适应经济社会发展新需求的合格人才，要求学生不仅应当具备较为扎实的理论基础，更要善于将理论知识付诸实践，通过自身劳动实践活动，实现个体价值与社会价值的和谐统一。然而，一段时间以来，由于多种因素的影响，我国的教育评价导向在一定程度上存在不科学、不合理的问题，唯分数、唯升学、唯文凭、唯论文、唯帽子的"五唯"顽瘴痼疾，客观上滋长了急功近利、弄虚作假的教风学风，并在教师和学生群体中造成了一系列负面影响，引发了全社会的广泛关注。随着中共中央、国务院《深化新时代教育评价改革总体方案》的印发，以及国家层面完善立德树人体制机制、扭转不科学的教育评价导向、克服"五唯"的相关举措相继出台，从党委和政府教育工作评价、学校评价、教师评价、学生评价等不同层面，构建起了一整套完善的评价体系，切实树立起了重实干、重实绩的育人、选人、用人导向。综上，实干兴邦既是古训，是个人成长和国家发展的必由之路，也代表着新时代我国学校教育活动的整体育人导向。

实干包含实干精神、实干品质、实干能力等多个方面。实干精神是指从思想层面认识到实干的重要性和必要性，明白人世间的一切都是靠苦干

---

[1] 习近平：《在北京大学师生座谈会上的讲话》，人民出版社，2018，第13页。
[2] 习近平：《在纪念邓小平同志诞辰110周年座谈会上的讲话》，人民出版社，2014，第14页。
[3] 习近平：《在二〇二〇年春节团拜会上的讲话》，《人民日报》2020年1月24日。

实干得来的,个人幸福的获得不能靠坑蒙拐骗、投机取巧,而必须瞄准目标、脚踏实地、持之以恒地进行努力。实干品质包含诚实、踏实、坚实等方面,其中,诚实是最核心也是最为宝贵的品质。实干还包含有本领层面的要求,不仅体现为踏实用功,其中也有能干和巧干的意蕴。此外,实干除了对学生亲身参与劳动提出要求,也为学校劳动教育发展指明了方向,即要求学校层面要真抓实干,切实改进劳动教育中存在的问题,积极为劳动教育营造环境、提供平台、创造条件、建立机制,着力培养符合新时代要求的实干型人才。

3. 创新创业的育人要求

"创新"一词最早出现在《魏书·列传第五十》中的"革弊创新者,先皇之志也"。《周书》的《列传第十八》和《列传第二十二》中都出现了"创新改旧"一词,并且,从《左传·昭公十七年》中"除旧布新"、《周易·杂卦》中"革故鼎新"等词语中,都可以充分感受到古人勇于创新、自强不息的精神状态。古人的创新精神体现在文学艺术、科学发明、工匠技艺、政治改革等各个方面。正是在创新精神的驱动下,中国古代取得了辉煌灿烂的文学艺术成就,涌现出许多领先世界的发明创造,极大地推动了人类文明的发展进程。我国的创新文化源远流长,创新的要求不仅聚焦于科技领域,同样体现在教育活动当中。尤其在创新驱动发展的新时代,培养学生良好的创新创业素养已经成为我国现代教育的重点发力方向。习近平总书记深刻指出:"创新是一个民族进步的灵魂,是一个国家兴旺发达的不竭动力,也是中华民族最深沉的民族禀赋。在激烈的国际竞争中,惟创新者进,惟创新者强,惟创新者胜。"[1] 一般而言,创新是与创业紧密联系在一起的,创新是创业的基石,创业则是将创新成果付诸实践、创造价值。创新创业作为新时代大学生劳动素养的新要求,除了需要大学生勤奋努力、诚实劳动,更要求大学生具备创新创业意识,掌握创新创业本领。体力上的勤劳无法弥补脑力上的懒惰。如果大学生只知道按部就班地进行劳动,而不知道主动思考、积极探索,那么,这种劳动永远只是简单的体力堆叠,尽管也能够创造出一定价值,却远远无法满足新时代对创新劳动的需求。钱学森先生曾直言不讳地问出这样一个问题:"为什么我们的学

---

[1] 习近平:《在欧美同学会成立100周年庆祝大会上的讲话》,《人民日报》2013年10月22日。

校很难培养出杰出人才?"[1] 确实,相对于我国的经济总量、人口规模和教育投入而言,我国教育培养出的拔尖创新人才确实明显不够,这是值得深刻反思的。

创新人才的培养,不能仅靠知识的积累,而是必须超越既有知识。在创新驱动发展的新时代,随着科技水平飞速发展,未来人工智能通过机器学习、深度学习来工作,有可能逐渐超越并替代那些通过死记硬背、大量做题来掌握既有知识的人脑。而人类要在智能机器面前展现出自身不可替代的优势,唯有依靠自身创新创造的意识和能力。创新创业的育人要求呼唤着教育体制机制的变革。这场变革应当以教育评价改革为先导,着力克服急功近利、急于求成的心态,通过在大中小学创设宽松的环境、提供充足的条件、实施有效的引导,保护并发展好学生的好奇心和想象力,教育引导学生在创新创业劳动中逐步探索尝试,培养提升创新创业的意识和能力,这与新时代高校劳动育人的愿景和思路是高度契合的。

三 西方教育理论中的劳动育人思想

劳动不仅是中华民族的根与源,在西方文明发展史上同样有着重要地位。在古希腊罗马时期,如果没有奴隶主阶级和奴隶阶级的社会分工,没有奴隶阶级承担几乎所有的体力劳动,奴隶主阶级就不可能腾出手来专门从事哲学、艺术、法律、政治等方面的精神劳动,不可能在文学艺术和科学领域取得灿烂的成就。尽管如此,由于根深蒂固的奴隶制度和阶级差异,古希腊罗马的哲学家、政治家大都追求一种不劳而获的闲适生活,对劳动嗤之以鼻。这种歧视劳动的观念直到基督教传入欧洲后才有所改变。在基督教教义中,劳动是一件神圣而光荣的事情。《圣经》中记载了劳动早在创世之初就已经存在,神在造人时就给人安排了劳动,并规定了劳动的权利、义务、分工、管理等诸多内容,强调劳动是人的天职。随着欧洲文艺复兴运动的发展,进步思想家们大力提倡反封建、反神权以及崇尚个性解放、自由理性的人文主义文化。西方教育理论正是在此基础上逐渐成熟和发展起来的,其中蕴含着丰富的劳动育人思想。

---

[1] 赵永新:《钱学森何以成为科学大师》,《人民日报》2009 年 11 月 13 日。

（一）空想社会主义者关于劳动育人的思想

在空想社会主义思想发展的三个阶段中，早期空想社会主义主要以文学语言来批判资本主义带来的罪恶和灾难，并描绘出一个消灭私有制、消灭剥削的理想社会蓝图；第二阶段摆脱了早期纯粹虚构的幻想，开始面向现实，从法理角度对资本主义私有制展开批判；第三阶段到达高峰，不仅继承和吸纳了前期思想理论成果，较为深刻地揭示出资本主义制度的弊端，还对未来理想社会提出诸多合理设想，并进行了社会实验。回顾空想社会主义300多年发展历程，其思想理论随着资本主义社会矛盾的不断激化，以及无产阶级与资产阶级之间斗争的发展而逐渐发展，尽管仍存在严重不足和缺陷，但其中彰显出的劳动教育观、劳动竞赛观和劳动休闲观，蕴含着丰富的劳动育人思想。

1. 空想范畴内的劳动教育观

早期空想社会主义的代表人物莫尔和康帕内拉都成长于资本主义原始积累时期，他们目睹了资本原始积累的残酷和下层民众的悲惨境遇。出于对劳动人民的深切同情和对没有剥削压迫的理想社会的向往，他们在各自的代表作《乌托邦》和《太阳城》中，都描绘了一个没有剥削压迫、共同劳动、人人平等的理想社会。在莫尔所设想的乌托邦里，人人参加劳动，虽然只是每个白天劳动六小时，产品却十分丰富，体力劳动和脑力劳动的岗位也可以根据需要进行调换。劳动在康帕内拉描写的太阳城中是一份光荣的事业，是人民的一种发自内心的爱好，而不单纯是个人应尽的义务。太阳城中的各种劳动都受到人们的重视和尊敬，劳动和健康是人们普遍认同的审美标准。太阳城根据公民的禀赋和爱好来分配劳动岗位，并重视通过提高技术来减轻劳动强度、提升劳动效率。莫尔和康帕内拉都注重对儿童进行劳动教育，主张教育与生产劳动相结合。列宁高度评价早期空想社会主义的劳动教育思想："没有年轻一代的教育和生产劳动的结合，未来社会的理想是不能想象的……这个思想还是伟大的老空想家们提出来的，'学生们'也完全赞同这个思想。"[①] 早期空想社会主义的劳动教育设想，对后来的空想社会主义思想家有着重要影响。摩莱里、马布利、巴贝夫等18世

---

① 《列宁全集》（第2卷），人民出版社，2013，第463~464页。

纪空想社会主义思想家均倡导劳动光荣、主张劳动教育，19世纪初三大空想社会主义思想家圣西门、傅立叶、欧文也明确提出人的全面发展、教育与生产劳动相结合，以及消灭旧的劳动分工和城乡对立等思想，尤其是欧文还在新拉纳克工厂和"新和谐"公社开展了教育与生产劳动相结合的实践探索。此外，在马克思主义诞生以前，包括夸美纽斯、卢梭、裴斯泰洛齐等在内的众多思想家、教育家，都高度肯定劳动在教育活动中的作用，主张开展劳动教育。上述关于劳动和劳动教育的研究和探索，为马克思主义教育思想的创立提供了重要资源。

需要指出的是，空想社会主义产生于资本主义发展早期，它作为一种不成熟、不完善的社会思想体系，"是同不成熟的资本主义生产状况、不成熟的阶级状况相适应的"①。正如马克思所指出的："这种对未来社会的幻想的描绘，在无产阶级还很不发展，因而对本身的地位的认识还基于幻想的时候，是同无产阶级对社会普遍改造的最初的本能的渴望相适应的。"② 尽管由于历史和阶级的局限性，这些闪烁着真理光辉的思想仍带有空想的性质，但这些关于劳动教育的许多带有进步性和预见性的观点，时至今日仍发人深省。

2. 教化意义上的劳动竞赛观

在自由资本主义阶段，资产阶级提倡经济自由主义，主张国家不干预经济生活，实行完全的竞争政策。尽管在较长的历史时期内，自由市场经济政策极大激发出人的潜能，为资本主义经济社会发展注入了强劲动力，但是，自由放任模式下的经济体制带有自发性、盲目性和滞后性等弊端，容易诱发恶性竞争，滋生拜金主义、极端利己主义、狭隘功利主义等思想，造成社会冲突、人群割裂、道德沦丧等不良后果。由此可见，自由市场经济主导下的竞争，并不是推动经济社会发展的最佳方案。对此，空想社会主义思想家们提出了劳动竞赛方案。早在17世纪初，德国空想社会主义思想家安德里亚在《基督城》中就已明确提出"竞赛"的概念，并描述基督城中各行各业的工作"并不总是为着需要才去做的，而是为着在技工中促进互相竞赛，其目的在于使人拥有某种手段，并且利用这种手段，使人们

---

① 《马克思恩格斯选集》（第3卷），人民出版社，2012，第780页。
② 《马克思恩格斯选集》（第1卷），人民出版社，2012，第432页。

和他们思想上最显著的优点能够通过各种不同的机器展现出来"[1]。可见，基督城促进竞赛的目的不只是生产出满足人们需要的产品，还包括通过竞赛提升劳动技能和展现人性光芒。此后的空想社会主义思想家们也陆续提出劳动竞赛的主张。17世纪后期，维拉斯在《塞瓦兰人的历史》中简要描述了劳动竞赛的概况，18世纪后期，马布利在《论公民的权利和义务》中对劳动竞赛奖品的授予对象作了具体说明。直至19世纪初期，在资本主义自由竞争更加发展的历史阶段，傅立叶才首次对劳动竞赛作了较为详细的说明。恩格斯1844年曾指出，迄今"只有傅立叶一人"对劳动竞赛"作过一些说明"。[2]

在傅立叶看来，自由竞争若不加以规制，将演化为无序竞争，使商人产生压垮对手的心理冲动，并诱发不正当的商业竞争行为，造成恶劣的社会影响。对此，他提出以协作制度下的劳动竞赛替代自由竞争的思想。傅立叶重视非理性情欲的作用，认为竞争是人类情欲的自然要求，在和谐冲动和协作制度下进行的劳动竞赛，不仅能够促进生产效率的提升，还能激发人们之间的团结和友谊，营造良好的劳动氛围。此外，傅立叶还指出，奖励、赞美和表扬也是吸引人们参加劳动和劳动竞赛的重要动力，奖励包括物质奖励和精神奖励，两者都十分重要且必要，奖励可以通过公共仪式来进行，以此营造氛围、激发动力、增进团结。空想社会主义思想家们关于劳动竞赛的思想得到马克思主义经典作家的高度评价，苏联和中国都在革命、建设的不同历史时期组织开展过丰富多样的社会主义劳动竞赛，在促进生产、激发活力、教化民众、营造氛围等方面发挥了重要作用。在中国特色社会主义市场经济体制下，劳动竞赛不仅可以作为化解市场竞争所带来的利益冲突和社会矛盾的一种方案，又能在提升劳动者思想政治素质和职业技能水平等方面起到重要的教化作用。

3. 平等基础上的劳动休闲观

人类对于休闲的认识历史悠久。在古希腊人看来，劳动是与休闲完全对立的，只有贵族和自由民阶层才享有休闲的权利，他们的休闲方式包括参政议政、沉思辩论、科学研究、趣味娱乐等。亚里士多德作为古希腊思

---

[1] 〔德〕约翰·凡·安德里亚：《基督城》，黄宗汉译，商务印书馆，1991，第27~28页。
[2] 《马克思恩格斯全集》（第1卷），人民出版社，1956，第615页。

想的集大成者，他认为"人的本性谋求的不仅是能够胜任劳作，而且是能够安然享有闲暇"[①]。他把休闲看作一切事物环绕的中心，是哲学和科学诞生的前提，也是个体内心愉悦和内在和谐的源泉。与古希腊哲学家的看法不同，在中世纪休闲被看作上帝对人的恩赐，休闲从属于信仰，并和劳动一起成为侍奉上帝的手段。文艺复兴时期，人们的思想从宗教禁锢中解放出来，劳动被新教伦理和资本主义精神塑造为财富价值的源泉和人所必须履行的"天职"，休闲被彻底边缘化，并因此受到批判资本主义私有制和剥削压迫的空想社会主义思想家们的关注和重视。乌托邦和太阳城中关于每天劳动小时数的规定，在时间上为休闲创造了条件，而对劳动的尊重和热爱，被认为是每个人享受休闲和幸福生活的保障。18 世纪空想社会主义思想家摩莱里认为私有制是罪恶之母，强调人人平等，每个人都要参加劳动，任何人都不能享有不从事劳动的特权。巴贝夫则主张建立一个消灭剥削压迫的"平等共和国"，每个人都享有平等的休闲权。19 世纪空想社会主义思想家们继承和发展了前人的休闲思想，在休闲与劳动、休闲与社会、休闲与平等、休闲与自然、休闲与教育、休闲与幸福等方面进行了有益探索，他们主张在平等基础上的劳逸结合，要求缩短劳动时间，并提倡充分利用自由时间来促进人的全面发展和社会幸福和谐。

尽管由于历史和阶级的局限，空想社会主义思想家们所向往的休闲理想，在现实中是难以实现的，但这些思想却成为科学社会主义休闲思想的直接来源。在马克思恩格斯所设想的共产主义社会中，生产力水平高度发达，物质生活资料极为丰富，劳动作为人的本质需要得到充分彰显，自由自觉的劳动和休闲实现真正融合，人的自由全面发展也得以充分实现。虽然理想社会令人向往，但现实中的劳动和休闲仍然受到资本增殖逻辑的压迫和束缚，而摧毁这种压迫和束缚的力量仍然需要相当长的时间进行积累。在这个积累过程中，劳动和休闲都能够起到重要的支撑作用。因此，当我们反复强调劳动对社会生产力发展和人的全面发展的重要意义时，也必须对休闲的地位和作用给予应有的重视。

---

① 苗力田主编《亚里士多德全集》（第 9 卷），中国人民大学出版社，1994，第 273 页。

(二) 欧洲启蒙运动思想家的劳动育人思想

启蒙运动于17世纪在英国兴起，18世纪在法国达到高潮，它是近代欧洲三大思想运动之一，也是欧洲继文艺复兴运动之后的第二次思想启蒙运动。在这场启蒙运动中，由于人文主义思潮和宗教改革运动的影响，学术界和思想界逐步摆脱封建教会的统治和宗教神学的束缚，激发出探索自然世界、开拓知识领域、改造现实社会的强烈愿望，有力推动了近代自然科学的发展和早期科学思想的形成，并在教育思想领域产生了深远影响。

1. 基于感觉经验的认知方法论

与早期科学思想相适应的早期科学教育思想，崇尚人的理性和科学知识的作用，倡导以唯物主义经验论为基础的实验的归纳法。英国哲学家、思想家培根作为早期科学教育思想的主要代表人物，他倡导"知识就是力量"，高度重视科学知识在批判宗教神学、支配自然和改造社会等方面的重要作用。为了帮助人们走进科学世界、获取科学知识，培根提出了实验的归纳法。他认为只有通过实验，才能获得可靠的经验材料，用理性方式对这些感性的经验材料进行整理分析后，才会形成真正的科学知识。培根的思想不仅为近代科学发展指明了道路，也为后来的西方教育家提供了重要的方法论指引。捷克教育家夸美纽斯提出的泛智教育思想，主张把一切事物的一切知识教给一切人。他要求儿童用自己的眼睛去观察世界，从行动中养成道德行为习惯。他认为"我们应努力使我们想教给学生的一切，让他们感觉到，使得他们当场能自己直接触摸到物体……使关于事物的必需知识，通过事物本身教给学生；即应尽可能地将事物本身或代替它们的图画陈列出来，以供直观、接触、听和嗅"[1]，并以此为基础，构建起一套较为全面完善的教育体系。英国哲学家、教育家洛克在《教育漫话》中提出，教育的最高目的是培养绅士，绅士应当具备德行、智慧、礼仪、学问以及良好体质。洛克主张通过家庭教育的途径来培养绅士，他对闲散度日、无所事事的生活习气深恶痛绝，强调劳动在克服人的主观抽象性、培养勤劳品质等方面的重要作用。他认为在不断劳动的过程中，人的心智和德性能够得到磨炼，人逐渐"养成习惯，依靠自己去努力追求自己想要的东西，

---

[1] 任钟印选编《夸美纽斯教育论著选》，任宝祥等译，人民教育出版社，2005，第260页。

并由此学会克制、专心、勤奋、思考、策划和节俭,等等"[1]。可见,夸美纽斯和洛克的教育思想均受到培根的知识论和方法论影响。

按照培根经验归纳法的基本原则,人类的所有知识都来自感觉经验,这就从根本上否定了唯理论所主张的与生俱来、毋庸置疑的天赋观念。洛克在《人类理解论》中同样对笛卡尔的天赋观念学说进行了批判,并提出了著名的"白板说"。他认为人的心灵就如同一张白板,没有任何东西是先天存在的,所有的知识都是通过后天的经验获得的,而经验有两个来源,一个是感觉,一个是反省。但是,这一结论背后又隐藏着深刻的矛盾,即人类拥有与生俱来的反思能力。尽管如此,这种基于感觉经验的认知方法论高度重视在儿童成长过程中后天教育的重要作用,并强调通过实验、劳动等实践活动获取直接经验材料对于儿童真正掌握科学知识的积极意义,能够给予劳动育人研究诸多启示。

2. 重视劳动作用的自然教育观

法国启蒙思想家、教育家卢梭在 18 世纪中期所倡导的自然教育思想,在西方教育史上具有深远影响。他一针见血地指出了传统封建教育的弊端,在 18 世纪法国反封建、反教会的斗争中,起到了重要的作用。《爱弥儿》是卢梭自然教育思想的代表作,书中阐述了教育应当热爱儿童并尊重儿童天性的原则,强调将教育寓于儿童的活动当中,通过给予儿童自由动手参加各类活动的机会,促进儿童感官发展和才能增长,以此培养资产阶级"新人"。卢梭重视并尊重劳动,坚决反对不劳而食,认为"一个人在那里坐吃不是他本人挣来的东西,就等于是在盗窃"[2]。他高度评价劳动在教育中的作用,在《爱弥儿》中用了较大篇幅论述劳动教育问题,书中的主人翁爱弥儿接受了包括农业、手工业在内的广泛的劳动训练。在卢梭看来,劳动教育不仅能够让人独立自由,能够自食其力,还能促进学生树立正确的劳动观,他认为劳动教育"问题不在于为了懂得一种手艺而学一种手艺,问题在于要克服对那种手艺所抱的偏见"[3]。此外,卢梭还指出劳动教育与体育、智育、德育是相互联系、相互促进的,劳动能够使人得到全面发展。

---

[1] 〔英〕约翰·洛克:《教育漫话》,徐大建译,上海人民出版社,2011,第 131 页。
[2] 〔法〕卢梭:《爱弥儿:论教育》(上卷),李平沤译,商务印书馆,2009,第 289 页。
[3] 〔法〕卢梭:《爱弥儿:论教育》(上卷),李平沤译,商务印书馆,2009,第 290 页。

对于如何引导儿童选择合适的劳动种类,以及儿童应该以怎样的方式方法来接受劳动教育,卢梭也提出了自己的观点。他认为应当遵循自然法则,尊重儿童的天性发展方向,并适应儿童的个性差异。他反对用成人的权威去代替儿童的自由发展和选择,主张成人为儿童的自由选择提供恰当的引导。他认为:"不是由我们而是由他自己本着以上的精神选择他的职业……当我们把自然的产品和艺术的作品一件件拿给一个孩子观看的时候,当我们引起了他的好奇心,而且注意到他的好奇心向着什么方向发展的时候,我们就可以很顺利地对他的爱好、倾向和性癖进行研究。"① 卢梭不仅为儿童如何选择劳动种类提出了具体意见,还对实施劳动教育的方式方法进行了阐述。他强调,必须根据儿童的具体特点来安排劳动教育的方式方法,要让劳动教育与现实生活紧密结合起来,使儿童在实际劳动中学习技术、了解生活、磨炼品质。为了防止劳动教育走入误区,卢梭还给教育者提出了一些忠告。例如,他认为不要为了做做样子而劳动,不要为了单纯的经济目的而开展劳动教育,不要过分夸赞学生的劳动成绩,教师应当与学生一起参加劳动、以身作则,等等。综上,卢梭的劳动育人思想较为丰富,尽管这些思想是对当时社会发展状况的反映,但时至今日仍具有重要的参考和借鉴价值。

3. 倡导劳动实践的要素教育法

瑞士教育家裴斯泰洛齐在18世纪后期提出的要素教育思想,在很大程度上受到法国启蒙思想,尤其是卢梭教育思想的影响。18世纪的瑞士学校教育存在诸多弊端,特权阶级的子弟能够进入条件优越的学校接受教育,贫民子弟却只能接受简单的初等教育,并且在教育条件、教育内容、教育方法、教师素养等方面均非常落后。为了改善贫苦儿童的教育,裴斯泰洛齐将要素教育法作为一种简化的教学方法,便于让最普通的人都有可能直接教育他们的孩子。他明确指出:"我的任务是要使最初步的学习容易一些,让贫困家庭的子弟都可以学习,因为他们一向是被社会所遗弃的。我的责任就是为他们打开科学艺术之门。假如我有能力的话,我就要将科学艺术与民众之间的屏障放火烧去。"② 简单来说,要素教育法是一套适合儿童天性、符合

---

① 〔法〕卢梭:《爱弥儿:论教育》(上卷),李平沤译,商务印书馆,2009,第294~295页。
② 转引自单中惠主编《西方教育思想史》,中国人民大学出版社,2017,第160页。

心理发展规律的循序渐进的教学方法，主张在从最简单要素逐步过渡到最复杂要素的教学过程中，促进儿童各方面的天赋能力全面和谐发展。

裴斯泰洛齐高度重视劳动教育，将要素教育法应用于新庄孤儿院和斯坦兹孤儿院的劳动教育实验中，并取得了显著成效。裴斯泰洛齐引申和发展了卢梭尊重儿童天性发展的自然教育思想，主张劳动教育应符合儿童心理活动的规律，以要素化的形式开展。他认为，针对儿童的劳动教育应从人类最简单的体力活动开始，"因为人类最复杂的实践能力的基础就蕴含在其中。打击与搬运、刺戳与投掷、拖拉与旋转、绕圈与摆动等等，都是我们最简单的体力表现形式。它们自身虽各不相同，但是或合或分，都蕴含着一切可能的行动的基础，乃至蕴含着构成人类的各种职业的最复杂的行动基础"[1]。经过一系列由简单到复杂的教育和训练后，儿童能够在各方面获得日益成熟的技能。除此之外，裴斯泰洛齐主张劳动教育应遵循生活化、直观化的原则。他高度重视家庭教育的作用，认为教育的基础就是生活本身，通过在生活劳动中给予儿童体验、示范和鼓励，能够使儿童在实际生活的行动中受到爱的教育。在《林哈德和葛笃德》中，葛笃德尽管贫穷，但她能在生活中给予孩子们有意义的教育，因为"她说的每句话，不仅仅作为一句话在起作用，而且是来自于她的生活，同孩子们的生活交织在一起，所以是作为萌芽留在孩子们的灵魂之中。她的教育艺术就是她的生活，他们的艺术教育完全产生于他们的实际生活"[2]。在劳动教育的方法上，裴斯泰洛齐主张将生活中的直观对象生动地呈现在儿童的感官面前，通过直观教学保留并激发儿童对于直观事物的印象，培养儿童的持久兴趣，引导儿童养成独立思考的习惯，鼓励儿童自己寻求解决问题的答案。裴斯泰洛齐的要素教育思想在西方教育思想史上有着重要影响，不仅是因为他"非凡的观察能力以及深刻而又独到的见解"[3]，更在于他心怀对贫苦和被压迫民众的深切的爱。

---

[1] 《裴斯泰洛齐教育论著选》，夏之莲等译，人民教育出版社，2001，第179页。
[2] 〔瑞士〕阿图尔·布律迈尔主编《裴斯泰洛齐选集》（第2卷），戴行福等译，教育科学出版社，1996，第305页。
[3] 《克鲁普斯卡雅教育文选》，卫嘉译，人民教育出版社，1959，第172页。

（三）欧美教育革新运动中的劳动育人思想

19世纪末20世纪初，随着欧美国家工农业和科学技术的进一步发展，社会经济政治生活发生了很大变化，也对学校教育提出了新的要求。由于传统教育与社会现实生活严重脱节，越来越不能适应新的时代需要，欧美国家兴起了一场教育革新运动。它在欧洲被称为"新教育"运动，在美国被称为"进步教育"运动。在这场欧美教育革新运动中，许多教育革新家纷纷提出各自的教育理论主张和教育改革方案，并广泛地开展教育实验，其中关于劳动育人的思想主要包括乡村寄宿学校的劳动教育思想、围绕公民教育的劳作学校理论和从做中学的实用主义教育原则。

1. 乡村寄宿学校的劳动教育思想

早在18世纪欧洲启蒙运动时期，卢梭、裴斯泰洛齐等教育家就针对封建的、传统经院主义的教育进行过尖锐批判，他们当时提出的一系列教育观点，是欧洲新教育思想的先声。欧洲新教育思想于19世纪90年代开始在英国产生，后来又扩展到德国、法国、比利时等国。1889年英国教育家雷迪在德比郡创办的一所乡村寄宿学校，即阿博茨霍尔姆学校，是欧洲第一所"新学校"，它的创办标志着欧洲新教育运动的开始。雷迪反对用书本知识去压抑儿童的发展，认为学校的任务是促进儿童身心自由健全发展。他把阿博茨霍尔姆学校建在风景优美、地域宽广的乡村，并在学校中开设农场。学校每天的生活分为三个部分：上午主要是学术活动，下午是体育和户外活动，傍晚是娱乐和艺术活动。雷迪将手工劳动作为学校课程的重要内容，要求儿童在学校农场内参加农业生产劳动，参与缝纫、烹饪、制鞋、木工等手工劳动，并将劳动同体育、智育、德育、艺术、社会教育等其他教育内容紧密结合起来，认为只有这样，才能使儿童得到全面和谐发展。

在阿博茨霍尔姆学校的影响和带动下，德国教育家利茨和法国社会学家、教育家德莫林也分别于1898年和1899年创办了同类型的新学校。他们都访问过雷迪的阿博茨霍尔姆学校，尤其是利茨还在那里教过一年书，因此都深受雷迪教育思想的影响。利茨创办的乡村教育之家同样远离喧嚣的城市，建在风景优美的大自然环境中，他认为乡村的环境本身就是一种教育力量。他主张在学生兴趣和经验的基础上为学生提供各种活动机会，将手工劳动和园艺活动作为学术活动的重要补充，希望通过参加劳动，使学生善于思考，并勇于探索和行动。德莫林则主张在师生之间建立一种密切的合作关系。在他创立的罗歇斯学校中，将学生分成一个个"小家庭"，教师与学生同吃同住，参加学生的活动，帮助学生改善"家庭"生活。学生在学校中享有充分的自由，学校设有各种委员会，由学生自行组织和管理各种活动，让学生在活动中得到全面锻炼。除此之外，同一时期欧洲其他国家的教育革新家们也在致力于新学校的教育实验，如比利时教育家德可乐利于1907年创办了驰名世界的隐修学校等。上述这些教育革新家们所创立的新学校，其实也是他们各自所主张的新教育思想的实验室。这些新教育思想有着相同或相似的特点，例如，它们都注重儿童个性的发展和独立精神的培养，都尊重儿童的兴趣并努力满足其创造性要求，都重视外部环境因素对儿童身心成长发展的影响，都强调手工劳动和体育运动在促进儿童全面和谐发展上的作用，等等。需要指出的是，这些新学校的学生大多都是富裕家庭子弟，这些新教育思想的性质都是资产阶级的，其目的是满足资本主义国家对于培养新型人才的需要。尽管在尊重儿童个性、重视环境因素以及开展各种活动等方面有其借鉴价值，但这些教育思想也存在一定缺陷，如它们都或多或少地忽视了系统性知识和间接经验的传授对于儿童成长发展的重要意义。

2. 围绕公民教育的劳作学校理论

劳作学校理论与欧洲新教育思想、美国进步教育思想是相互联系、相互影响的，从广义上讲，劳作学校理论也可以归入新教育思想的范畴。德国教育家凯兴斯泰纳作为劳作学校理论的提出者，也是劳作教育实践的倡导者。他曾任教职，后来又长期担任德国慕尼黑市教育局局长，由他亲自领导和主持的慕尼黑劳作学校实验在全世界享有盛誉，并直接推动了欧美国家劳作学校运动的兴起。凯兴斯泰纳的劳作学校理论深受裴斯泰洛齐的劳动教育思想和杜威实用主义哲学的影响，他在《劳作学校要义》一书中系统阐述了自己的劳作学校理论。凯兴斯泰纳的劳作学校理论主要围绕公民教育展开，"公民教育是他的教育理想；劳作学校则是他对学校组织的一种设想和实施公民教育的机构"[①]。他强调："我十分明确地把培养有用的国家公民，当作国家国民学校的教育目标，并且是国民教育的根本目

[①] 滕大春主编《外国教育通史》（第4卷），山东教育出版社，1992，第120页。

标。"① 而"培养有用的国家公民"应当从性格训练和职业训练两个方面着手。凯兴斯泰纳认为，劳作学校不是传统的"书本学校"，它是一种既能让学生学习掌握生产技术和知识，又能促进学生内心生发积极的劳动价值观和效忠祖国的公民意识的学校。

在课程设置方面，凯兴斯泰纳将手工劳动作为学校课程体系的核心内容和一门独立的科目来开设，并主张改革传统课程，在文学、地理、历史等科目中加入公民教育的内容。他尤其重视体育课程，认为劳作教学的内容以体力劳动为主，因此与体质锻炼相关的体育课程非常重要。在教学组织和教学方式方面，凯兴斯泰纳主张根据职业种类对学生进行分组教学，并尤其注重团体劳作的教学方式，认为通过团体劳作的教学，能够使学生摆脱个人主义或利己主义的思想侵蚀，培养学生团结协作精神和服务集体、服务国家的意识。他高度重视采取实践教学方式，要求学校设置烹饪室、手工室、缝纫室等活动场所供劳作教学使用，着力培养学生在某一工种上的技能和实践能力。在师资队伍方面，凯兴斯泰纳认为劳作学校的教师应具备不同于传统学校教师的资质和条件。他主张劳作学校"除了需要受过理论和知识严格训练的教师外，还必须有第二种教师，那就是受过严格训练的技术教师"②。他提出高级班的教师应直接从各职业行业中聘请技术熟练的工匠来担任，并且教育行政部门应建立师范学校来专门培养技术教师。他强调："把国民学校变成一所将劳作课作为一门精心管理的课程而纳入教学大纲之中的劳作学校，这一变革即将到来，而且必将在克服各种各样的阻碍中到来。这一变革究竟会受到我国人民的祝福，还是诅咒，这将取决于技术教师以及积多年的经验和对手工操作的深刻理解所形成的一丝不苟的手工操作，能否也在男生学校里扎根。"③ 凯兴斯泰纳的劳作学校理论不仅对于职业教育发展具有重要意义，其中的一些理论观点，如将劳作教育的目标指向职业训练和性格训练两个方面，将手工劳动作为课程体系中的独立科目，规定劳作学校的教师应受过生产技术方面的专业训练等，对于劳动育人研究也有着一定的参考和借鉴价值。

---

① 《凯兴斯泰纳教育论著选》，郑惠卿译，人民教育出版社，1993，第15页。
② 《凯兴斯泰纳教育论著选》，郑惠卿译，人民教育出版社，1993，第49页。
③ 《凯兴斯泰纳教育论著选》，郑惠卿译，人民教育出版社，1993，第52页。

3. 从做中学的实用主义教育原则

几乎就在欧洲兴起新教育运动的同一时期，美国也逐步兴起了在20世纪前半期占统治地位的进步教育运动。美国教育家帕克在19世纪后期领导和主持的昆西学校实验标志着进步教育运动的开端，他提出"教育要使学校适应儿童，而不使儿童适应学校"的原则，主张教育以儿童为中心，儿童通过兴趣活动来进行学习。昆西在教育理论、课程教材、教学方法、师资培养等方面进行了诸多改革，他的进步教育思想在美国吸引了一大批支持者，并对杜威实用主义教育思想的形成和发展有着一定影响。虽然杜威对进步教育运动的某些做法并不完全赞同，但总体来说他是支持进步教育运动的，他的实用主义教育思想对进步教育运动的发展有着重要影响。杜威在《学校与社会》一书中，对19世纪中期在美国学校教育领域占统治地位的赫尔巴特教育思想进行了批判，并提出与传统教育"教师中心、课堂中心、教材中心"相对应的"儿童中心、活动中心、经验中心"。[①] 杜威实用主义教育思想体系的核心在于"经验"。在杜威看来，经验是人的有机体同自然和社会环境之间相互作用的结果，也是由人的主动尝试行为与环境的反馈所形成的一种特殊的结合。从实用主义经验论哲学出发，杜威认为："教育就是经验的改造或改组。这种改造或改组，既能增加经验的意义，又能提高后来经验进程的能力。"[②] 基于此，杜威指出教育过程应包括心理学和社会学两个方面，并提出关于教育本质的基本观点：一是"教育即生活"，二是"学校即社会"。并且，杜威还从对传统教育的批判出发，将"从做中学"作为他全部教育理论的基本原则。

杜威反对传统教育所提倡的"静坐""静听"等教育方式，认为这些教育方式会让儿童难以获得活动的机会和条件，不利于其自然发展。他将学校的教学过程看作"做"的过程，认为教学应当从儿童的现实生活经验出发，让儿童在自身的活动中进行学习。在杜威看来，儿童生来就有着从事作业活动的自然兴趣，随着其心智的成长和知识能力的提升，这些作业活动本身就成为一种令人感到愉悦的事情，并且越来越成为儿童理解外部事物的媒介或渠道。基于"从做中学"原则，杜威主张在课程、教材、教学

[①] 参见赵祥麟、王承绪编译《杜威教育论著选》，华东师范大学出版社，1981，第13~74页。
[②] 赵祥麟、王承绪编译《杜威教育论著选》，华东师范大学出版社，1981，第159页。

等方面进行改革，提出了著名的"思维五步法"，以及与之相适应的"五步教学法"，即将教学过程分为创设情境、明确问题、提出假设、解决问题、验证假设等五个步骤。美国教育家克伯屈作为杜威的学生，其设计教学法正是在杜威的基础上提出的，是杜威实用主义教育思想的具体化和程序化。此外，杜威虽然强调学校教育活动应以儿童为中心，但他并没有完全否定教师的作用，他认为儿童和教师都是教学过程的平等参与者，教师有责任在教学过程中给予儿童指导和引导。总体而言，杜威实用主义教育思想对于包括中国在内的全世界许多国家的学校教育，均产生过广泛而深刻的影响。尽管其经验哲学以及基于经验哲学的实用主义教育思想在历史上曾遭受诸多批评，其"从做中学"的教育原则也由于在一定程度上忽视系统知识的传授，存在片面化、极端化倾向，但是，他针对传统教育脱离现实、刻板教条、形式主义等弊端的批判至今仍发人深省，他主张儿童在自身活动中进行学习的教育原则，对于劳动育人研究有着重要的参考和借鉴价值。

第四章　新时代高校劳动育人的内容形式

新时代高校劳动育人是一项系统工程，因此应在从不同层面明确其价值追求、从古今中外梳理其思想资源的基础上，科学化、系统化地厘清新时代高校劳动育人的基本内容，并对其主要特征进行深入分析，进而根据内容的特征和需要，找准与内容相匹配的具体形式，为进一步探索新时代高校劳动育人的作用机理和实施路径打下良好基础。

一　新时代高校劳动育人的基本内容

教育部、共青团中央、全国少工委于2015年联合发布的《关于加强中小学劳动教育的意见》明确提出："充分发挥劳动综合育人功能，以劳树德、以劳增智、以劳强体、以劳育美、以劳创新，促进学生德智体美劳全面发展。"尽管其具体指向的是中小学阶段的劳动教育，但"以劳树德、以劳增智、以劳强体、以劳育美、以劳创新"的表述，全面充分地指明了劳动所具备的贯穿"五育"的特殊育人功能。正是基于此，本部分尝试从劳动道德品质、劳动知识技能、劳动身体素质、劳动审美情趣和劳动创新素养等五个方面，对新时代高校劳动育人的基本内容进行概括和阐述。

（一）劳动道德品质

劳动道德品质是劳动者在劳动过程中所表现出来的较为稳定的、一贯的特点和倾向。"国无德不兴，人无德不立。"[1] 劳动道德品质在劳动者各项劳动素养中居于核心地位。高校通过开展劳动教育，能够促进大学生在劳动认识、劳动态度、劳动精神、劳动本领等多个方面提升。其中，劳动认

---

[1]《习近平在山东考察时强调　认真贯彻党的十八届三中全会精神　汇聚起全面深化改革的强大正能量》，《人民日报》2013年11月29日。

识、态度、精神等诸多方面，均直接关乎大学生正确劳动价值观的树立。而劳动价值观作为社会主义核心价值观的重要组成部分，其本身就是一种德。正如习近平总书记在北京大学师生座谈会上所指出的："核心价值观，其实就是一种德，既是个人的德，也是一种大德，就是国家的德、社会的德。"[①] 因此，从某种意义上来说，劳动育人的实质就是劳动育德。可见，劳育和德育之间有着天然、密切的联系。古今中外，在教育活动中将德育和劳动相结合的做法和经验比比皆是，可以说，德育的重要特征之一就是劳动实践。毛泽东曾经深刻指出："人的认识，主要地依赖于物质的生产活动，逐渐地了解自然的现象、自然的性质、自然的规律性、人和自然的关系；而且经过生产活动，也在各种不同程度上逐渐地认识了人和人的一定的相互关系。一切这些知识，离开生产活动是不能得到的。"[②] 这一重要论述深刻揭示了劳动实践对于德育成效的重要意义。因此，从总体上看，在高校德育工作的目标和内容中，必然应当包含有对大学生劳动道德品质的具体要求；而教育指导大学生亲身参与劳动实践活动，也是有效提升其道德品质的必不可少的方法和途径。通过使大学生亲身参与劳动，在劳动中体味艰辛不易、学会团结协作、明白甘来辛苦，能够使其在印证强化理论知识的同时，懂得劳动光荣、劳动伟大、幸福生活靠奋斗的道理，从而有效提升德育工作质量。新时代大学生肩负着实现中华民族伟大复兴的历史重任，其道德品质将直接反映到他们未来从事的具体劳动岗位上。由此可见，德育的成果既从劳动中来，终归又回到劳动中去，这一来一去循环往复，"劳"和"德"之间相互作用，彼此给予对方正向反馈，在以劳树德的同时，也实现了以德助劳。这是劳育和德育之间一种理想的关系状态。

一般而言，人的道德品质主要由道德认知、道德情感、道德意志、道德行为等因素所构成。因此，就培养劳动道德品质而言，应当将重心聚焦于通过劳动来提升道德认识、陶冶道德情感、磨砺道德意志、培养道德行为习惯等等。只有牢牢把握住知、情、意、行之间的紧密联系和互动关系，才能全面准确地把握劳动道德品质的内涵。

[①] 习近平：《青年要自觉践行社会主义核心价值观——在北京大学师生座谈会上的讲话》，人民出版社，2014，第4页。
[②]《毛泽东选集》（第1卷），人民出版社，1991，第282~283页。

道德认识主要指人对各种道德现象的判断评价能力和主观认识态度。在道德认识培养方面，我国高校长期以来习惯以知识教育、典型示范教育等形式，将道德教育内容直接灌输给大学生。不可否认，知识教育和典型示范教育是有必要的，但如果脱离社会现实、脱离实实在在的亲身道德实践，而仅仅采取理论宣教式的强制灌输，很可能达不到好的教育效果，甚至引起大学生的抵触情绪，产生适得其反的影响。当前"95后""00后"大学生大都涉世未深，缺乏足够的是非善恶判断能力，参加劳动能够为其提供一条联系理论知识和社会实际的纽带。大学生在劳动中通过手脑协调配合和身心感知体悟，能够更好地促进理论知识入脑入心，更深入地理解劳动是推动人类社会历史发展的根本动力，劳动群众是真正的历史活动的主体，由此树立起劳动最光荣、劳动最崇高、劳动最伟大、劳动最美丽的价值观念，进一步坚定对马克思主义的信仰、对中国特色社会主义的信念和对实现中华民族伟大复兴中国梦的信心，切实提升政治觉悟，以及对各类劳动现象的判断评价能力。

道德情感是人在道德认识的基础上，对现实中各类道德现象进行观察、辨识后，从内心生发出的爱憎、好恶等情绪态度。道德情感侧重于强调人在道德评判中的主观感性体验，其实现机制主要包括亲身感受、换位体验和提升巩固。在外在道德知识内化为内在道德情感的过程中，主体亲身感知体悟能够起到重要的促进作用。大学生个体只有通过亲身参加劳动，实实在在地同外部世界产生联系和互动，才能真切感受到自身劳动活动中所蕴含的情感价值，进而激发出内心积极的道德情感。而大学生唯有基于亲身情感体悟，才有可能形成良好的共情能力，对他人在相同或相似情境中的处境和行为感同身受。这种换位体验有助于帮助大学生在理解他人和反观自身的过程中，不断加强道德情感的内化，进而在道德认识的指引下，通过反复确证和强化，形成关于劳动的相对稳定的道德情感。

道德意志是人依照道德认识和道德情感的指引，在道德行为中所表现出的坚定、执着、刚毅、顽强的精神和品质。道德意志坚定的人，即使面对外界诱惑，仍然能够不改初心，始终遵从内心的道德准则，保持高尚的道德情操。而道德意志薄弱的人，即便是形成了正确的道德认识和积极的道德情感，也难以保证在大的利益诱惑面前能够坚持原则不动摇、守住底线不迷失。道德意志是在劳动实践的挑战和磨砺中逐步锻炼形成的。任何一项劳动任务其实都不是简简单单、轻轻松松就能够完成的，即便是最基础的家务劳动，都要求付出一定的时间精力和保持长期的坚持不懈。大学生参与劳动的过程，其实就是自身耐心、恒心、专注力、意志力锻炼提升的过程，也是将正确道德认识和积极道德情感转化为坚定道德意志的过程。

道德行为是人内在的道德认识、道德情感和道德意志的外化表现，也是衡量人的道德水平的重要标准。道德行为的形成过程其实就是人的道德素养由内而外的转化过程，这种转化是循序渐进、不断深化的，最终通过人的道德行为习惯体现出来。由此可见，大学生个体良好道德行为习惯的养成，必须经过大量劳动实践活动的反复体验和训练才有可能实现。唯有通过丰富多样的劳动实践，将大学生自身内在的道德认识、道德情感和道德意志在实践中持续深化和反复磨砺，逐步转化为相对成熟和稳定的外在道德行为，才能实现大学生个体在劳动道德层面的知行合一。

（二）劳动知识技能

劳动知识技能主要是指与劳动活动相关的各类科学文化知识和专业技术能力。具备良好的劳动知识技能是劳动者顺利完成劳动任务的基础性条件。劳动知识技能主要包括对劳动原理和劳动对象的了解认识、对劳动工具和劳动技术的掌握运用、对劳动环境和劳动关系的融入适应、对新知识和新技能的主动探索创新、对新问题和新挑战的独立思考解决等等。对大学生开展劳动知识技能的培养和训练，与高校智育活动有着密切关联。智育是指教育者有目的、有计划、有组织地向受教育者传授系统的科学文化知识和技能的教育活动。自古以来，智育就是学校教育的重要组成部分，并随着经济、政治、文化、科技的发展而不断演变。早在我国西周时期已有六艺之教，即要求学生掌握六种基本才能：礼、乐、射、御、书、数。而在古希腊雅典的教育活动中，则主要以算术、几何、天文、音乐等作为智育的基本内容。17世纪初，英国思想家培根作为倡导近代科学和科学教育的先驱，将人类以往知识重新进行研究和科学分类，主张传授百科全书式的知识，并提出"知识就是力量"的精辟论断。随着近现代教育的发展和普及，关于智育的理论研究和实践探索取得了长足进步，积累了丰富经验。新时代中国特色社会主义大学开展智育活动的主要任务，就是通过向大学生系统传授现代化的科学知识和技能，提升其科学文化水平，塑造其求真务实精神,并在培养学生创造性思维和创新实践能力的同时,促进其多方面的兴趣和才能得到充分发展。由此可见,智育不仅包括科学文化知识的学习和掌握,更包含对学生个性潜能的激发、情感意志的塑造和创新能力的培养。然而,我国传统教育往往将传授知识看作智育的全部内容和主要目的,这显然是片面的。这种片面的认识,是唯知识论、唯分数论等畸形智育观念至今仍大行其道的重要原因。诚然,智育离不开系统性的理论知识传授,但这并不是智育的真正内涵和终极目标。英国数学家、哲学家、教育家怀特海认为:"直到你摆脱了教科书,烧掉了你的听课笔记,忘记了你为考试而背熟的细节,这时,你学到的知识才有价值。"[①] 爱因斯坦也曾引用这一观点。可见,在世界一流的科学家看来,仅传授知识技能的教育不是真正的教育,更不是真正的智育。真正的智育应当是超越现有知识体系的,它的核心价值在于启迪智慧、激发潜力、传授方法、培养习惯等,这些价值同劳动在学校育人活动中的作用高度契合,也对劳动知识技能的培育提出了更高要求。

通过开展劳动来提升智育水平,培养学生与劳动相关的知识技能,古往今来诸多教育专家、学者已进行过大量理论和实践探索,并积累了较为丰富的经验。例如,苏联教育家苏霍姆林斯基高度重视劳动和智能发展之间的联系,他在学校教学计划之外,成立了许多课外小组,组织学生开展育种、园艺、养殖、技工等多种小组活动,他认为"如果不能使双手成为智慧的高明的老师,那末学生就会失去对知识的兴趣,教学过程中就会缺少一种强有力的情绪刺激"[②]。在苏霍姆林斯基看来,劳动应当是体力和脑力相互协调配合、共同发挥作用的活动,"思考和双手的联系越紧密,劳动就越加深刻地进入学生的精神生活,成为他心爱的事情。劳动中的创造是发展学生智能的最强有力的刺激之一"[③],学校应当努力使每个学生都成为劳动者、思考者和探索者。我国著名教育家陶行知也认为,理想的智育应当注重开放性和实践性,应当与生活和社会紧密联系。这些思想对于纠正我国

---

① 〔英〕怀特海:《教育的目的》,徐汝舟译,生活·读书·新知三联书店,2014,第39页。
② 〔苏〕瓦·阿·苏霍姆林斯基:《给教师的建议》,杜殿坤编译,教育科学出版社,1984,第247页。
③ 〔苏〕瓦·阿·苏霍姆林斯基:《给教师的建议》,杜殿坤编译,教育科学出版社,1984,第249页。

传统智育中的误区，具有重要的启示意义。综上，高校劳动育人与以知识技能传授为重点的智育活动之间有着深层次的互动关系，智育的成果从劳动中来，又投入劳动中去，能够促进大学生知识技能和劳动素养的双重提升。由此可见，通过开展劳动对大学生进行劳动知识技能方面的培育，不仅是高校实现智育目标的重要方法和途径，也是新时代高校劳动育人的必然要求。

要进一步把握劳动知识技能培育的要点，应从人类智能的结构出发。美国心理学家和教育学家加德纳在1983年出版的《智能的结构》(Frames of Mind) 一书中提出了著名的多元智能理论。该理论认为，个体身上相对独立存在着的、与特定的认知领域或知识范畴相联系的七种智能，构成了多元智能理论的基本结构。加德纳把构成多元智能理论基本结构的七种智能分别确定为语言智能、音乐智能、逻辑—数学智能、空间智能、身体—动觉智能、自我认知智能和人际智能。[1] 在加德纳看来，个体身上存在的这七种智能并非一成不变的，也可能存在上述七种智能以外的其他智能。他所提出的七种智能的观点虽然比较准确地反映了人类智能的特点，但在某种程度上还只是一个理论框架或构想——重要的不是七种、八种或九种智能，而是一种多维度地分析智能问题的方法。[2] 基于多元智能理论，可以将影响人的智能的主要因素概括为记忆、观察、想象、思考、表达、判断等。而与之相应的人的记忆力、观察力、想象力、思维力、表达力、注意力等能力的高低，直接决定着人在上述某个或某些方面的智能水平，以及人的整体智能水平。科学研究已经证明，虽然人的智能在一定程度上受到遗传因素的影响，但人可以通过一系列有针对性的训练来作用于上述影响人的智能水平的各项因素，进而达到促进智能发展的目的。而劳动所具有的特殊育人功能，决定了它理应作为一种主要的训练手段，用于锻炼提升大学生的记忆力、观察力、想象力、思维力、表达力、注意力等多方面的能力。例如，劳动行为记忆相较于概念记忆而言，是一种使人对事物的记忆更持久、更难以遗忘的记忆方式；在劳动过程中对事物进行观察，能够更快地积累感性认识，提升观察能力；想象力提升所必需的最原始的素材，一定

---

[1] 〔美〕霍华德·加德纳：《智能的结构》，沈致隆译，中国人民大学出版社，2008，第320~321页。
[2] 参见霍力岩《多元智力理论及其对我们的启示》，《教育研究》2000年第9期。

来自人的亲身实践；思维能力的训练应当着眼于对具体问题的分析研判，必须超脱于书本知识之外，到真实劳动场景中去；劳动中人与人之间的沟通协作，能够促进表达力的提升；手和脑在劳动中紧密配合，是很好的注意力训练方法；等等。总之，教育引导大学生亲身参与劳动实践，有助于从多层次多方面提升其智能水平，丰富其劳动知识技能，达到以劳增智的良好效果。

（三）劳动身体素质

健康体质是干事创业的基础。习近平总书记曾深刻指出："健康是1，其他都是后面的0。1没有了，什么都没有了。"[1] 可见，通过参与劳动来强健身体，不断提升大学生的身体素质，是新时代高校劳动育人的应有之义。其实，劳动本就是体力和脑力的结合。恩格斯在《劳动在从猿到人的转变中的作用》一文中，深刻阐述了劳动在类人猿的身体构造、生理功能向人类逐渐发展进化的过程中所起到的重要作用。恩格斯认为，直立行走是从猿到人转变过程中"具有决定意义的一步"[2]，它意味着手和脚的彻底分工，这对于人类体质形态的形成和劳动能力的发展具有至关重要的意义。在恩格斯看来，"手不仅是劳动的器官，它还是劳动的产物。只是由于劳动，由于总是要去适应新的动作，由于这样所引起的肌肉、韧带以及经过更长的时间引起的骨骼的特殊发育遗传下来，而且由于这些遗传下来的灵巧性不断以新的方式应用于新的越来越复杂的动作，人的手才达到这样高度的完善"[3]。恩格斯进一步指出："手并不是单独存在的。它只是整个具有极其复杂的结构的机体的一个肢体。凡是有益于手的，也有益于手所服务的整个身体。"[4] 由此可见，劳动天然地与人类的身体活动和身心发展密切关联，人类在认识和改造客观世界的过程中，也使其自身不断获得改造和发展，而人类自身的改造和发展，又能够促进人类在更高层面上、更充分地认识和改造客观世界。因此，人类以外部世界为对象的外向型活动和以自身为

---

[1] 杜尚泽等：《"这里的山山水水、一草一木，我深有感情"——记"十四五"开局之际习近平总书记赴福建考察调研》，《人民日报》2021年3月27日。
[2] 《马克思恩格斯选集》（第3卷），人民出版社，2012，第989页。
[3] 《马克思恩格斯选集》（第3卷），人民出版社，2012，第990页。
[4] 《马克思恩格斯选集》（第3卷），人民出版社，2012，第990页。

对象的内向型活动之间,是相互联系、相互促进的关系,两者有机统一,共同推动着人类社会和人类自身不断向前发展。

一般而言,人的内向型活动主要包括对自身思想、文化和身体机能等方面的改造,其中,改造自身身体机能的活动通常被称为体育。体育的特征是"以身体活动为手段,以人自身的发展为目的,以主客体同一为存在方式,以人文精神为价值导向;体育促进人的身、心、群诸维度和谐发展的价值导向和直接效用,决定了体育的本质功能是促进人的发展,即教育"[1]。可见,体育对人的身体机能的改造,不仅体现在生理形态方面,更在于维持人的身心和谐、促进人的全面发展等方面。在人的对象性活动中,劳动以外部自然为活动对象,体育以自身自然为活动对象。追根溯源,很多体育运动项目其实都脱胎于劳动实践。因此,劳动和体育不仅在过程上具有同构性,并且在性质和对象上也具有高度的互补性。正如人类不可须臾离开对外部自然的改造,人类同样也不能停止对自身自然的改造。但是,随着人类劳动工具不断进化发展,在信息科技时代,脑力劳动往往能够创造出更多社会价值,由此导致一部分人轻视体力劳动、忽视身体锻炼,造成身心失调、畸形发展等。新时代高校劳动育人将劳动身体素质作为重要内容,注重身体机能锻炼对于大学生全面和谐发展的重要意义,不仅有益于克服我国高等教育在一定程度上重智轻体的错误倾向,也能够拓宽高校体育专业教学的视野和途径,助力其更好地发挥育人作用。

对当代大学生而言,具备良好的身体素质是其未来干事创业的前提。然而,当前我国学生的体质与健康状况却不容乐观。据自1985年开始每5年公布一次调研结果的中国学生体质与健康调研报告,我国儿童青少年体质健康主要指标连续20多年呈下滑趋势,肥胖、近视、心肺耐力下降已成为阻碍青少年健康成长的主要问题。国家卫健委2018年公布的一组数据显示,全国儿童青少年总体近视率高达53.6%,其中,6岁儿童近视率为14.5%,小学生为36%,初中生为71.6%,高中生为81%。[2] 在中小学校园里,"小眼镜""小胖墩""小糖人"等现象层出不穷,这些健康问题的出

---

[1] 杨桦:《体育的概念、特征及功能——新时代体育学基本理论元问题新探》,《体育科学》2021年第12期。

[2] 转引自孙龙飞、郑轶《要想身体好,锻炼不能少——让运动陪伴孩子成长》(上),《人民日报》2020年11月10日。

现，大多与不良行为习惯和缺乏体育运动直接相关。当中小学生进入高校后，相较于中小学阶段更为宽松舒适的大学环境更容易诱使他们养成懒惰、放纵、缺乏运动锻炼等不良习惯。尤其是在今天人手一部手机的时代，越来越多的"低头族"出现在大学校园里，熬夜玩手机、熬夜打游戏、熬夜追剧等已经成为一种司空见惯的现象，这些不良生活习惯对身体的危害将慢慢积累，并随着大学生的年龄增长逐渐显现出来。

近十年来，在全社会的关注下，青少年学生体质健康指标持续下降的态势开始得到遏制。党的十九大以来，随着全社会对儿童青少年体质健康的广泛关注，国家层面关于深化体教融合、加强学校体育工作、防控儿童青少年健康问题的一系列重要文件接连发布，以劳强体、以体促劳也成为有效弥补我国学校教育中体育、劳育两块短板的重要思路。具体而言，以劳强体主要表现为通过教育引导大学生参加体力劳动，不断促进其身体锻炼、心理调适和身心和谐。在身体锻炼方面，教育引导大学生适度参加体力劳动，可以促进大学生身体新陈代谢，提高呼吸系统、循环系统、消化系统等机能，增强身体承受力和抵抗力。从事体力劳动不仅可以强健身体，还能够促进手脑配合，提升身体协调能力。在心理调适方面，大学生在劳动中能够快速转移注意力，缓解心理压力，有效解决神经紧张、脑力疲乏、情绪紊乱等问题，并通过在劳动中与他人的沟通协作，不断改善人际关系，提升自身对环境的适应能力，培养乐观开朗的积极心态。在身心和谐方面，全情投入劳动并最终享受到劳动成果，能够使大学生充分体会到劳动带来的成就感和愉悦感，进而逐步养成良好劳动习惯，打造出强健的体魄，练就在困难挑战面前拼搏奋斗的意志品质和攻坚克难的本领才干，成长为身心健康、全面发展的合格人才。

（四）劳动审美情趣

"美是道德纯洁、精神丰富和体魄健全的有力源泉。"[①] 如果没有美的滋养，没有审美情趣，人生必定是灰暗单调、枯燥无味的。劳动审美情趣是对劳动审美情感和劳动审美趣味的统称，是劳动者根据自己的审美观点，对社会劳动现象以及个人或他人的劳动过程、劳动成果等所作的直接的、

---

① 蔡汀、王义高、祖晶编《苏霍姆林斯基选集》（第4卷），教育科学出版社，2001，第538页。

感性的审美评价和所采取的审美态度。劳动审美情趣的培养与学校美育有着密切关联。学校美育也称审美教育，是指通过教育引导学生认识美、欣赏美、体验美、创造美，进而提升学生审美和人文素养的教育活动。美育是学校人才培养体系的重要组成部分，具有涵养道德情操、促进身心健康、培养想象力和创造力等重要育人价值。当前社会上存在的一些畸形的审美文化所产生的负面影响不可低估，它潜移默化地腐蚀、冲击着青年学生的道德素养和价值观念。在新时代背景下，高校肩负着培养担当民族复兴大任的时代新人的历史使命，迫切需要改变审美教育的薄弱现状，努力做到以美育人、以美化人、以美培元。2019 年 3 月，教育部发布了《关于切实加强新时代高等学校美育工作的意见》（教体艺〔2019〕2 号），从总体要求、重点任务、主要举措、组织保障等方面，为新时代加强和改进高校美育工作指明了方向。其中明确提出"促进高校美育与德育、智育、体育和劳动教育相融合，与各学科专业教学、社会实践和创新创业教育相结合"的总体思路，无疑与劳动审美情趣的培养要求高度契合。

劳动审美情趣的培养与劳动实践之间有着深刻的内在联系。一方面，"劳动创造了美"[①] 作为马克思主义美学理论的核心命题，深刻揭示了劳动是美的源泉。劳动使人类的审美器官得到发展，劳动过程其实也是人类的本质力量对象化的过程。在这个过程中，人类不可避免地会同自然界和他人产生各种各样的联系，会根据自身的理想和愿景，发挥自身的力量和智慧，表现出自身的个性和品德，并将这些人类的本质力量通过劳动活动凝结在劳动对象之中，在劳动对象上留下自身的印记，以此实现自身本质力量的对象化。通过劳动，人类不仅获得了某种物质需要的满足，还能从自己所创造的劳动对象上，看到自身的本质力量得以实现，进而产生惊叹、喜悦、满足之感，这是一种精神上的愉悦，也是一种最本质意义上的美感。另一方面，当劳动者对美的追求体现在劳动过程中时，劳动就不再仅仅是一种谋生的工具，劳动过程也不再是一种负担和折磨，劳动将成为劳动者自觉自愿的、与其美好生活向往密切关联的活动，成为劳动者的体力、智力、想象力、创造力充分地自由运用、自由发展的活动。只有在这种充满审美情趣和审美追求的劳动过程中，劳动者的潜能才能得以充分释放，其自由全面发展才能真正实现。

---

① 《马克思恩格斯全集》（第 42 卷），人民出版社，1979，第 93 页。

新时代高校劳动育人应高度重视劳动审美情趣的培养与劳动实践之间的内在联系，教育引导大学生从劳动实践中发现美、体验美、创造美，充分发挥审美情趣对劳动活动的促进作用，推动两者相互渗透、和谐统一、互促互进。

从劳动中发现美，要求大学生提高对美的认知能力。世界上并不缺少美，而是缺少一双发现美的眼睛。劳动能够赋予大学生丰富多样的发现美的机会。例如，在某个集体劳动的场景中，大家相互关心、相互鼓励、团结协作的氛围，共同朝向一个目标拼搏奋斗的劲头，以及在劳动过程中表现出的那些富有节奏的动作和整齐壮观的场面等，都是有待大学生去发现的蕴藏在劳动中的美。通过劳动，大学生可以发现在以往学习生活中未曾感受过的简单淳朴的美，这种美能够弱化私欲的侵袭和心态的浮躁，保持内心的从容与淡定，促进大学生形成健全人格。从劳动中体验美，要求大学生全身心地投身于劳动之中，陶冶美的情操。东晋陶渊明在《归园田居》组诗的第三首诗中写道："种豆南山下，草盛豆苗稀。晨兴理荒秽，带月荷锄归。道狭草木长，夕露沾我衣。衣沾不足惜，但使愿无违。"诗中生动细腻地描写了作者对农田劳动生活的体验，风格清淡而又不失典雅，洋溢着诗人愉悦的心情和对自然、自由的热爱。正是在劳动中，陶渊明真切地体验到了生活之美。与此同理，大学生通过劳动，能够用身心去丈量世界，真切感受到客观世界之美。并且，当辛勤劳动的成果充分彰显出个体价值和社会价值时，大学生自身也能够从劳动中获得满足感和幸福感，进而不断深化对劳动之美的理解。从劳动中创造美，要求大学生将自身对美的理解和追求融入劳动活动中去。正如前文所述，人类文学艺术的起源其实同人类劳动实践活动是密不可分的。《淮南子·道应训》中记载："今夫举大木者，前呼邪许，后亦应之，此举重劝力之歌也。"可见，人类最原始的歌谣其实就是在劳动中自然而然呼喊出的劳动口号，是劳动人民为了缓解疲劳、提高效率，或是为了在枯燥的劳动中寻找乐趣而产生的。新时代大学生精力充沛、自信率真、个性张扬，他们不仅有对美的需求，更有通过劳动创造美好事物的追求。当那些富有美感的事物被创造出来，又会极大地激发出大学生的劳动热情，从而在以劳育美的基础上发挥出以美促劳的作用。

（五）劳动创新素养

劳动创新素养是劳动者所具有的，在引发创新行为和实施创新的过程中起主导作用的个体素质因素的总称，包括劳动创新意识、创新精神、创新思维、创新能力等多个方面。劳动创新素养的本质不是知识，也不是技术，而是一种意识、一种精神、一种行为方式。创新的前提是创意，创新的延续是创业。创意是人的智慧、灵感、勇气、道德、审美等诸多本质力量高度融合、充分激荡后所绽放出的心灵火花，但创意和创新不能从根本上解决问题，它们需要以创业作为自身的载体和表现形式。可见，创新是创业的基础，唯有通过创业的途径，才能使得创新落实落地，两者相互促进又相互制约，是辩证统一的整体。因此，我国高等学校的创新教育往往与创业教育紧密联系，以创新创业教育的形式发挥其特有的育人价值。近年来，面对全球新一轮科技革命与产业变革的机遇和挑战，以及国内经济发展新常态下的新变化和新特点，党中央、国务院审时度势、科学决策，提出实施创新驱动发展战略和"大众创业、万众创新"战略的决策部署。而高校作为培养创新创业人才的重要基地，也从体制机制、课程建设、师资队伍、条件保障等方面为创新创业教育的有效开展打下了良好基础。

但是，由于我国高校创新创业教育尚处在初创阶段，其理论和实践仍在不断探索当中，故难以避免地存在一些不尽如人意的地方。例如，部分高校在创新创业教育中尚未建立起校内外协同育人的体制机制，多数时间仅凭学校自身的资源开展教学活动，整合政府、企业等校外资源的力度明显不够；部分高校的教学形式仍以课程学习和专题讲座为主，教育内容过于理论化、单一化，教育环境较为封闭；部分高校热衷于组织学生参加各级各类创新创业竞赛，过分追求获奖评优，在一定程度上存在急功近利、本末倒置的不良倾向；部分高校注重对大学生创新精神、奋斗精神以及专业技能的培训，但对其社会责任感、使命感和集体观念的培养有所欠缺；等等。针对这些问题，教育部高等教育司明确将"深入推进创新创业教育与思想政治教育、专业教育、体育、美育、劳动教育紧密结合"[1] 作为深化创新创业教育改革的主要任务之一，为新时代培养大学生劳动创新素养指明了方向。具体而言，劳动创新素养的培育应以劳动实践为主要方法和载体，

---

[1] 《教育部高等教育司关于印发〈教育部高等教育司2019年工作要点〉的通知》，教育部网站，http://www.moe.gov.cn/s78/A08/tongzhi/201904/t20190426_379670.html，最后访问日期：2022年5月1日。

促进大学生在劳动创新意识、创新精神、创新思维、创新能力等方面全面提升。

在劳动创新意识培养方面，教育观念的转变是首要前提。要明确教育过程中教师的主导作用和大学生的主体地位，教师是教学过程的组织者、指导者、帮助者、评价者，而不是知识的灌输者和劳动的强制者，大学生是教学过程的参与者、探索者、合作者，而不是被动的受教者和僵化的盲从者。大学生通过劳动实践和独立思考，能够促进新旧知识的融合贯通，建构起新的知识体系，并通过劳动体现出自我价值，收获成功和喜悦，从而进一步激发学习和实践的内生动力，提升劳动创新意识。在劳动创新精神培养方面，良好的创新氛围能够为大学生创新精神的孕育和发展创造条件。教师为大学生营造民主、平等、和谐、融合、合作、相互尊重的氛围，让大学生在轻松愉悦的心情下学习和劳动，鼓励大学生大胆质疑，探索用不同方法去解决问题，能够营造出良好的创新氛围，促进大学生劳动创新精神的培育。在劳动创新思维培养方面，对大学生想象力的激发尤为重要。爱因斯坦曾指出："想象力比知识更重要，因为知识是有限的，而想象力概括着世界上的一切，推动着进步，并且是知识进化的源泉。"[1] 想象是指在通过学习和实践所掌握的感觉知觉材料的基础上，经过新的加工而创造出新形象的心理过程。通过想象，大学生能够由表及里、由现象到本质、由已知推及未知地看待外部事物，突破以往固有的认识，使思维活动发生质的飞跃。在劳动创新能力培养方面，科学的探索方法是提升创新能力的有效手段。人类的绝大多数创新探索，都经历了从提出问题到作出假设，再到制定计划、实施计划、得出结论等步骤。可见，劳动实践探索在大学生创新能力培养中发挥着重要作用。大学生在探索性实验中，通过设计实验方案，在实验中进行观察、分析、思考、讨论，最后得出结论，能够有效提升协作意识和创新能力。而当实验未获得预期效果时，大学生在教师的引导下分析原因，找出问题，并从中吸取教训，重新进行尝试，这样不断探索直至取得满意的结果，不仅能够提升大学生的劳动实践能力，还对大学生的心性锻炼和抗压耐挫能力提升具有促进作用。

---

[1] 〔美〕爱因斯坦：《爱因斯坦论科学与教育》，许良英等译，商务印书馆，2016，第1页。

二 新时代高校劳动育人内容的特征

新时代高校劳动育人的基本内容以劳动为核心，分别关涉大学生的德、智、体、美、创新等多方面素养的培育和形成，其中既包含过往高校育人活动中一以贯之坚持的内容，又有为适应新时代需要而加以强化和发展的内容；既凸显出对立德树人、促进大学生全面发展的高度关切，又强调高校劳动育人在服务国家战略和经济社会发展等方面的重要作用；各项内容之间既存在一定的区别，又有某些共通之处；既要求大学生具备扎实的专业知识技能，又重点对大学生的思想政治素养提出新要求；既立足当下，着眼于满足现实需要，又面向未来，对大学生的创新素养提出了更高要求。从总体上看，劳动道德品质、知识技能、身体素质、审美情趣、创新素养五个方面紧密联系，彼此作用，构成了一个有机统一的整体，具有时代性与承继性、工具性与目的性、融通性与差异性、专业性与思想性、现实性与超越性相统一的鲜明特征。

（一）时代性与承继性相统一

高校劳动育人是一个动态发展的概念，其基本内容随着时代变迁而不断丰富和完善。随着时代发展，人类劳动的构成愈发复杂多元，尤其在信息科技飞速发展的新时代，网络化、虚拟化、智能化的劳动形式日益普及。正是在此背景下，中共中央、国务院《关于全面加强新时代大中小学劳动教育的意见》特别强调，要"结合产业新业态、劳动新形态，注重选择新型服务性劳动的内容"[①]。需要指出的是，劳动在不断彰显其时代性的同时，仍然是人类社会赖以生存和发展的重要基础，是创造美好幸福生活的重要前提；具备良好的劳动素养，也仍然是促进大学生全面发展、提升大学生的生存能力和生活质量的重要保障。由此可见，新时代高校劳动育人的基本内容既包含传统劳动教育中一以贯之的理念和要求，又具有符合新时代需求的诸多新特点，体现了时代性与承继性的有机统一。

新时代高校劳动育人之所以被冠以"新时代"的前缀，在很大程度上

---

① 《中共中央国务院关于全面加强新时代大中小学劳动教育的意见》，人民出版社，2020，第5页。

是因为其基本内容具有鲜明的时代性，主要体现在四个方面。一是社会劳动形态具有新的时代特征。新时代是科技飞速发展的时代，科技的发展和科技成果的转化带来了生产力和生产关系的深刻变革，而与之相适应的社会劳动形态相较于以往也发生了深刻变化，在劳动组织方式、主体身份、管理过程、时间空间和外部边界等方面都呈现出诸多新时代特征。二是劳动育人的目标要求具有新的时代特征。社会劳动形态的发展变革必然给劳动者的综合素质提出新的更高要求，前文中将新时代劳动者的素质要求简要概括为爱国奋斗、本领高强、爱岗敬业、开拓创新和担当奉献五个方面，需要强调的是，在当前国际国内新形势下，科技自主创新越来越成为大国战略博弈的重要战场，越来越成为推动经济社会发展的重要引擎，培养大学生的开拓创新能力，也越来越成为新时代高校劳动育人的重要任务。三是开展劳动的大学生个体具有新的时代特征。新时代的大学生大都是"95后""00后"，大都来自独生子女家庭，由于学业负担重、家庭宠溺和学校劳动教育弱化等，他们存在劳动意识淡薄、劳动态度不佳、劳动本领不强等问题。一部分大学生在中小学阶段缺乏劳动实践的锻炼，身心发展状况明显不适应劳动要求，存在不懂劳动、不愿劳动、不会劳动的现象。与此同时，当代大学生生活在科技大发展、信息大爆炸、网络大繁荣时代，他们崇尚自由独立、个性解放，充满好奇心和探索精神，这些新特质也是新时代开展劳动育人应当重点考量的因素。四是劳动育人的实施条件具有新的时代特征。高校劳动育人的实施条件包括教师队伍、劳动场地设备、劳动平台资源、劳动组织管理等。当前，高校教师队伍，尤其是青年教师队伍自身接受劳动教育不够，劳动育人意识整体不强；各类劳动场地设备和平台资源在数量质量上虽较以往有明显改善，但彼此间的协同配合机制尚不健全，育人效果尚不明显；劳动组织管理借助信息化、智能化手段，在相较于以往更加便捷高效的同时，也存在信息滥用、侵犯隐私等风险。

新时代高校劳动育人的基本内容不仅彰显时代性，还具有鲜明的承继性特征，主要体现在以下四个方面。一是在认知上始终坚持劳动者的主人翁地位。在社会主义中国，充分发挥劳动者的积极性、创造力和智慧，是推动我国改革开放和社会主义现代化建设的重要保证。劳动者不论年龄和分工，都是社会主义现代化事业的建设者，都应当得到承认和尊重。无论社会生产力水平发展到何种程度，劳动形态如何变迁，劳动始终是创造财富、创造幸福的唯一源泉,这一点在任何时候都必须坚持。二是在导向上始终坚持社会主义办学方向。坚持社会主义办学方向是坚持和发展中国特色社会主义教育的根本原则。一旦忽视或弱化对社会主义办学方向的坚持,必然会在培养人方面走入歧途,全体国人为之奋斗的现代化事业也必然会失去方向和目标。坚持社会主义办学方向,就是要坚持社会主义意识形态的主导地位,把培养德智体美劳全面发展的社会主义建设者和接班人作为根本任务,回答好培养什么人、怎样培养人、为谁培养人这个教育的根本问题。三是在理念上始终坚持教育与生产劳动相结合的基本原理。教育与生产劳动相结合作为马克思主义基本教育原理,是新时代高校劳动育人的重要思想资源,也是我国长期以来一贯坚持的教育指导方针。在当前新的历史条件下,坚持教育与生产劳动相结合,应当着力拓宽"生产劳动"的内涵范围,赋予其更多的时代特色,不断创新教育与劳动之间的结合方式,推动两者紧密联系、相互促进。四是在作风上始终坚持艰苦奋斗的优良传统。艰苦奋斗是中华民族的优良传统,也是中国共产党在长期的革命、建设和改革过程中形成的政治本色。习近平总书记在党的十九大报告中指出:"全党一定要保持艰苦奋斗、戒骄戒躁的作风,以时不我待、只争朝夕的精神,奋力走好新时代的长征路。"[①] 艰苦奋斗不等于蛮干、苦干,要讲方向、讲立场、讲方法,是富有科学精神和爱国热情的奋斗。在全面建设社会主义现代化国家新征程上,大学生作为未来高素质劳动者大军中的一员,应当以艰苦奋斗的优良作风去勇挑重担、攻坚克难,不断战胜前进路上的艰难险阻。

综上,时代性和承继性相统一,构成了新时代高校劳动育人基本内容的主要特征。对这一特征的研判分析,也为进一步加强和改进新时代高校劳动育人提出了新思路和新要求。在劳动形式选择上,既要积极顺应时代发展要求,教育引导大学生开展各类新型劳动,又应当兼顾传统劳动形式,循序渐进地培养大学生的劳动态度和劳动能力;在劳动目标设定上,既要着重培养大学生创新创业的意识和能力,又必须一以贯之地加强对大学生思想政治层面的引导;在劳动育人实施过程中,既要善于借鉴传统经验,

---

[①] 习近平:《决胜全面建成小康社会 夺取新时代中国特色社会主义伟大胜利——在中国共产党第十九次全国代表大会上的报告》,人民出版社,2017,第 69~70 页。

摒弃错误倾向，又必须不断开拓创新，努力适应新形势、新要求和当代大学生成长发展的新特点。

（二）工具性与目的性相统一

现实的个人都是工具性与目的性相统一的存在物。马克思主义认为，人既是主体，也是客体；既是价值的创造者，也是价值的享受者；既是目的，也是实现目的的手段。当人作为价值主体存在时，人的价值表现为对自身享有权利的获取和维护，对自身正当需要的追求和满足，从这个意义上来说，人是目的。而当人作为价值客体时，人的价值则主要表现为创造、付出或贡献，将自身作为满足社会和他人需求的手段，来履行个人对社会和他人应尽的责任和义务，即体现自身的社会价值。由此可见，对大学生个体需要的满足是新时代高校劳动育人的目的性价值，对他人和社会需要的满足构成了其工具性价值。可以说，没有大学生个体和社会的需要，就无所谓高校劳动育人的价值。正是大学生个体和社会的需要，构成了新时代高校劳动育人价值生成的人性基础。[①] 不同层面的价值主体有着多样化的需要，使得作为价值客体的高校劳动育人的基本内容呈现出工具性与目的性相统一的鲜明特征。

新时代高校劳动育人基本内容的工具性价值，即其社会价值，主要体现在三个方面。一是为高校落实立德树人根本任务提供路径方法支撑。促进大学生德智体美劳全面发展，是高校立德树人的重要使命。长期以来，我国高校践行这一使命的主要路径和方法集中于传统的课堂教学、道德宣讲、典型示范等，在一定程度上忽视了劳动实践锻炼对培养全面发展的合格人才所具有的特殊重要作用，造成了劳动教育越来越成为我国教育体系中最大的短板，直接导致一部分大学生不懂劳动、不愿劳动、不会劳动的问题凸显。新时代高校劳动育人将劳动实践贯穿于大学生德育、智育、体育、美育和创新创业教育中，能够克服传统课堂理论知识教学的片面、僵化弊端，同传统教育方式形成优势互补、互促互进的良好格局。二是为我国经济社会发展提供优质劳动力支撑。习近平总书记指出："我们要始终高

---

① 参见项久雨《需要：思想政治教育价值生成的人性基础》，《西安石油学院学报》（社会科学版）2003年第2期。

度重视提高劳动者素质,培养宏大的高素质劳动者大军。"[1] 党的第十九届五中全会通过的《中共中央关于制定国民经济和社会发展第十四个五年规划和二〇三五年远景目标的建议》指出,当前和今后一个时期,我国发展环境面临深刻复杂变化,"全党要统筹中华民族伟大复兴战略全局和世界百年未有之大变局,深刻认识我国社会主要矛盾变化带来的新特征新要求,深刻认识错综复杂的国际环境带来的新矛盾新挑战"[2],"坚持创新在我国现代化建设全局中的核心地位"[3],深入实施人才强国战略,激发人才创新活力。新时代高校劳动育人将劳动创新素养作为其重要内容,高度契合未来经济社会发展对高素质创新人才的迫切需求。三是为中国特色社会主义事业培养合格建设者和接班人。当前,第一个百年奋斗目标已经实现,我国正迈上全面建设社会主义现代化国家新征程,中国特色社会主义事业进入新发展阶段。未来,我国发展面临的外部环境将更加复杂,各类风险挑战将更加严峻,对社会主义合格建设者和接班人的培养需求也将更加迫切。新时代高校劳动育人积极适应这一重大需求,强调以德为本、以才为先、以干为要,指明爱国是时代新人的精神底色,本领是时代新人的关键素质,实干是时代新人的作风品质,引导大学生投身于伟大祖国的建设实践,能够为实现中华民族伟大复兴的中国梦提供重要助力。

新时代高校劳动育人基本内容的目的性价值,即其个体价值,主要体现在三个方面。一是促进大学生身心健康发展。劳动作为人的本质活动,具有锻炼人、教育人、塑造人的重要作用。大学生在劳动中可以加强身体锻炼、磨炼意志品质、促进沟通协作、养成良好习惯,实现个体身心健康发展。新时代高校劳动育人的基本内容涵盖了关于大学生身心发展的多方面要求,不论是在劳动中增强体质、启迪智慧,还是通过劳动培养审美、探索创新,都是高校其他育人活动的重要补充,都能够为大学生身心健康发展提供有效路径。二是提升大学生综合劳动素养。前文将劳动素养作为一个综合性概念,认为它涵盖人的劳动认知、劳动观念、劳动态度、劳动

---

[1] 《习近平关于科技创新论述摘编》,中央文献出版社,2016,第 123 页。
[2] 《中共中央关于制定国民经济和社会发展第十四个五年规划和二〇三五年远景目标的建议》,人民出版社,2020,第 4 页。
[3] 《中共中央关于制定国民经济和社会发展第十四个五年规划和二〇三五年远景目标的建议》,人民出版社,2020,第 9 页。

能力等多个方面。新时代高校劳动育人的基本内容包括劳动道德品质、知识技能、身体素质、审美情趣、创新素养等,分别指向大学生劳动素养培育的不同方面,并强调以劳动为核心线索,有益于促进大学生综合劳动素养的全面提升。三是实现大学生全面和谐发展。大学生综合劳动素养的提升,包含德、智、体、美、创新等多个方面,共同指向对大学生自身成长发展需求的满足和大学生全面和谐发展目标的实现。

通过对新时代高校劳动育人基本内容的社会价值和个体价值的分析可以发现,工具性秉持功利趋向,直面当下紧迫需要,渴望通过探寻更有效率的方法和手段,以最小代价实现最大目标,着力解决现实困难;而目的性则更多关注人类存在的终极价值,强调维护人类的基本价值观念,主张探寻人的生命价值及其意义。基于以上认识,接下来应重点关注一个问题,即在高校劳动育人实施过程中,如何正确处理其工具性价值与目的性价值之间的关系?其实,前文在论述当前高校劳动教育遭遇价值困境时,认为劳动教育目标外在化是其重要表现之一,并已明确指出,唯有实现工具理性与价值理性的和谐统一,才是走出困境的正确出路。从理论层面看,人的双重性存在是在高校劳动育人基本内容中整合工具性与目的性的基础。马克思曾深刻指出:"人双重地存在着:从主体上说作为他自身而存在着,从客体上说又存在于自己生存的这些自然无机条件之中。"[①] 一方面,人需要通过劳动改造外部自然,以获得维系自身生存和发展的物质基础;另一方面,人的内在尺度和精神世界也需要在劳动中得到完善和改造。可见,不论是工具性还是目的性,都是以现实的人为基点的,并且人的发展与社会发展互为前提、互相促进,"人越全面发展,社会的物质文化财富就会创造得越多,人民的生活就越能得到改善,而物质文化条件越充分,又越能推进人的全面发展"[②]。从现实层面看,新时代高校劳动育人不仅需要回应经济社会发展对大学生劳动素养提出的迫切要求,也必须关注大学生自身的身心成长发展和内在需要,应着力把握好工具性与目的性在劳动育人活动中和谐共生的平衡点,不能只见"劳动",不见"人"。因此,新时代高校劳动育人应当遵循以人为本理念,着力克服偏执追求效率至上、功利至

[①] 《马克思恩格斯文集》(第8卷),人民出版社,2009,第142页。
[②] 《江泽民文选》(第3卷),人民出版社,2006,第295页。

上的片面性，更多关注劳动教育对大学生精神层面的情感、态度和价值观念的影响，使劳动教育成为促进大学生内在劳动情感和创新创造精神生发的土壤，从而实现其工具性价值与目的性价值的有机统一。

（三）融通性与差异性相统一

人是共性与个性的统一体。新时代高校劳动育人活动围绕现实的人展开，既有一定的共性要求，又必须满足大学生个体的诸多个性需求。其实，劳动本就不是千篇一律、按部就班的活动，而应当是充满灵性、富有创造性的。只是当人类社会生产力水平还未发展到一定高度时，劳动在大多数时间里仅仅被作为一种谋生手段而存在，导致其本应具有的灵性和创造性，以及从劳动中生发出的满足感和幸福感在一定程度上被遮蔽，使得劳动越来越成为劳动者内心排斥但又不得不从事的活动。从某种角度而言，人类社会的发展史其实就是一部人类劳动的进化史。在现代社会，生产社会化程度越来越高，专业化分工越来越细，与之相对应的学科专业的划分也越来越细，每个具体学科专业的研究探索也越来越深，越来越多的劳动生产任务需要跨行业、跨领域、跨部门协作完成。对于不同学科专业背景的大学生而言，其未来将要从事的具体劳动可能是千差万别的，多数人可能仅会涉及劳动生产庞大链条上的某一细微环节。尤其是在新时代，劳动形态更迭速度越来越快，高度智能化、自动化的劳动场景将极大促进个性化、创新型劳动的价值提升。因此，新时代高校劳动育人的基本内容必然带有鲜明的差异化、个性化特征。但是，如果片面地强调差异化、个性化，忽视对共性要求的关注，尤其是对大学生的道德品质、知识技能、身体素质、审美情趣、创新素养等基本素质缺乏足够重视，对与劳动育人相关的不同学科方向、课程内容、方法路径和环境条件缺乏有效整合，也可能导致高校劳动教育偏离其育人目标指向。因此，融通性与差异性相统一，是新时代高校劳动育人基本内容的重要特征之一。

新时代高校劳动育人基本内容的融通性是由其共性要求和劳动育人的客观条件所决定的，主要体现在三个方面。一是目标要求融通。新时代高校劳动育人旨在培养全面发展的高素质人才，其目标要求不仅涵盖大学生劳动态度和劳动能力，更包含思想政治水平、身体健康状况、创新创业素质等多个方面。其中任何一个方面的缺失都可能会对劳动育人整体效果产生负面影响。这就要求新时代高校劳动育人的各项基本内容在目标要求层面应着力打破彼此间的隔阂，构建你中有我、我中有你、互促互进、有机统一的整体格局。二是方法路径融通。高校劳动育人主张通过劳动来实现育人目标，无论是德育、智育、体育、美育还是创新教育，在劳动育人视域下，都应当通过教育引导大学生在劳动中加以实现，这种实现尽管分为思想道德、本领才干、意志品质、创新能力等多个层面，但究其根本，都是通过劳动实践锻炼来培养形成的。因此，无论新时代高校劳动育人的各项基本内容指向何种目标任务，都应当通过劳动这一方法和路径来加以实现，这也是其融通性的具体表现。三是环境条件融通。高校劳动育人活动必定要在某种环境和条件下进行，环境和条件因素对其实施效果具有重要影响。新时代高校劳动育人的基本内容尽管指向不同层面的目标任务，但都是以劳动为基本路径而展开。因此，从整体层面看，对校园文化环境、实验室环境、网络环境、课堂环境、宿舍环境等劳动环境的统筹协调，以及对师资条件、制度条件、教学条件、管理条件、设备条件、安保条件等劳动条件的整合配备，都是保障新时代高校劳动育人顺利进行的重要基础。

新时代高校劳动育人基本内容的差异性是由大学生成长发展的个性需求和外部社会的客观需要所决定的，主要体现在三个方面。一是在侧重方向上存在差异。虽然新时代高校劳动育人的基本内容在目标要求上具有融通性，但劳动道德品质、知识技能、身体素质、审美情趣和创新素养分别指向大学生综合素质的不同方面，在劳动育人实施过程中不可避免地有所侧重，并且这种侧重程度应根据大学生身心发展的实际状况，以及外部社会对高水平人才的评价标准等因素进行合理调整。例如，当大学生身体素质问题凸显时，应当加大以劳强体的力度；当对大学生创新素养的培养日益迫切时，则应当更多地关注以劳创新的质量提升；等等。二是在劳动选择上存在差异。劳动作为高校劳动育人活动的核心抓手，其本身可以分为体验式、探索式、感悟式等不同类型，有贴近生活的日常劳动，有与学习内容紧密衔接的专业探索劳动，有体验社会、适应社会、奉献社会的校外实践劳动，也有赚取报酬的勤工助学劳动，等等。在高校劳动育人实践中，应根据大学生个体的成长特点和实际需要，选择适宜的劳动形式，以达到良好育人效果。三是在难易程度上存在差异。尽管不同的劳动育人内容所依托的劳动实践活动可以在时间空间上保持同步，但对大学生个体而言，其各项素养培养形成的难易程度是明显不同的。例如，体质层面的锻炼提升相对容易实现，对思想道德、意志品质、审美情趣的塑造则需要长期积累；知识层面的理解相对容易，创新精神、创新能力的培育形成则明显更难。

综上，融通性和差异性相统一，是新时代高校劳动育人基本内容的重要特征之一，这一特征要求高校劳动育人既要深刻把握大学生成长发展的共性特征和经济社会发展对高素质人才的共性需求，在大方向、大视野下加强统筹谋划，又要做好细微功夫，充分认识劳动育人活动的复杂性、阶段性特点，在具体实践中科学研判、合理施策；既要善于统筹协调各类劳动育人资源，不断创新体制机制，构建协同育人格局，又必须尊重大学生成长发展的个性化需求，注重区分不同劳动类型，从不同角度、以不同力度、分不同阶段开展劳动育人，使其基本内容的不同方面彼此联系、相互促进，共同推动育人目标的实现。

（四）专业性与思想性相统一

新时代高校劳动育人围绕大学生亲身参与劳动而展开，实践性是其首要特征。同时，"培养德智体美劳全面发展的社会主义建设者和接班人"[1]的教育方针，决定了高校劳动育人还必须兼具专业性和思想性特征。其中，专业性是基础，思想性是灵魂。尽管简单的参与体验式劳动没有很强的专业性要求，大学生可以在教师的指导下，仅凭基本的劳动常识来进行，但是，随着劳动要求的逐步提升，劳动的专业化程度提升，此时大学生唯有掌握足够的专业劳动知识技能，才能保障劳动顺利进行。新时代随着劳动智能化水平的提升，劳动的专业性门槛也越来越高，这就要求大学生不仅要乐于劳动，还要善于劳动，要以专业性来保障劳动的质量，进而在劳动中不断提升自我，创造出更大价值。思想性是新时代高校劳动育人基本内容的更深层次的特征。大学生只有清醒地认识到为何劳动，才能持续生发出崇尚劳动、尊重劳动、热爱劳动的内在动力。中共中央、国务院《关于全面加强新时代大中小学劳动教育的意见》明确强调，劳动教育应把握育人导向，要坚持党的领导，围绕培养担当民族复兴大任的时代新人，引导

---

[1] 《习近平在全国教育大会上强调 坚持中国特色社会主义教育发展道路 培养德智体美劳全面发展的社会主义建设者和接班人》，《人民日报》2018年9月11日。

大学生树立正确的劳动观,增强对劳动人民的感情,报效国家,奉献社会。[①]试想,如果大学生开展劳动仅是为了谋求一己私利,那么劳动的出发点就存在偏差,而一旦误入歧途,可能走得越远,造成的危害越大。因此,从总体上看,在劳动实践基础上的专业性与思想性相统一,构成了新时代高校劳动育人基本内容的又一重要特征。

新时代高校劳动育人基本内容的专业性特征主要体现在师资队伍、条件设施和科学水平等方面。在师资队伍方面,新时代高校劳动育人作为一项专门化的教育实践活动,其专业性首先体现在教师队伍的结构规模、整体素质和管理水平上。尽管高校劳动育人基本内容所指向的具体目标有所差异,但这些目标都是通过组织大学生开展多样化的劳动活动来达成的,这就要求实施劳动育人活动的教师应当具备专业化、系统化的劳动教育理念,掌握劳动教育的基本规律和方法,在教育过程中着力促进大学生各方面综合素质全面提升,而不是仅就德智体美劳等某个方面对大学生施加影响,这也给高校劳动教育师资队伍的培训、考核和管理提出了更专业化的要求。在条件设施方面,应着力打造一整套与师资队伍能力水平相适应的制度规范、课程体系和场地设备。高校应针对劳动育人成立专门机构,研究制定一整套科学专业的制度规范,明确劳动育人责任主体和工作流程;应围绕劳动育人目标加强专业化课程体系建设,切实提升劳育课程的地位,鼓励教师开展劳育教学研究,不断提升教学专业化水平;应在整合校内外各类资源的基础上,积极适应新兴劳动发展趋势,下决心投入人、财、物,精心打造、配备与大学生劳动需求和经济社会发展需求相适应的专业化劳动场地和设备。在科学水平方面,高校劳动育人除了要求大学生具备基本的劳动常识和技能,还应当对其劳动能力有更高要求。大学生应当在劳动实践中加强对基础理论知识的理解和运用,并通过反复探索尝试,逐步形成一定的创新意识和能力,不断提升个体劳动的科学化水平。此外,针对大学生劳动素养的评价,也应当根据不同学科专业的特征来分别制定相应的评价方法和指标体系,将大学生劳动活动的科学水平作为衡量其劳动素养的重要标准之一。

[①] 参见《中共中央国务院关于全面加强新时代大中小学劳动教育的意见》,人民出版社,2020,第2页。

新时代高校劳动育人基本内容的思想性特征可以从育人目标、育人过程和育人效果三个层面加以分析。在育人目标方面，思想品德塑造是重要任务使命。思想品德虽看不见摸不着，却对大学生的劳动行为具有潜移默化的影响。习近平总书记曾深刻指出："人无德不立，育人的根本在于立德。这是人才培养的辩证法。"[①] 劳动道德品质作为新时代高校劳动育人的基本内容之一，强调"德"在大学生劳动素养中的核心地位，直接指向对大学生思想品德的培养和塑造，在高校劳动育人内容体系中具有提纲挈领的重要作用。在育人过程方面，思想意志引导是重要动力源泉。虽然新时代高校劳动育人主要以开展具体劳动活动为基本育人途径，但其并不否定思想意志在劳动过程中对大学生智力体力的导向和支撑作用。马克思曾精辟地指出，人在生产劳动过程中，"除了从事劳动的那些器官紧张之外，在整个劳动时间内还需要有作为注意力表现出来的有目的的意志，而且，劳动内容及其方式和方法越是不能吸引劳动者，劳动者越是不能把劳动当做他自己体力和智力的活动来享受，就越需要这种意志"[②]。大学生的思想意志在任何时候都同其智力体力一起投入劳动过程中去，成为激励其拼搏奋进、攻坚克难的重要内在驱动力量。在育人效果方面，思想政治素质是重要质量保障。大学生的思想政治素质直接关系着高校培养出的人才为何劳动、为谁劳动等一系列根本问题，直接决定着高校劳动育人活动的成败。即使大学生的智力水平、专业素质再强，一旦在思想政治层面出现问题，一切都将等于零，甚至还可能产生负面作用。因此，衡量大学生劳动素养水平，除了有专业上的要求，更要有思想层面的要求。然而，由于人的思想品德是一种非常复杂的特征集合体，且青年学生的思想品德状况尚处于发展阶段，并不十分稳定，对其进行考核评价是很困难的，目前较为普遍的做法是将大学生在劳动活动中的行为表现同某种既有标准进行比较，以确定其品德水平的高低，但这种评价方式仍需在实践中进一步探索和完善。[③]

综上，专业性与思想性相统一的特点，决定了新时代高校劳动育人应着力打通思想政治教育与专业教育之间的隔阂，探索创新课程思政、学科

---

① 习近平：《在北京大学师生座谈会上的讲话》，人民出版社，2018，第7页。
② 《马克思恩格斯文集》（第5卷），人民出版社，2009，第208页。
③ 参见鲁洁、王逢贤主编《德育新论》，江苏教育出版社，2002，第557~564页。

思政、教师思政等具体实施路径，主动将思想政治教育的内容和要求融入专业课程中，发挥潜移默化的价值引领作用。然而在现实中，也有一些承担劳动教育任务的专业课教师对思政内容不理解、不接受，大部分思政课教师受限于学科背景，对专业性的知识内容及其发展动态不了解、不敏锐，造成在劳动育人实施过程中思政教育与专业教育联系不紧、相互脱节。对此，一方面，高校应对开展劳动育人活动的教师队伍加大教育培训力度，引导其提高政治站位，注重学科间的交叉融合，在教育过程中既避免空洞说教，又要克服片面化的唯专业论。另一方面，高校各类人才评价体系既要坚持以德为先，又必须强调德才兼备，切实发挥好导向激励作用。

（五）现实性与超越性相统一

关于人的本质，马克思有一个著名论断："人的本质不是单个人所固有的抽象物，在其现实性上，它是一切社会关系的总和。"① 这一精辟论断从人的现实性存在的角度解释和定义了人的本质，是对以费尔巴哈为代表的抽象、孤立的自然人性本质观的批判，也是对以往关于人的本质理论的历史性超越。在此基础上，马克思主义关于人的自由全面发展理论、人的劳动实践和生产力发展理论，以及将共产主义社会描绘成一个"每个人的自由发展是一切人的自由发展的条件"② 的自由人联合体的经典论述，都充分彰显出人的本质中所包含的发展性和超越性特质。由此可见，人的本质既具有现实性意义，又具有发展性和超越性意义。新时代高校劳动育人坚持以人为本原则，围绕大学生全面和谐发展而展开，理应将"人"的现实性本质和超越性本质集中体现在其基本内容之中，既要在现实条件的基础上继承和发扬传统经验，着力化解现实矛盾，满足现实需求，又必须以发展的眼光着眼未来，积极适应不断深入拓展的大学生成长发展需求和经济社会发展需求，彰显出现实性与超越性相统一的鲜明特征。

新时代高校劳动育人的基本内容立足现实背景，依托现实条件，试图解决现实问题，满足现实需求，在具体实施过程中绕不开对客观现实的尊重和对现实大学生个体的关注。具体而言，其现实性特征主要体现在三个

---

① 《马克思恩格斯选集》（第1卷），人民出版社，2012，第135页。
② 《马克思恩格斯选集》（第1卷），人民出版社，2012，第422页。

方面。一是扎根现实土壤。坚持具体问题具体分析,"一切以时间、地点、条件为转移"①,是马克思主义活的灵魂,也是教育活动的根本方法论指导。劳动育人作为一种教育实践活动,总是处于一定的时代背景下、基于一定的现实条件方能顺利开展。新时代高校劳动育人立足新时代,面对新形势,肩负新使命,应当充分考量师资队伍、学生特点、劳动条件、管理水平、外部环境等多方面现实因素的影响,根据实际情况科学合理地制定各项目标任务和实施方案,分阶段有步骤地加以推进,以此保障育人活动成效。二是直面现实问题。现实中大学生劳动素养缺失所反映出的种种问题,大都可以从社会、家庭、学校等方面找到根源。要全面深入地剖析这些问题,必须以历史的眼光,从当时的经济、政治、文化等时代背景和条件出发,多层次多角度地总结经验和教训,并以此作为新时期加强和改进高校劳动育人的重要依据。未来高校劳动育人还将遇到更多新的困难和挑战,只有直面问题、迎难而上、积极探索,善于从经验教训中总结学习,才能切实推动育人水平不断提升。三是回应现实需求。新时代高校劳动育人应现实需求而产生,其影响力和生命力在很大程度上取决于对大学生全面发展需求和我国经济社会发展需求的满足和适应状况。当前劳动教育已成为我国教育体系中的最大短板,大学生劳动素养严重缺失,已经成为制约大学生成长成才和新时代经济社会发展的重要因素,正因如此,新时代高校劳动育人才有着特殊的重要性和紧迫性。

现实性由可能性转化而来,并将在实践探索中继续深入发展,进而实现自我超越。新时代高校劳动育人的基本内容的超越性特征主要体现在三个方面。一是从大学生个体发展的维度看,随着大学生个体所涉及的劳动活动领域和内涵不断丰富拓展,其各方面综合素养也在劳动过程中不断成长发展,进而不断实现着对自身以往品德修养和能力水平的超越。这种超越不仅体现在高校劳动育人活动的基本内容当中,也体现在对大学生个体主观能动性、创造性的充分激发上。高校劳动育人活动通过教育引导大学生在劳动中磨炼意志本领、彰显人生价值、体验幸福愉悦,逐步形成崇尚劳动、尊重劳动、热爱劳动的观念和习惯,能够推动大学生逐步完成对被

---

① 习近平:《在省部级主要领导干部学习贯彻党的十八届五中全会精神专题研讨班上的讲话》,人民出版社,2016,第38页。

动劳动状态的根本性超越，进而在自主自觉劳动中实现自我全面和谐发展。二是从高校劳动育人活动发展的维度看，劳动育人的理念、目标、内容、方法、载体等都不是一成不变的，应当根据教育环境、教育条件、教育者、教育对象的发展变化及时调整更新。在新时代，随着科技迅猛发展和国内外形势变化，我国社会劳动形态呈现出诸多新特点，对高校劳动育人活动也提出了诸多新要求。新时代高校劳动育人既要继承和发扬优良传统，又不能拘泥于某种形式、套路和模板，应当在思想观念、体制机制上勇于探索创新，积极拓展资源平台，打通不同部门和学科专业间的隔阂，促进彼此交叉协同，共同推动劳动育人活动取得更大成效。三是从我国经济社会发展的维度看，当今世界正经历百年未有之大变局，我国发展正处于"两个一百年"的历史交汇点，面临着历史性的机遇和挑战，即将全面开启建设社会主义现代化国家新征程。新时代高校劳动育人应将新一轮科技革命和产业变革，以及人工智能、机器人、大数据等新技术应用所产生的新兴需求不断融入其基本内容之中，积极面向未来，着力培养具备创新意识和能力、适应时代发展需求的高素质人才。

综观新时代高校劳动育人基本内容的现实性与超越性特征，现实性是超越性的重要基础，高校劳动育人只有尊重现实，反映现实问题，回应现实需要，才能切实得以施行，取得现实成效。一旦离开现实性的基础，片面强调超越性，超越了现实的历史发展阶段，不仅大多数人难以认同和奉行劳动育人的理念和举措，还可能导致劳动育人陷入虚无化和低效化的泥沼。而超越性作为现实性的归宿，要求个体在劳动中超越一己私利和短期利益，更多地考量他人利益、社会利益和长远利益；超越对物质利益的片面追求，更多地关注对自我精神需求的满足。一旦否定超越性，将劳动育人仅仅局限在现实的利益和关系层面，不仅难以激发出大学生为他人、为社会、为国家拼搏奋斗的持久动力，还容易使得高校劳动育人因缺乏张力而变得软弱无力。因此，现实性与超越性是新时代高校劳动育人基本内容中不可偏废的两个维度。唯有坚持现实性与超越性相统一，才能找到化解劳动育人问题、推动劳动育人发展的根本路径。

三　新时代高校劳动育人的主要形式

内容与形式是唯物辩证法的一对基本范畴。一方面，内容决定形式，形式依赖于内容。有什么样的内容，就有什么样的形式与之相适应。另一方面，形式对内容有着巨大的反作用。当形式适合于内容时，可以促进内容的发展，当形式不适合于内容时，就会阻碍内容的发展。因此，新时代高校劳动育人应当根据其基本内容和主要特征，选用与之相适应的劳动活动形式加以展开，以发挥好形式对内容的重要促进作用。根据中共中央、国务院《关于全面加强新时代大中小学劳动教育的意见》中"以日常生活劳动、生产劳动和服务性劳动为主要内容开展劳动教育"，"结合产业新业态、劳动新形态，注重选择新型服务性劳动的内容"[①]的指导性要求，结合我国高等教育发展实际和大学生身心发展特点，可以将新时代高校劳动育人的主要形式概括为以下六类劳动活动。

（一）日常生活劳动

日常生活劳动是指个体为维持健康正常的生活状态所开展的最基础的劳动，它是学生从小养成良好劳动习惯的重要途径，也是贯穿大中小学劳动教育的基本内容。正所谓"一屋不扫，何以扫天下"，在中小学阶段尤其应当注重抓住日常生活中的劳动教育机会，教师和家长不能要求孩子"一心只读圣贤书，两耳不闻窗外事，十指不沾阳春水"，而是必须做好示范和引导，鼓励孩子积极参与包括洗衣、刷碗、扫地、做饭在内的力所能及的简单劳动。在大学阶段，大学生离开家庭环境开始独立生活，寝室、教室、食堂、操场等成为他们日常学习生活的主要场所，高校应当在中小学阶段劳动教育的基础上，对大学生开展日常生活劳动提出更高要求。高校要积极教育引导大学生在生活和学习中加强自我管理、自我服务、自我教育，营造尊重劳动、崇尚劳动、热爱劳动的文化氛围，促进大学生养成良好的劳动习惯和积极健康的生活态度，为其个人成长发展奠定良好基础。一般而言，大学生经常开展的日常生活劳动主要包括以下三种。

一是个人自理式劳动。对大学生而言，要做到个人自理，要求大学生能够自行安排好个人的生活和学习，能够保障自身基本的人身和财产安全，并能够自行解决个人学习和生活中的各类简单问题。大学生主要开展的个

---

① 《中共中央国务院关于全面加强新时代大中小学劳动教育的意见》，人民出版社，2020，第5页。

人自理式劳动一般包括三类：其一是保持个人卫生的劳动，如收拾整理宿舍房间、勤换洗衣物、勤洗头洗澡等；其二是料理个人生活的劳动，如妥善安排饮食起居、规划学习生活、加强身体锻炼等；其三是处理简单事务的劳动，如自行乘车骑车、保管贵重物品、购置学习生活用品等。可以说，能否完成上述个人自理式劳动，不仅直接决定着大学生是否具备良好的学习生活自理能力，也对其未来承担更困难、更艰巨的劳动任务，进而在劳动中实现自身各项素质持续提升具有重要影响。其实，个人自理式劳动仅是对大学生最基本的要求，本应是大学生在中学阶段就能够做到的，但现实中由于家庭、学校、社会等多方面因素的影响，少数大学生在中学阶段未能获得学习生活自理能力，导致其进入大学后需要再来"补课"，这也对高校劳动育人活动向纵深推进产生了一定的负面影响。

二是家庭维系式劳动。尽管学校是大学生进入大学后学习生活的主要场所，但每位大学生都来自其从小到大成长起来的家庭，未来也都会回归到家庭生活中去，并将组建新的家庭。因此，教育引导大学生积极开展家庭维系式劳动，也是高校劳动育人的主要形式之一。家庭维系式劳动以家务劳动为主，旨在通过开展家务劳动培养学生自立自强精神，养成良好生活习惯，能够主动分担家庭责任，使劳动成为维系亲情、促进家庭和睦的特殊润滑剂。现实中，一些家庭，尤其是独生子女家庭过于溺爱孩子，家长越俎代庖将全部家务活大包大揽，"剥夺"了子女开展家务劳动的机会。从表面看，这些家长是在为子女考虑，但这样做不仅不利于孩子的健康成长，也不利于孩子适应未来的社会生活。只有让孩子亲自参与到家务劳动中去，他才能体会劳动的艰辛，才能懂得换位思考，理解父母的辛苦和劳累，才能体谅父母、尊重父母的劳动。大学生利用寒暑假或其他时间同家人一起开展劳动，能够有效增进家庭成员的团队意识，激发家庭成员的协作精神，在共同担当、共同分享的和谐氛围中提升家庭生活质量，促进自身全面发展。

三是集体生活式劳动。宿舍作为大学生最主要的学习生活空间，也是大学生开展集体生活式劳动的重要场所。"一间陋室、五六室友、四面八方，不同背景、不同风俗、不同习惯，汇聚在一起。难忘回忆、思想碰撞，甚至矛盾冲突都发生在这狭小的空间里。"[①] 正是因为在这 狭小公

[①] 白连永：《宿舍集体生活 不可缺失的美好》，《人民日报》2013年5月14日。

共空间里共同学习和生活，所以每位大学生都应当懂得欣赏和包容他人，学会克制和约束自己，在彼此交往、相互学习中共同提高。现实中，宿舍同学之间时常会因为生活习惯或性格爱好上的差异而闹出不少矛盾，近年来我国高校中发生的校园极端事件，大都是宿舍生活中的小摩擦发酵演变所致。当问题或矛盾出现时，多数大学生往往以申请调换宿舍或校外住宿等方式解决。但试想，如果大学生连几个人的小集体都无法融入，又何谈进入社会这个大集体。集体生活式劳动能够教会大学生处理个人与集体之间的关系，在集体生活中厘清个人权利的边界，参与公共管理，共同打造和谐团队，在矛盾冲突中逐渐构建起更稳定的秩序。大学生在集体生活式劳动中，通过共同讨论制定宿舍公约、分担劳动任务、维护公共卫生、营造和谐氛围，能够逐步塑造出一个个不同的自我，并以更加自信从容的精神风貌走向社会、迎接挑战、承担责任。

（二）简单生产劳动

简单生产劳动是指在一定的社会条件下，不需经过长期特殊的专门训练，只要通过简要的指导说明，每个普通劳动者都能从事的生产劳动。新时代高校劳动育人在依托专业性、前沿性、创造性劳动的同时，切不可忽略劳动的本源性价值，不能忽视那些以满足人类最基本生活需要为目的的简单生产劳动。或许有人会提出质疑，认为科技发展了，时代进步了，大学生作为未来的社会精英，再下地去干农活、到工厂搞生产，既不现实，也不科学。其实，最初人类劳动的目的本就是满足基本生存需要，劳动的形式也大多是简单体力劳动，只是近年来随着社会生产力快速发展，物质生活资料极大丰富，绝大多数大学生将个人劳动的时间和精力都投向那些能创造出更多物质财富、更大社会价值的"高精尖"劳动，在很大程度上忽视了那些为人们提供衣食住行等基本生活保障的简单劳动，即那些所谓的效率低下、又脏又累的劳动。这样的劳动倾向产生了诸多不良后果。对此，高校应当积极构建机制、搭建平台，教育引导大学生真正走入农田，走进工厂，运用体力智力，从事生产劳动，从中感受劳动艰辛，体味甘来辛苦，增进同基层劳动人民的情感。只有接得住地气，新时代大学生才有干事创业的底气、志气和精神气。一般而言，高校组织指导大学生开展的简单生产劳动应主要包括以下三种。

一是农田劳动。农业是人类社会的衣食之源、生存之本。只有解决好吃饭问题,才能保持社会稳定,安心发展其他产业,"手中有粮、心中不慌在任何时候都是真理"①。无论科学技术发展到何种程度,农业生产始终发挥着"压舱石"作用。然而,一段时间以来,我国高等教育过分迎合城镇化、工业化需要,更多地致力于为城市、非农产业培养和输送人才,为大学生走出农村提供激励和服务。除了少数涉农专业,大部分专业教育内容都是与升学考试、非农就业、城市生活有关的,较少有与农业生产和农村生活相关的内容。在农村,大部分农民都以送孩子离开农村作为培养目标,② 大部分农村大学生从小接受的教育都是逃离农村。这样的教育导向和社会氛围所带来的结果就是,相当一部分大学生从小远离农村、远离农田,不认识基本的农作物和农具,不了解农作物的生长习性,对农业、农村、农民的认知明显错位,并由此导致价值观念出现偏差。鉴于此,已有部分高校将组织大学生下农田参加农业生产劳动作为开展劳动教育的重要内容。例如,四川大学锦城学院自 2006 年起就将种田纳入必修课,要求每位在校生必须在农场里修满 64 个学时总计 2 个学分的劳动课才能毕业。对此,有人提出质疑,认为大学生的主业是学习,硬性要求本就不具备农业种植知识和农耕技能的大学生去种田、种菜,不仅难以实现,而且实际意义也不大。③ 其实,大学生参加农田劳动,其目的并不是要收获多少庄稼,而是让大学生在与泥土的"亲密接触"中形成一分耕耘一分收获的意识,懂得劳动使人快乐的朴素道理。需要强调的是,尽管组织大学生开展农田劳动是高校劳动育人的主要形式之一,但在具体实施过程中却不能将其模式化、简单化,必须有与之配套的体制机制、场地设施和文化环境作为支撑。在大学生开展农田劳动的过程中,应首先从认知层面着手,指导大学生识别农具和农作物,了解农业地理、作物习性等基本知识,进而指导大学生逐步掌握锄、刨、铲、剪、耕、灌、剥等基本农田劳动技能,让大学生通过

---

① 《习近平在看望参加政协会议的经济界委员时强调 坚持用全面辩证长远眼光分析经济形势 努力在危机中育新机于变局中开新局》,《人民日报》2020 年 5 月 24 日。
② 2018 年,中国乡村之声策划针对全国 31 个省(区、市)的农村居民发起大型问卷调查活动《谁在种地?》,调查共回收问卷 591 份,调查对象全部为农村居民。调查对象中 68% 的受访者表示不希望儿女成为农民,其主要原因是嫌务农辛苦且收入低;72.3% 的受访者表示,在外获得成功的人士不愿回村发展。
③ 参见王瑶《不合时宜的劳动教育并无意义》,《内蒙古教育》2015 年第 34 期。

亲身劳动取得实实在在的成果，进而在充分享受劳动果实的同时，逐步形成尊重劳动、吃苦耐劳、体恤民生等观念和品质。

二是手工劳动。在科技不发达的古代，人们从事的手工劳动主要包括矿冶、纺织、制瓷、制漆等。手工劳动作为人类最原始的展示自己情感意志的方式，它只需以最贴近自然的方式呈现，就足以触动人心。然而，在现代化进程中，工业机器不断取代手工劳动，劳动越来越成为人类无限度地攫取财富、无节制地满足物欲的手段，其人文意义和人性化特征被日益否定和消除，劳动和艺术的血缘关系、劳动和审美的实践统一也随之被割裂。机器大生产在促进物质文明极大繁荣的同时，也使社会生活受到实利主义、个人主义、消费主义的破坏，带来了诸多负面问题。人们习惯于接受流水线复制商品所带来的统一化、功能化、形式化的审美导向，漠视潜隐于手工劳动中的温情和智慧，对具有特殊人文意蕴和独特风格的传统手工劳动时常怀有误解。近年来，我国地方文化尤其是非物质文化遗产的保护与传承状况不容乐观，有的非遗项目已经濒危，有的甚至已经"人走艺绝"。越来越多人已经开始反思这种现象，对传统手工艺的保护与传承也越来越受到全社会的广泛关注。开展手工劳动有助于将劳动活动重新纳入人文视野，让大学生在劳动过程中以"匠人"身份与传统文化进行深度对话，由点带面地唤醒其对家乡和地域文化的认知，不断增强文化自觉和文化自信。高校劳动育人在教育引导大学生开展手工劳动时，应当有意识地与高校所在地域的人文传统、民风民俗、非物质文化遗产紧密对接，让大学生充分体验传统手工劳动过程，从中找回温暖记忆，体会蕴含于手工之物中的文化之美、设计之美、生态之美，以此不断丰富自身精神文化生活，培养塑造工匠精神和生态意识，进而主动将自身灵感和创造力融入劳动过程中，推动传统手工劳动焕发出新的时代魅力。

三是工厂劳动。工厂又称制造厂，是一类用以生产货物的工业建筑物。工厂是人类工业文明发展的产物，与工厂劳动相对应的是工人。工人起源于早期资本主义工业国家，工人阶级（无产阶级）通常是指那些不占有生产资料，靠出卖劳动力为生，为挣工资而被雇用从事体力或技术劳动的一类人。"马克思学说中的主要的一点，就是阐明了无产阶级作为社会主义社会创造者的世界历史作用。"① 无论是在资本主义条件下，还是在社会主义条件下，工人阶级始终是革命和建设的主体，是推动社会进步的最基本的动力。"我们党所领导的改革和社会主义现代化建设的全部活动与整个进程，都必须全心全意地依靠工人阶级，这在任何时候、任何情况下都不能动摇。"② 基于此，大学生在体验传统农田和手工劳动的基础上，还应紧跟时代发展步伐，积极参与到工业生产劳动实践中去，通过农田劳动、手工劳动和工厂劳动的经验叠加和碰撞，更加深刻地理解科技进步对人类社会生产生活的改变，更加坚定地站稳工人阶级立场。根据以科学技术作为驱动力的工业革命演变史，可以将人类工业文明的发展历程划分为工业 1.0 到工业 4.0 四个阶段。大学生进入工厂开展劳动，应从初级阶段的工业生产开始体验，逐步过渡到较高级阶段，在此过程中充分体会科技进步对工业发展和工人境遇的影响，进而更加深刻地理解工业 3.0、工业 4.0 时代的信息化、智慧化劳动带给人类社会的深刻变革。一般而言，高校劳动育人活动组织大学生开展工厂劳动应重点关注以下几点：第一，要加强校内外资源的整合协同，积极为大学生体验不同时代的工厂劳动打造平台、创设条件、提供指导；第二，要加强对大学生参加工厂劳动的组织管理，既不能扰乱校外工厂企业的正常生产秩序，给其增加不必要的负担，更不能出于经济利益或其他考虑，削弱劳动活动的育人初衷，使大学生成为变相的廉价劳动力；第三，要高度重视劳动安全，事先做好预案，提前对大学生进行劳动安全培训，在劳动过程中加强安全监管，确保不留死角。

（三）勤工助学劳动

根据《高等学校学生勤工助学管理办法（2018 年修订）》，勤工助学是指大学生在学校的组织下利用课余时间，通过劳动取得合法报酬，用于改善学习和生活条件的实践活动。勤工助学是高校学生资助工作的重要组成部分，也是提升大学生综合素质，落实高校全员、全过程、全方位育人的有效载体。大学生通过参加勤工助学劳动，能够在改善个人学习生活条件的基础上，促进实践能力提升，树立自立自强精神，提升人际交往能力，

---

① 《列宁选集》（第 2 卷），人民出版社，2012，第 305 页。
② 《江泽民论有中国特色社会主义（专题摘编）》，中央文献出版社，2002，第 158 页。

培养感恩奉献情怀。新时代高校劳动教育应充分发挥勤工助学劳动的育人功能，着力纠正当前高校资助工作中存在的"重资助、轻育人"倾向，在改善大学生经济状况的同时，着力解决其思想观念、心理发展、劳动就业等方面的问题，实现劳动育人和资助育人的有机统一。根据不同的劳动场域进行划分，大学生所开展的勤工助学劳动主要包括两种。

一是校内勤工助学劳动。高校组织大学生开展勤工助学劳动，应坚持"立足校园、服务社会"的宗旨，将校内勤工助学岗位作为大学生开展劳动的主要平台。校内勤工助学岗位的设置应综合考虑学校教学科研人员、管理服务人员和大学生个体的实际需求，以校内教学助理、科研助理、行政管理助理和学校公共服务等为主，由高校学生资助管理机构下设专门的勤工助学管理服务组织来具体负责全校勤工助学岗位的统筹安排和日常管理。勤工助学劳动岗位一般分为固定岗位和临时岗位两种，各岗位的上岗工时和薪酬发放应按照相关标准确定，既应满足学生需求，又要保证学生不因参加勤工助学而影响学习。各岗位在聘用学生助理时，应优先考虑家庭经济困难的大学生。具体负责用工岗位的教师和管理人员应根据岗位实际，为大学生开展勤工助学劳动提供必要的岗前培训和安全教育，并对大学生的劳动表现给予公正客观的评价。高校勤工助学管理服务组织应着力构建全员、全过程育人的良好格局，引入动态调整和评价反馈机制，加强对用工岗位和用工人员的管理、监督和引导，既要通过大学生勤工助学劳动切实减轻用工岗位的工作负担，又应适时对开展勤工助学劳动的大学生给予教育和指导，帮助其在劳动过程中不断经受锻炼、收获成长。

二是校外勤工助学劳动。校外勤工助学劳动在劳动地点、用工单位、用工要求、薪酬发放等方面同校内勤工助学劳动存在明显差异，能够为贫困大学生改善学习和生活条件创造更多机会，也能够为大学生接触真实社会、拓宽劳动视野、经受实践锻炼提供良好平台。因此，高校在精心组织开展校内勤工助学劳动的同时，还应着力开发校外勤工助学劳动资源，开拓校外勤工助学渠道，积极收集并发布校外勤工助学信息，为大学生赴校外开展勤工助学劳动做好组织、服务和保障工作。在现实中，由于校外勤工助学设岗单位的用工需求、用工环境和用工条件相较于校内勤工助学劳动更为复杂多样，因此高校必须加强对校外用人单位聘用大学生开展勤工助学劳动的监督和管理。一般而言，校外用人单位聘用大学生开展勤工助学劳动，须提前向高校勤工助学管理服务组织提出申请，并提供法人资格证书副本和相关证明文件。经审核同意后，由高校勤工助学管理服务组织推荐符合工作要求的大学生参加勤工助学劳动。大学生在校外开展勤工助学劳动前，高校勤工助学管理服务组织须经学校授权，代表学校与用人单位和大学生三方签订具有法律效力的协议书。协议书应明确高校、用人单位和大学生等各方的权利和义务，如规定校外用工单位不得组织大学生参加有毒、有害和危险的生产作业以及其他有碍大学生身心健康的劳动；明确大学生在开展勤工助学劳动时发生意外伤害事故的处理办法和争议解决方法；等等。只有签订协议书并办理相关聘用手续后，大学生方可赴校外开展勤工助学劳动。需要指出的是，尽管组织开展校外勤工助学劳动的相关程序较为严格规范，却难以对大学生自行开展的各类校外兼职劳动形成有效的管理和约束。现实中一部分大学生利用课余时间自行开展校外兼职劳动的现象，在高校早已司空见惯。校外兼职作为大学生的法定权利，能够帮助大学生尽早接触社会、提升实践能力，但是，如果缺乏有效的管理和监督，也可能会带来诸多负面后果。对此，高校应主动采取有力措施对大学生校外兼职劳动加以规范。高校应通过加强大学生就业指导、法治教育，在校内设置提供信息甄别、培训咨询、法律维权等服务的专门机构，参照勤工助学劳动管理模式落实对大学生校外兼职劳动的管理和服务，着力教育引导大学生克服短期功利主义倾向，尽可能地选择那些与自身专业学习和未来职业发展相关的劳动内容，不断提升安全防范意识、鉴别能力和维权能力，推动校外兼职劳动步入健康正常的轨道，帮助大学生在通过劳动改善经济状况的同时，不断提升自身综合素质。

（四）专业探索劳动

专业探索劳动是指以专业知识技能探索为主要目的而开展的劳动。专业理论学习本身就是一种脑力劳动，在此基础上，以专业实践、实习实训等作为专业理论知识课堂教学的延伸，通过理论与实践的紧密结合，能够促进大学生在更好地掌握专业知识技能的同时，形成良好的劳动素养。专业探索劳动要求高校劳动育人同专业学习、实习实训等育人形式有机结合起来，引导大学生在劳动中将专业知识技能运用于实践。教师在专业实践教学活动中，不仅应当关注大学生对专业知识技能的掌握和运用，也要有计划、有目的地以语言、行为等方式对大学生进行劳动态度、劳动精神、劳动价值观等方面的正面引导。高校和实习单位在对大学生实习表现进行评价时，也应当将大学生的劳动态度、劳动品德纳入重点考量范围。通过这些举措，不仅可以促进大学生对专业知识技能的学习和掌握，还能有效避免部分高校专业实践和实习实训浮于表面、流于形式等问题。具体而言，大学生经常开展的专业探索劳动主要有以下两种。

一是专业实验劳动。专业实验是专业学习的一种具体形式，它与理论知识学习相对应，更侧重于实际动手操作，是各专业领域大学生完成实践课程、开展科学研究的基本方法之一。大学生开展专业实验劳动，主要是根据本专业课程学习或科学研究的需要，在专门实验室或其他相对封闭的实验空间内，尽可能地排除外界干扰，突出主要因素并利用一些专业的仪器设备，人为地干预某一自然过程，控制、变革或模拟研究对象，使某些事物（或过程）发生或再现，通过观察其变化和结果来探索事物的性质和规律。专业实验劳动一般由大学生按计划安排独立进行试验和研究，以便掌握、巩固不同学科专业所涉及的科学理论知识。专业实验劳动的组织、指导和保障工作，一般由专门负责实验教学的教师来安排和实施。各专用实验场地应配备符合实验需要的仪器设备，并设有实验教学位置可供大学生分组或轮流进行实验，必要时也可实行班级教学。大学生开展专业实验劳动的过程一般分为三步。第一步是教师前期导入。指导教师应在实验前向大学生讲解实验过程所涉及的相关理论基础知识，说明实验内容和实验方案，并强调实验安全相关规定，为大学生开展专业实验劳动做好前期准备。第二步是学生独立练习。独立练习可由多个学生按同一目标做同样的试验，也可由不同学生根据自身专业方向或能力水平各自完成特定的实验。在学生实验过程中，教师应实时关注实验活动进展情况，有计划、有系统地给予帮助和指导，尽量保证学生在实验劳动进程中的高度独立性。第三步是总结评价。总结评价一般分为教师评价与学生自我评价两种，除了教学大纲规定的评价内容外，还应对学生掌握实验技术的水平进行评价。教师应主动吸引学生参与到总结评价活动中来，综合运用记分、表扬、批评等多种方式，不断激发和提升学生开展专业实验劳动的热情和动力。需要指出的是，专业实验劳动在人们的传统印象中，一般仅适用于理工农医类大学生，人文社科类专业在人才培养过程中涉及实践和验证的环节较少，导致文科大学生参与各类专业实验劳动的平台和机会也相对较少。但随着学科内涵的逐步拓展和新时代对人才培养不断提出新要求，高校人文社科类专业也面临着越来越多的实验需求。尤其是应用性很强的新闻、经管、艺术等专业，其教学和科研中都有大量环节需要相关实验室的支持。《教育部关于加快建设高水平本科教育全面提高人才培养能力的意见》和《中国教育现代化2035》中，都着重提到要增强大学生的实践能力和创新能力。要达成这一目标，显然离不开大量专业实验劳动对大学生综合素质的培养塑造，也离不开实验室这一教学科研重要基础设施的保障支撑。专业实验劳动时常是辛苦和枯燥的，尤其是在探索未知的实验劳动中，可能经历大量挫折失败。正如马克思所说："在科学上没有平坦的大道，只有不畏劳苦沿着陡峭山路攀登的人，才有希望达到光辉的顶点。"[1] 大学生唯有秉持科学精神、科学态度，在困难挑战面前坚定意志、愈挫愈勇，方能不断攻坚克难，收获自身成长和进步。只有在专业实验劳动环节做足准备和积累，大学生才能在未来的劳动实践中不断取得更大进步。

二是实习实训劳动。与专业实验劳动更多是以实验形式在实验室等封闭空间内开展不同，大学生实习实训劳动主要以产学研深度融合的模式，通过高校与政府机关、企事业单位、社会团体等用人单位的共同推动，在各校外实习单位具体开展。实习实训劳动作为高校人才培养的主要途径之一，是贯通理论、实验、实践等不同教学环节的重要抓手，是大学生了解社会、接触生产实际，获取、掌握生产现场相关知识的重要途径，在培养大学生实践能力、创新精神，培养事业心、责任感等方面有着重要作用。大学生实习实训劳动一般分为跟岗和顶岗两种，跟岗实训是指尚不具备独立操作能力、不能完全符合实习岗位要求的大学生，在实习单位相应岗位的专业人员指导下，部分参与辅助性工作；顶岗实习则是指初步具备实践岗位独立工作能力的大学生，到相应实习岗位上相对独立地参与实际工作。跟岗实训、顶岗实习都是高校培养应用型人才必不可少的实践环节，大学生在其中不仅可以将理论知识运用于实践，更能学习实习单位员工爱岗敬业、脚踏实地、兢兢业业的职业品质，对自身劳动素养的全面提升具有重要意义。高校应根据《教育部关于加强和规范普通本科高校实习管理工作

---

[1] 《马克思恩格斯文集》（第5卷），人民出版社，2009，第24页。

的意见》和《普通高等学校本科专业类教学质量国家标准》以及相关政策对实践教学的基本要求,加强对大学生实习实训劳动的系统规划、科学组织、有序管理和跟踪指导,不断深化产教融合,推动实习基地建设,加大实习经费投入,强化实习工作监管,为大学生开展实习实训劳动提供坚强保障。需要指出的是,当前新一轮科技革命和产业革命迅猛发展,以数字化、网络化、智能化、绿色化为代表的新型生产方式正在迅速改变着生产模式和生活模式,对产业运营、人力资源组织管理也提出了新的要求。高校应主动适应新形势、新趋势、新要求,把大学生开展实习实训劳动摆在更加重要的位置,通过加强实习实训教学改革与研究、推进实习实训信息化建设,不断健全完善实习实训教学体系、条件保障和组织管理,以科学规范的实习实训劳动确保人才培养质量不断提升。

(五) 创新创业劳动

在大众创业、万众创新的时代背景下,高校劳动育人活动的开展不能仅仅局限于日常生活劳动、简单生产劳动、勤工助学劳动、专业探索劳动等,还应努力适应国家创新驱动发展战略的需要,将劳动教育与创新创业教育紧密衔接,通过深入开展创新创业劳动,培养塑造大学生开拓创新品质。前文已对高校劳动教育与创新创业教育的内在逻辑关联进行了分析论证。与中小学阶段的劳动教育不同,新时代高校劳动教育应紧密围绕对大学生创新创业能力的培养,重视新知识、新技术、新工艺、新方法的应用,对大学生参与劳动的形式和层次提出新的更高要求。大学生开展创新创业劳动,应在学习掌握既有知识技能的基础上,勇于开拓创新;要大胆假设,小心求证,在劳动中检验和发展真理,培养怀疑精神、创新思维和创造能力;应主动将个人聪明才智融入新时代发展洪流当中,在推动国家科技进步、满足人民对美好生活向往的过程中实现人生价值、成就不凡事业。根据国家级大学生创新创业训练计划的实施方式,大学生开展创新创业劳动主要以项目形式进行,具体应包括以下三类。

一是以创新训练为主题的劳动。以创新训练为主题的劳动主要依托创新训练项目展开。创新训练项目要求大学生在教师的指导下,以个人或团队形式自主完成创新性研究项目设计、条件准备、项目实施、报告撰写、成果交流等工作,旨在通过项目实施,培养专业基础扎实、思维活跃、思路多元、团队合作能力强、综合素质高的具有创新思维和竞争能力的高素质创新人才。创新训练项目实施过程一般包括项目选题、项目立项、项目运行和项目验收四个阶段。在项目选题阶段，大学生应在教师的指导下，根据自身专业方向和兴趣爱好积极开展文献检索、资料阅读、实地调研，并在此过程中发现问题、提出问题、设计选题。在项目立项阶段，大学生个人或团队应撰写项目计划书，提出申请理由、计划方案、预期目标和经费预算等。高校相关教学单位或职能部门应组织专家团队对项目申请的理论依据、研究意义、方案计划等进行评审论证，确保项目研究的必要性和可行性。在项目运行阶段，大学生应在教师指导下按照项目实施方案开展项目研究工作，并按期向教师汇报项目进展情况，以及项目实施过程中遇到的困难和挑战。教师应引导大学生通过实验探索、团队讨论等方式自主寻求解决问题的办法。项目管理部门应加强项目过程管理，定期召开中期评审会，检查项目进展情况，及时发现并协调解决各类问题，为项目良好运行提供保障。在项目验收阶段，应由项目管理部门组织召开验收评审会，对项目成果进行评审并给出验收结论，并将项目验收结论纳入资源分配和激励评价体系，不断激发大学生持续探索创新。

二是以创业训练为主题的劳动。以创业训练为主题的劳动主要依托创业训练项目展开。创业训练项目要求大学生团队在教师的指导下，团队成员在项目实施过程中扮演一个或多个具体角色，开展商业计划书编制、可行性研究论证、模拟企业运行、参与企业实践、撰写创业报告等工作。创业训练项目应主动与创新训练成果衔接，以提升大学生创业素质为主要目标，通过课程演练、竞赛或沙盘模拟等形式模仿创业过程，将创业素质培养与商业训练有机结合起来，让大学生在参与过程中亲身体验创业的大致流程，积累创业的经验和能力。相较于单纯的创业讲座和真实的创业活动，通过实施创业训练项目模拟创业过程，既能增强创业教育的实践性和趣味性，又能为创业实战积累经验。在具体实施过程中，高校应主动将创业训练纳入课程体系建设和教学内容改革，将大学生参与创业训练贯穿其学涯规划和素质拓展的全过程，积极为大学生开展创业训练活动构建体制机制、创设竞争平台、营造良好氛围、提供帮助指导。高校应充分利用校内外各类资源，加强与地方政府、企事业单位和社会团体的通力合作，选聘具有丰富实战经验的企业家加入创业训练导师队伍，注重模拟创业项目的市场化运作，鼓励大学生逐步将模拟创业项目推向真实市场。

三是以创业实践为主题的劳动。以创业实践为主题的劳动主要依托创业实践项目展开。创业实践项目是大学生团队在校内导师和企业导师共同指导下，积极运用前期创新训练项目、创业训练项目的成果，推出某个具有市场前景的创新性产品或服务，并以此为基础开展创业实践劳动。创业实践作为高校创新创业教育的重要内容和最终实现手段，是充分挖掘大学生潜能，提升大学生创业素养的重要抓手。尽管经过创新训练、创业训练阶段的积累，大学生的创新开拓能力、经营管理能力、专业技术能力、交往协调能力等都得到了一定程度的提升，但由于我国高校大学生创业实践起步较晚、经验不足，仍面临着组织散乱、管理缺位、资金不足、保障不力、成果转化难等突出问题，迫切需要有针对性地加以改进。对此，我国高校应学习借鉴国外高校的成功经验，积极探索构建科学合理的创业实践模式，为大学生开展创业实践劳动提供各类必要保障和支持，着力提升大学生创业实践的成功率。为保障大学生顺利开展创业实践劳动，各地区和高校应充分利用各类资源建设一批大学生创业实践基地，为大学生开展创业实践劳动提供必要的场地资金支持和指导服务。如高校、行业中介和政府机构共同搭建创业实践服务平台，举办各级各类创业实践竞赛，政府牵头或担保引入社会资金和各类金融、风险投资机构共同建立大学生创业投资、融资体系等。通过这些切实举措，能够营造出良好的校园创业环境，帮助大学生在创业实践劳动中更好地实现创新成果转化和创业素养提升。

（六）志愿服务劳动

根据《志愿服务条例》（国令第685号），志愿服务是指"志愿者、志愿服务组织和其他组织自愿、无偿向社会或者他人提供的公益服务"。志愿服务劳动具有自愿性、无偿性、公益性等特征。习近平总书记曾殷切嘱咐青年志愿者："希望你们弘扬奉献、友爱、互助、进步的志愿精神，坚持与祖国同行、为人民奉献，以青春梦想、用实际行动为实现中国梦作出新的更大贡献。"[1] 参加志愿服务劳动，能够使大学生充分体验劳动的甘苦、协

---

[1] 《习近平关于青少年和共青团工作论述摘编》，中央文献出版社，2017，第24页。

作的力量、助人的快乐和奉献的意义，增强大学生的社会责任感和实践能力。新时代高校劳动育人应着力促成劳动教育与志愿服务紧密结合，为大学生参加志愿服务劳动提供更好的平台和条件。高校可向志愿服务赋予更多教育内涵，将志愿服务劳动纳入人才培养计划，制定相应的课程标准、激励方案和评估机制，切实保障其育人效果。一般而言，高校大学生主要参与的志愿服务劳动包括以下五种类型。

一是以文明创建为主题的志愿服务劳动。在全国各地积极安排部署，深入推进全国文明城市创建的大背景下，大学生开展志愿服务劳动应主动与文明创建主题紧密衔接，在文明举止、文明交通、文明环保、文明生态等方面为所在城市文明创建工作贡献力量，在文明创建志愿服务劳动中促进自身文明素质不断提升。一般而言，大学生志愿者主要开展的文明创建志愿服务劳动包括以下几类：其一，维护环境卫生，如清理校园宣传窗、花坛垃圾、楼道杂物等，在老旧小区、街道社区清理街边散落的垃圾和树叶，铲除小广告，引导居民分类投放垃圾等；其二，交通安全劝导，如到红绿灯路口执勤，引导市民文明出行；其三，各类宣传普及活动，如通过传单、书画展、文艺演出、知识讲座等形式，综合利用传统和新兴传播平台，开展环保知识、法律常识、政策理论等宣传普及活动，引导居民积极参与文明城市创建。

二是以社区服务为主题的志愿服务劳动。社区是我国现代城市社会的基本构成单元，社区治理也是国家治理的基本环节。改革开放 40 多年来，虽然我国社区治理取得了显著成效，但依然存在社区认同感不强、社区居民沟通交流少、社区良好风尚淡化等问题，这使得以社区服务为主题的志愿服务劳动越来越受到全社会的广泛关注。大学生开展社区志愿服务劳动，能够促进社区和谐、强化社区功能，为创建和谐社区提供助力，并促进自身劳动素养不断提升。一般而言，大学生主要开展的社区志愿服务劳动包括以下几种。其一，围绕专业特长而开展的社区志愿服务劳动，如师范生对社区留守儿童进行学业辅导，工科生为社区居民维修家电家具，医学生为社区老人提供健康咨询，农学生为社区农作物管理提供指导服务，等等。其二，以帮助弱势群体为主要内容的社区志愿服务劳动，如定期看望社区空巢老人、拜访失独家庭、关爱留守儿童等，对其进行生活帮助和心理疏导。其三，以文体艺术活动为主要内容的社区志愿服务劳动，如采用文艺汇演、书画展、体育比赛等方式，丰富社区居民的业余生活，增进社区居民之间的沟通交流。

三是以扶贫支边为主题的志愿服务劳动。当前，我国仍面临着东西部发展不平衡、城乡发展不平衡、城乡居民收入不平衡等问题。大学生应顺应时代召唤，响应国家战略，积极投身扶贫支边，能够有力壮大艰苦边远地区的建设力量。大学生长时间、近距离地在边远贫困地区感受国情民情社情，能够使自身意志品格、能力才干得到锤炼增长，使自身世界观、人生观、价值观得到端正升华。近年来，大学生主要开展的扶贫支边志愿服务劳动包括以下几种。其一，"三下乡"活动。自1997年开始实施"三下乡"活动，包括文化下乡、科技下乡、卫生下乡，一批批大学生以志愿者的身份深入农村，传播先进文化和科技，体验基层民众生活，调研基层社会状况，大学生在通过劳动为基层群众服务的同时，也促进自身思想觉悟和实践能力不断提升。其二，"三支一扶"活动。"三支一扶"是指大学生在毕业后到农村基层从事支农、支教、支医和扶贫工作。自2006年"三支一扶"活动开始实施以来，大批大学生奔赴祖国最需要的地方去经受锻炼、收获成长，为促进农村基层教育、农业、卫生、扶贫等社会事业的发展，为建设社会主义新农村，作出了突出贡献。三是"西部计划"。"西部计划"即大学生志愿服务西部计划，该计划自2003年开始实施，每年招募一定数量的普通高等学校应届毕业生或在读研究生到西部基层开展为期1~3年的教育、卫生、农技、扶贫等志愿服务，相当一部分志愿者服务期满后继续扎根当地就业创业，为西部地区发展注入了新鲜血液。

四是以赛会保障为主题的志愿服务劳动。赛会保障志愿服务劳动是志愿者针对某一特定的大型赛事或会议活动，无偿自愿付出个人时间及精力所做的服务性劳动。劳动岗位主要涉及礼宾接待、观众指引、物品分发、沟通联络、竞赛组织支持、场馆运行支持、新闻运行支持、文化活动组织支持等。如2022年北京冬奥会和冬残奥会的成功举办，就离不开大批大学生志愿者的倾情投入和无私奉献。近年来，无论是政府还是民间志愿组织，都越来越重视大学生志愿者在大型赛会志愿服务中的作用。当代大学生具有高学历、高素质等突出优势，同时也有着较为充裕的业余时间和饱满的服务热情，他们在各类大型赛会活动中能够发挥出重要的服务保障作用，他们身上所展现的风采能够与赛会主旨高度契合，有助于更好地塑造和传播城市形象、国家形象。同时，大学生志愿者在赛会保障志愿服务劳动中，通过集中培训、团队磨合、服务实践等环节，也能够不断提升自身综合能力，涵养积极向上的"阳光"心态，为其将来步入社会打下良好基础。

五是以应急抢险为主题的志愿服务劳动。大学生志愿者在发生重大公共卫生事件、重大自然灾害和事故灾难时，不畏艰险，迎难而上，勇赴一线，拼搏奉献，积极开展应急抢险志愿服务劳动，是当下高校劳动育人的新热点。大学生发挥自身优势特长，聚焦疫情防控突出问题，积极参与防疫政策宣传、知识普及、心理疏导、站岗值守、测温消杀等工作，能够在志愿服务劳动中提升沟通表达和应急处置能力，深化劳动认知和劳动情感，培养奉献情怀和担当品质。针对应急抢险志愿服务劳动的专业性、复杂性、危险性等特点，高校应积极探索建立健全大学生应急抢险志愿服务培训、演练、协同和管理机制，不断推进大学生应急抢险志愿服务劳动科学化、常态化。

第五章 新时代高校劳动育人的作用机理

在明确新时代高校劳动育人的基本内容和主要形式的基础上，应当将研究视线深入高校劳动育人的实施过程当中，从理论层面分析阐释高校劳动育人内容与形式的有效结合需依托于怎样的基础，推动高校劳动育人持续实施和发展的动力来源于哪里，高校劳动育人的功能发挥需经历哪些层次和阶段，以及在高校劳动育人的实施过程中应遵循哪些具体规律等等。上述问题涵盖了新时代高校劳动育人产生影响、发挥效用的基础、动因、层级和规律。对上述问题的回答，共同构成了本章的主要内容，即新时代高校劳动育人的作用机理。

一 新时代高校劳动育人的作用基础

前文将新时代高校劳动育人的主要形式概括为六类劳动活动，要通过大学生对这些劳动活动的有序开展，促进高校劳动育人目标的实现，必须基于一定的前提条件，这些前提条件共同构成了新时代高校劳动育人的作用基础。要确保新时代高校劳动育人的有序开展和功能实现，必须牢牢夯实其作用基础，具体应从环境、保障、方法和载体等方面加以系统谋划和精准落实。

（一）新时代高校劳动育人的环境

人的劳动素养是在一定环境中形成和发展起来的，高校劳动育人活动也是在一定环境中进行的，环境的适宜程度是影响高校劳动育人成效的重要因素之一。所谓高校劳动育人环境，是指对高校劳动育人活动以及大学生劳动素养的形成和发展产生影响的一切环境因素的总和。在探讨新时代高校劳动育人的环境之前，首先应明确一个重要的前提问题，即环境因素在高校劳动育人实施过程中属于自发因素还是自主自觉因素？要回答这一问题，需要对影响高校劳动育人活动的环境因素进行具体深入的分析。

回溯历史，古代中国和西方国家的教育家和思想家都高度重视环境因素对教育活动和人的成长发展的影响。所谓"蓬生麻中，不扶而直；白沙在涅，与之俱黑"（《荀子·劝学》），"染于苍则苍，染于黄则黄。所入者变，其色亦变"（《墨子·所染》），所表述的中心思想都是环境因素对人的影响。法国启蒙思想家孟德斯鸠在《论法的精神》一书中指出，气候、土壤等地理环境对人的性格、思想、行为习惯具有重要影响。19世纪英国空想社会主义者欧文强调："'人是环境的产物'，他一生的每一时刻中所处的环境和他的天生品质使他成为什么样的人，他就是什么样的人。"[1] 美国行为主义学派创始人华生则将教育和环境作为影响人的成长的决定性因素，提出"环境决定论"。尽管上述观点对我们理解把握环境与人的关系具有启发意义，但如果仅仅基于这些观点，将环境看作独立于人的活动之外的某种外部因素，那么，环境因素自然就不能算是高校劳动育人实施过程中的自主自觉因素。事实真是如此吗？其实不然。环境和人的活动应当是相互作用、相互影响的互动关系，环境可以影响人，人也可以能动地选择和创设环境。正如马克思所指出的："有一种唯物主义学说，认为人是环境和教育的产物，因而认为改变了的人是另一种环境和改变了的教育的产物，——这种学说忘记了：环境正是由人来改变的，而教育者本人一定是受教育的。"[2] 马克思不仅对旧唯物主义忽视人的主观能动性的错误倾向进行了批判，而且进一步指出："环境的改变和人的活动的一致，只能被看做是并合理地理解为变革的实践。"[3] 由此可见，人和环境是相互创造的关系，人的活动和环境的改变都辩证地统一于实践。

从宏观视角来看，大到经济环境、政治环境、文化环境、社会舆论环境，小到家庭环境、校园环境、班级环境、寝室环境等，所有这些能够对高校劳动育人活动产生影响的外部环境因素，都可以成为人的实践活动的改造对象。但就高校劳动育人的具体实施而言，只有那些基于一定的目标和内容要求，能够被高校劳动育人主体有意识地进行选择、加工、改造、

---

[1] 《欧文选集》（第1卷），柯象峰、何光来、秦果显译，商务印书馆，1979，第345页。
[2] 《马克思恩格斯选集》（第1卷），人民出版社，2012，第138页。
[3] 《马克思恩格斯选集》（第1卷），人民出版社，2012，第138页。

重组的，处于自主自觉状态的环境因素，才是高校劳动育人实施过程中应当重点加以调控的。而那些以自发状态存在的，独立于高校劳动育人之外的，对实施过程产生影响的环境因素，是高校劳动育人活动得以顺利开展的重要外部条件，但不应成为高校劳动育人实施过程中的重点干预对象。由此可见，对高校劳动育人的环境因素应当进行层次分析，将其分为自发的环境因素和自主自觉的环境因素两类，在劳动育人实践中努力适应自发的环境因素的影响，主动地、创造性地运用自主自觉的环境因素。[①] 此外，高校劳动育人实施过程中的环境因素并不是孤立静止的，而是动态发展的。因此，新时代高校劳动育人不仅应当积极主动地对自主自觉的环境因素进行优化组合、灵活运用，还要有意识地将自发环境因素中对劳动育人活动具有正面影响的内容进行改造加工，并将其吸纳到劳动育人自主自觉的环境因素中来，推动其由自发状态走向自主状态，这是新时代创设高校劳动育人良好环境的基本要求。总体而言，根据自主自觉的环境因素在高校劳动育人活动中所起到的实际作用，可尝试将其分为以下几种类型。

一是引导环境。组织大学生亲身参与劳动、主动开展劳动，是高校劳动育人活动的核心环节。对此，高校切不可采取命令、规定等强制形式，而应重视因势利导、潜移默化，引导大学生积极配合劳动安排、自主自觉地开展劳动。要达到这一效果，营造良好的引导环境就显得尤为重要。高校劳动育人活动的引导环境包括思想引导和行为引导两个方面，具体而言，又可以划分为课程教学引导、校园文化引导、舆论宣传引导、身体力行引导等不同方式。高校劳动育人在科学运用各类引导方式的同时，还应积极将存在于自发环境因素中的、具有正面引导效用的内容加以选择、加工，并吸纳、转化为劳动育人活动的引导力量，以此构建良好的劳动育人引导环境，为劳动育人活动的顺利开展打好基础。

二是时空环境。正如世间万事万物讲究顺应天时地利，高校劳动育人活动的时空环境对其实施效果同样具有重要影响。时空环境主要是由选择开展劳动育人活动的时机和场所组成的对育人活动产生影响的环境因素。在时机选择上，高校劳动育人应遵循大学生身心发展规律和劳动素养形成

---

① 参见杨业华《思想政治教育环境需要深化研究的若干理论问题》，《马克思主义研究》2010年第6期。

规律，在不同的教育阶段，选择相对适宜的时间节点和时间跨度来开展劳动育人活动。在场所选择上，高校劳动育人活动不应局限于校内或学校周边，而是应当积极走出校门，主动与社会接轨，积极推动学校与行业部门、企事业单位，以及其他社会力量共建劳动育人基地，搭建更多更好的劳动育人实践平台。此外，高校劳动育人还可顺应新时代信息科技发展的新特点和新趋势，探索运用信息技术手段，将劳动育人场所延伸至虚拟空间，营造拟真育人环境，更好地提升劳动育人效果。

三是人际环境。高校劳动育人要取得持久、深刻的效果，除了依靠"天时地利"，还应讲究"人和"。人际环境主要是由劳动育人活动中教师和学生之间、学生和学生之间、学生与校外社会成员之间所保持的一种人际交往状态所营造出的环境因素。良好的人际环境能够营造出轻松愉悦、灵感奔涌的劳动氛围。教师在劳动育人活动中应避免采取高压、强势的姿态，不能在大学生参与劳动的过程中管得过多、过死，而是应当扮演好辅助性、服务性角色，给大学生留有足够的自主空间，有意识地锻炼、提升大学生的自主劳动能力。在劳动过程中，教师可以尝试引入适当的竞争机制，实行奖优惩劣，激发大学生的进取心和提升参与劳动的积极性。除了有限的竞争关系外，学生和学生之间在劳动过程中更多地应当体现出一种协作配合的关系，教师应当有意识地唤醒和培养大学生的集体主义观念。此外，大学生在劳动中同校外社会成员所产生的人际交往，则应当充分体现出以诚相待、互敬互助、宽以待人的良好品德。

四是容错环境。世间伟大的发明创造，大多都建立在一次次的错误和失败之上。高校劳动育人要培养大学生的创新精神和创业能力，就必须努力营造出能够激发敢想敢试、敢为人先精神的容错环境。容错是指高校劳动育人不应对劳动过程和结果设置过多的条条框框，而是应当更多地将劳动过程看作一个培养人的过程，淡化对劳动本身结果的考量。在新时代高校劳动育人的目标设定、过程管理、结果评估等环节中，应当充分体现容错的价值导向，允许和鼓励大学生在劳动中跳出既有框架、实践奇思妙想，主动为大学生在劳动过程中进行创新另类的尝试所带来的不确定性后果兜底，通过建立容错机制来营造容错环境，为大学生提供充分的容错空间，给那些敢创新、想创新、能创新的学生创造条件，免除大学生开展创新创业劳动的后顾之忧，充分激发其能动性和创造性。

（二）新时代高校劳动育人的保障

上述不同类型的环境因素之间并非泾渭分明、各不相干，而是相互衔接、相互影响，共同构成了高校劳动育人实施的环境场域。新时代高校劳动育人活动的落实落地，除了需要置于一定的环境场域当中，还需要各类有形或无形的支撑力量加以保障，具体主要包括以下几类。

一是组织保障。组织保障主要包括组织引领、组织规划和组织协同三个方面。习近平总书记指出："加强党对教育工作的全面领导，是办好教育的根本保证。"[①] 高校党委必须坚定不移地维护党中央权威和集中统一领导，用习近平新时代中国特色社会主义思想武装头脑、指导工作，为更好开展劳动教育提供根本保障。高校应将劳动教育改革发展纳入学校议事日程，党政主要负责同志要主动关心劳动教育、研究劳动教育、推动劳动教育，发挥强有力的组织引领作用。并且，在此基础上，高校应根据实际情况制定符合校情的劳动教育短期和中长期发展规划，明确劳动教育的具体目标、主要内容和实施步骤，细化校内各教学单位、职能部门，以及全体教学和管理人员在劳动教育活动中应承担的具体职责。此外，新时代高校劳动育人的组织保障还体现在组织协同作用的发挥上，高校应当拓宽视野、拓展渠道，主动开展对外交流合作，充分发挥行业协会、群团组织、企事业单位在劳动教育中的特殊优势，积极构建高校劳动教育协同育人新格局。

二是队伍保障。建设高水平的高校劳动教育人才队伍，是保障其育人成效的关键前提。高校劳动教育的队伍保障主要包括队伍整合、队伍培养和队伍延伸三个方面。队伍整合是指高校应设法将处于零星分散、"各自为战"状态下的劳动教育教学和管理队伍加以统筹优化，如可将劳动育人元素渗入思政课、专业课教师，辅导员、班主任、宿管员、卫生员的日常教学和管理活动之中，串联整合各类劳动教育队伍，形成育人合力。队伍培养从狭义上来理解，主要是指高校通过分期分批地组织教师参加相关的培训、进修活动，逐步提升教师队伍开展劳动教育的素质和能力。而广义上的队伍培养，则需要从构建劳动教育学科和专业体系着手，在全国师范类

[①] 《习近平在全国教育大会上强调 坚持中国特色社会主义教育发展道路 培养德智体美劳全面发展的社会主义建设者和接班人》，《人民日报》2018年9月11日。

院校中集中培养未来在大中小学从事劳动教育工作的专业人才，这是深入推动高校劳动教育科学化、规范化的必然选择。队伍延伸是指高校劳动教育队伍建设应当走出校门，延伸至社会，着力打造一批劳动经验丰富、劳动品德高尚、劳动技艺精湛的社会型劳动教育师资队伍，切实增强和提升高校劳动教育的吸引力、感染力和育人效果。

三是条件保障。条件保障应着力满足高校顺利开展劳动教育所必需的各类基本条件。除了必要的组织和队伍保障外，高校开展劳动教育的必要条件还包括投入经费、提供场地设备、做好安全防护等。经费投入是开展劳动教育的基础条件，高校应将思想观念层面的重视转化为真金白银的支持，持续加大对劳动教育的经费投入。高校可以尝试设立劳动教育专项资金，积极吸纳社会资金，鼓励支持教师开展与劳动教育相关的教学科研活动，并且在经费执行过程中注重跟踪问效，不断提升经费执行绩效。对劳动教育的场地、设备等进行建设和完善，也是劳动教育经费投入的重点领域。高校必须为开展劳动教育提供相应的教学设施、设备器材、劳动场地和图书音像资料，并积极运用先进信息技术搭建新型劳动教育平台，不断丰富劳动教育的内容和形式。此外，需要特别强调的是，做好安全防护同样是高校开展劳动教育的关键前提。高校应时刻将保障学生安全放在重中之重的位置，牢固树立劳动安全风险防范意识，重视对师生开展劳动安全教育，构建劳动教育风险防控和应急处置机制，在劳动教育内容形式选择、场地设施选用、防护用品使用、步骤流程安排等方面，做到科学研判、全面排查，坚决清除可能存在的各类安全风险，杜绝劳动安全事故发生。

四是评价保障。对高校开展的劳动教育活动进行评价，是促进其育人效果不断优化的重要保障。评价保障主要包括制定评价方案、设计评价指标、采集评价数据和运用评价结果等四个方面。制定评价方案和设计评价指标是开展评价活动的必要前期准备。其中，评价方案应根据高校劳动教育的短期和中长期目标，分阶段多维度地加以制定，充分反映劳动教育对大学生全面发展需要、经济社会发展需要和高校立德树人需要的满足和适应情况。评价指标的设计应综合考量质性因素和量化因素，深入开展调研论证，科学合理地分配各类指标权重，并对评价指标体系定期进行更新和完善。在具体评价活动中，高校应综合运用传统教学质量监督手段和现代化智能手段，通过数据统计、代表座谈、问卷调查等方式，持续跟踪采集评价所需的各项基础数据，保障评价结果的科学可信。在此基础上，对评价结果的有效运用是整个评价活动的落脚点。高校应探索建立针对评价反馈问题的解决机制，根据问题类型和性质明确责任归口、提出解决建议并督促整改落实，在不断发现问题和解决问题的循环过程中提升劳动教育的育人实效。

（三）新时代高校劳动育人的方法

高校劳动育人的方法是指教育者为达到一定的劳动育人目标，在高校劳动育人实施过程中所采取的各种方式和手段。尽管方法不是高校劳动育人实施过程中的实体要素，但其总是与具体的高校劳动育人活动联系在一起，是育人过程中不可或缺的中介因素，对高校劳动育人的目标实现具有重要影响。新时代高校劳动育人的方法主要包括以下四种。

一是劳动锻炼法。劳动锻炼法是指教育者有目的、有计划地组织、引导受教育者参加劳动，或是受教育者自主自觉地参加劳动，在劳动过程中体验艰辛，经受锻炼，从而形成良好劳动素养的方法。纵使高校劳动育人的方法有千种万种，但让大学生实实在在地参加劳动永远是第一方法。马克思主义认识论和实践论认为，实践是人的思想品德和行为习惯形成和发展的动力和源泉，是人们形成正确的世界观、人生观、价值观的根本途径。劳动作为人类最基本的实践活动，具有化解思想困惑、缓解身心疲惫，使人迸发真知灼见、生发审美情趣等重要功能。新时代高校劳动育人应根据学生实际选择适宜的劳动锻炼方式，建立稳定的劳动锻炼基地，坚持不懈地组织开展劳动锻炼活动，保障劳动锻炼的科学化、经常化和制度化，并以此为基础，促进大学生自主自觉劳动意识的觉醒，推动大学生在自我主导的状态下开展劳动，从而确保劳动育人成效的持久性和深刻性。

二是跟踪指导法。大学生在劳动中经受锻炼，有一个重要前提，那就是劳动本身不能是盲目的、随机的，而应当是科学合理的。在教师主导下的整个劳动过程中，教师需要对大学生在劳动中的思想和行为发展动态进行跟踪评估，适时给予指导帮助，有意识地培养大学生开展自主劳动的意识和能力。教师在组织、引导大学生参与劳动之前，应当对大学生进行基本劳动知识、劳动技能、劳动伦理、劳动安全等方面的教育指导，对大学生参与劳动的全过程进行谋划设计；在劳动过程中，教师应当根据实际情况给予适度空间，以发挥大学生的主观能动性，在确保劳动安全的同时，针对大学生在劳动中遇到的困难和挑战，以及大学生在劳动中身心状况的发展变化，及时给予关心关注，适时给予帮助和引导；在劳动结束后，教师应对大学生在劳动中的表现进行评价，并采取一定的奖惩措施。此外，在大学生自主开展劳动阶段，教师同样应当跟踪指导，充分发挥其辅助性、保障性作用。对于教师的跟踪指导活动，高校相关部门也应及时组织人员进行考核评估，指出其优缺点，推广好的经验做法，帮助教师改进工作。

三是榜样示范法。榜样示范法是指通过发挥具有典型意义的人或事的示范或警示作用，引导大学生见贤思齐或引以为戒的方法。高校劳动育人活动所选用的典型，既包括先进的人和事，也包括落后的人和事，但应坚持以正面典型为主的原则，充分发挥正面榜样的标杆作用和负面典型的镜鉴作用。"榜样示范法所运用的榜样，必须具有可学性、易辨识性、权威性、有吸引力等基本特征，这是榜样教育的心理基础，也是榜样教育的基本要求。"[①] 正面榜样可以是我国在各行各业中的劳动模范，可以是在重大疫情、灾害等危机中挺身而出、无私奉献的医护人员、军人和志愿者，也可以是大学生身边优秀的教师和同学；负面典型则主要是社会上那些好逸恶劳、不务正业，妄想不劳而获、一夜暴富，最终却一败涂地、黯然收场的人。此外，开展榜样示范教育，还应主动适应现代信息传播技术发展的新特点和新趋势，综合运用多种信息资源来强化榜样示范效果。

四是协同创新法。新时代高校劳动育人具有树德、增智、强体、育美、创新等综合育人功能，这些功能的实现，要求高校劳动育人在实施方法上遵循协同育人和开拓创新的要求。所谓协同育人，既包括高校内部协同，也包括高校、社会、家庭等多方协同。高校内部协同又包括队伍协同、课程协同、渠道协同等不同类型。其中，队伍协同主要指科学统筹专业课教师、辅导员、班主任、实验员、宿管员等教职和管理人员，在其教育管理活动中融入劳动育人元素，形成全员劳动育人的风气和氛围；课程协同要求在着力打造劳动教育公共课程的基础上，在现有课程体系中加入劳动育人的相关内容，将劳动育人融入课程教学全过程；渠道协同是指将劳动教育与现有的包括思政教育、专业教育、实习实训、社会实践、创新创业教

[①] 陈万柏、张耀灿主编《思想政治教育学原理》，高等教育出版社，2015，第 224 页。

育等在内的育人渠道紧密结合，打造全方位劳动育人格局。除了高校内部协同外，高校、社会、家庭等多方协同也是协同育人的应有之义。此外，在协同育人的基础上不断开拓创新，同样是新时代高校劳动育人的迫切要求，这种创新既能充分体现劳动育人的时代性和科学性，又能对高校既有育人形式进行改良优化，更好地促进其育人功能的实现。

（四）新时代高校劳动育人的载体

新时代高校劳动育人除了需要科学方法的指导，还必须通过一定的载体才能进行。高校劳动育人载体主要指承载和传导劳动育人因素，能为教育者所运用，并促进教育者与受教育者之间双向互动的活动、实物和文化产品等。高校劳动育人内容的实施、方法的运用、目标的达成，都离不开对合适载体的选用。在高校劳动育人的不同历史时期，教育者创造并运用了形态丰富多样的载体，经归纳概括，并结合时代特征和劳动育人在目标、内容、方法等方面的具体要求，新时代高校劳动育人的载体主要包括以下四种。

一是劳动载体。劳动载体是新时代高校劳动育人的首要载体。可以说，对其他载体的建设和运用，归根结底都是为了保障和提升劳动载体的运用效果。新时代高校劳动育人的主要形式是组织、引导大学生开展不同类型的劳动活动。这些不同类型劳动活动的开展，必须通过形式多样的具体的劳动载体。在日常生活劳动中，高校常见的劳动载体与中小学阶段的紧密衔接，重在培育学生独立生活的能力，一般指大学生的个人内务整理，包括洗衣、打水、打扫卫生等日常劳动；在简单生产劳动中，劳动载体主要指大学生深入农田、工厂等劳动教育基地，实地开展农产品种植、畜牧养殖、工厂作业等生产劳动；在勤工助学劳动中，劳动载体既包括高校为贫困学生提供的各类助管、助教、助研工作岗位，也包括大学生在校外从事的各类兼职活动；在专业探索劳动中，可以针对不同专业背景的大学生运用不同的劳动载体，例如，自然科学领域的物理化学实验、天文地质科考、机械建筑设计、农林畜牧养殖，人文社科领域的田野调查、采访调研、文稿写作，以及艺术领域的音乐创作、设计绘画等，都是开展劳动育人的有效载体；在创新创业劳动中，可供选择的劳动载体包括校内模拟演练、各类竞赛、校外实习实践等；在志愿服务劳动中，劳动载体主要包括帮扶困难群体、开展环保活动、维持大型赛会秩序、提供各类应急援助等。

二是课程载体。高校开展劳动育人，除了将引导大学生亲历劳动过程放在第一位，还必须重视与劳动相关的课程教学的作用，通过加强对相关课程载体的建设，切实保障劳动载体的运用效果。劳动育人课程载体应以独立开设的通识公共课程为主体，兼含融入劳动育人元素的其他公共基础课程与专业课程。在劳动通识课程中，除了应包含劳动社会学、劳动伦理学、劳动哲学、劳动美学、劳动法学等大学生开展劳动所需了解掌握的劳动科学知识，更应涵盖具体的劳动活动安排，积极将劳动载体纳入课程载体中来，通过系统全面的规划设计，为大学生开展劳动活动提供科学指导和有力保障。需要指出的是，劳动育人课程载体建设是一个系统工程，涵盖劳动育人的指导思想、教学目标、教学方法、课时场地、教材建设、师资建设等方面，需要与劳动教育相关的学科支撑和大量人力物力的投入保障。对此，高校应明确课程化建设是保障劳动育人科学化、实效化的重要前提，在顶层设计和具体实施中大力加强对劳动育人课程载体建设的统筹谋划和精准投入，着力打造一批劳动育人精品课程，全面提升劳动教育和人才培养质量。

三是管理载体。对劳动载体的建设和运用，除了需要课程载体的科学引导，还应当加强管理，不能放任自流，这是促进高校劳动育人效果不断优化的重要保障。因此，加强对管理载体的建设和运用，也是高校劳动育人自身发展的内在需求。高校劳动育人的管理载体是指寓劳动育人的目标内容于管理之中，并与管理手段密切配合，以达到提升育人水平和育人效果的目的。一般而言，对高校劳动育人活动的管理可以分为宏观管理和微观管理两个层面。所谓宏观管理，是指对高校劳动育人活动本身进行全程、全方位管理，包括事前管理、事中管理、事后管理等。事前管理主要是提前谋划设计、制定教育方案、落实各类保障等；事中管理主要是加强对教育方案执行情况的督查，以及对教师实施教育行为的监督；事后管理是对劳动育人整体流程和效果进行评估，并根据评估结果调整优化教育方案、实施奖惩激励办法，切实提升劳动育人科学化水平。微观管理则主要是对大学生开展具体劳动活动的管理。例如，对大学生在劳动中表现出的态度、习惯和对知识技能的运用情况进行观察，适时给予督促和纠偏；对大学生在劳动中遇到的困难和困惑及时给予指导和疏导；对大学生的劳动表现进行评价和奖惩;对劳动中可能存在的各类安全风险进行排查和清除;等等。需要指出的是,对管理载体的运用需严格把握"度"的要求,既不能不管不问,缺乏必要的考核监督,让劳动育人流于形式,也不能过度干预,干扰教师的正常教育活动,影响大学生主观能动性的发挥。

四是文化载体。在新时代高校劳动育人实施过程中,为了给劳动载体的建设和运用创设良好的文化环境,还应高度重视文化载体的作用。文化载体是指教育者充分利用各种文化产品,并将劳动育人的目标内容寓于文化建设之中,以此感染人、影响人,进而促进育人目标的实现。文化载体是对各种文化活动和文化建设的抽象概括,具有表现形式多样性、影响范围全面性、影响方式渗透性等特征。[①] 高校劳动育人文化既可以通过文学艺术、新闻出版、新媒体运营、图书馆、校史馆等文化事业表现出来,又能够以校园文化、班级文化、寝室文化等群体文化形式加以呈现。每一类文化载体又都有许多更具体的表现形式。例如,通过文学艺术这一载体开展劳动育人活动时,就包括引导大学生阅读描写劳动人民的文学作品,欣赏赞美劳动、歌颂劳动的绘画、音乐、舞蹈、电影、纪录片等多种形式;而运用校园文化载体时,则主要引导大学生从校风校训、教风学风、师生的精神状态、校园的建筑景观和各类仪式活动中潜移默化地接受劳动文化的感染和熏陶。除此之外,高校劳动育人还应注重对社会文化、家庭文化、网络文化等外部劳动文化载体的开发和选用。与此同时,应坚决抵制那些以好逸恶劳、急功近利、崇洋媚外、低级趣味为代表的庸俗文化和低级文化,努力降低其负面影响,为高校劳动育人构筑文化安全"防火墙"。

二 新时代高校劳动育人的作用动因

在明确新时代高校劳动育人的作用基础后,还需进一步对推动其持续实施并发挥效用的动因加以分析。唯物辩证法认为,矛盾是推动事物发展的动因。新时代高校劳动育人的实施过程是诸多要素和内外因素相互交织、相互作用的复杂过程,这个过程充满着各种各样的矛盾。在整个矛盾体系中,贯穿高校劳动育人始终、规定高校劳动育人本质的基本矛盾,可以简要表述为一定社会发展和人的全面发展对大学生综合劳动素养的要求与大

---

① 陈万柏、张耀灿主编《思想政治教育学原理》,高等教育出版社,2015,第253~254页。

学生综合劳动素养水平之间的矛盾。这一基本矛盾是新时代高校劳动育人活动得以存续和发展的内在根据,同时也规定和制约着高校劳动育人实施过程中的其他具体矛盾。正是对这些具体矛盾的不断解决,为高校劳动育人的有序实施和持续发展提供着源源不竭的动力。

(一) 社会环境与劳动育人目标要求之间的矛盾

社会环境是指高校劳动育人过程所处的包括客观的社会存在和现实的社会意识在内的社会有机体。[1] 社会有机体是一个包含诸多要素、若干层次和子系统的超巨系统,[2] 其总体结构主要由经济、政治、文化三个方面构成。按照历史发展的逻辑来看,任何社会有机体的结构都具有复合型特征,其中既包括现实存在的经济、政治、文化因素,也包括代表未来发展趋势的新的经济、政治、文化因素,还包括那些与历史发展趋势相背离的、由历史遗留下来的旧的经济、政治、文化因素。[3] 高校劳动育人的目标要求是对党和政府所提出的关于大学生劳动素养和综合素质要求的具体化,这种要求既源于现实社会的发展状况,又必须适应未来社会的发展需求,在一定程度上体现出超前性。因此,高校劳动育人的目标要求与外部社会环境之间既存在一致性的方面,又存在一些差距或矛盾的方面,这些矛盾的方面具体表现为以下几点。一是价值观念、行为趋向不一致。高校劳动育人的目标要求所代表的是适应未来社会发展趋势的尚处于应然状态的教育要求,必然与现实社会中处于实然状态的价值观念、行为趋向存在一些不适应或者相互冲突的地方。例如,高校劳动育人旨在教育引导大学生尊重劳动、崇尚劳动、热爱劳动,但现实社会中客观存在的一些好逸恶劳、急功近利、极端利己的错误价值导向和行为表现,势必会对劳动育人的效果产生负面影响。二是育人途径、影响因素不同步。尽管高校有计划、有组织的劳动教育活动是实现劳动育人目标的重要途径,但大学生劳动素养的形成和发展还受到来自家庭、社会、信息媒介等多方面因素的影响。在现实高校劳动育人实践中,多个育人途径之间不同步、不协调的现象较为普遍,

---

[1] 参见骆郁廷《思想政治教育原理与方法》,高等教育出版社,2010,第110页。
[2] 参见孟庆仁《论社会有机体及其本质特征》,《齐鲁学刊》2003年第2期。
[3] 参见骆郁廷《思想政治教育原理与方法》,高等教育出版社,2010,第110页。

易导致正负影响相互交织、相互博弈，影响劳动育人效果。三是评价导向、配套措施不健全。尽管当前全社会高度关注并大力提倡劳动教育，相关部门也研究出台了一系列加强和改进劳动教育的指导性意见，但在具体落实层面，与之相关的评价导向和配套措施仍不健全，轻视劳动、逃避劳动的不良风气还未得到真正扭转，导致劳动教育的口号一度喊得很响，但实际推动效果却并不明显。

综上，外部社会环境与高校劳动育人的目标要求之间的矛盾是客观存在的，并且将长期存在。要解决好这一矛盾，一方面需要学校、家庭、社会各方共同努力，探索构建多方协同的劳动育人实施网络，不断健全完善各个层级的劳动教育评价体系和配套机制，发挥好现代信息媒介的作用，共同为高校劳动育人营造良好环境。另一方面，要求新时代高校劳动育人在设置目标要求时应牢牢立足现实社会环境和大学生劳动素养的现实状况，同时努力适应未来社会劳动形态发展变化的总体趋势，既积极对标未来社会主义合格劳动者的综合素质要求，又与大学生现实劳动素养状况之间保持合理的张力。正是矛盾双方的相互作用和相互影响，推动着两者不断发展并逐渐向自己的对立面转化，从而实现在持续优化改善劳动育人外部环境的同时，不断提升高校劳动育人目标要求的科学性与合理性。

（二）教师素质能力与劳育岗位要求之间的矛盾

在新时代高校劳动育人的实施过程中，劳动育人的目标要求主要通过教师以劳动教育的方式传达给大学生。因此，教师自身对劳动和劳动教育的意义、价值的理解认同，以及对劳动教育目标、内容、方法、载体等方面的科学把握，是其能够胜任高校劳动育人岗位的前提条件，也是发挥高校劳动教育育人功能的重要保障。从理论上看，被纳入高校劳动育人实施过程中的教师，其自身必须首先理解和接受社会发展和人的发展对青年大学生劳动素养和综合素质提出的必然性要求，并具备通过开展劳动教育以满足适应这些要求的素质和能力。但在现实中仍然存在一些与胜任高校劳动育人岗位、实现劳动育人目标要求不一致或相矛盾的方面，这些矛盾具体表现为以下几点。一是部分教师未能充分认识劳动和劳动教育对社会发展和人的发展的重要作用。由于自身认识能力、思维方式、政治素养等方面的局限，部分教师对人类社会发展的基本规律和总体趋势缺乏深刻认知，难以准确把握新时代中国特色社会主义事业发展的总体脉络，不能深刻理解劳动和劳动教育的重要意义和价值，导致教师在劳动教育过程中向大学生传递的只是一些自己都知之不深、一知半解的内容，从而影响育人效果。二是部分教师内心不认同社会发展和人的发展所提出的高校劳动育人的目标要求。当教师不能正确理解认识劳动和劳动教育对社会发展和人的发展的重要作用时，将很难把这种目标要求内化于心并外化于行，此时教师所开展的劳动教育活动更多的是一种形式化的例行公事，毫无"温度"、情感和魅力可言，难以真正实现育人效果。[①] 三是部分教师缺乏有效组织开展劳动教育的专业能力，无法胜任劳动育人岗位。这是在教育专业技能上的欠缺，主要指教师缺乏将体现新时代特色的高校劳动育人的方法和手段加以科学合理运用的能力。

上述种种问题表明，要确保新时代高校劳动育人的有效实施，首先需要教师队伍自身将劳动育人的目标要求内化于心，进而能够外化于行，在劳动教育中持续向大学生施加积极正面的影响。可见，教师队伍自身具备良好的劳动素养和专业能力，是其教育引导大学生提升劳动素养和综合素质的重要前提。而教师素质能力与劳育岗位要求之间矛盾的解决，一方面有赖于高校乃至全社会大力加强劳动教育师资队伍建设，通过组织专业化培养、系统化培训和劳动实践锻炼，切实提升教师队伍自身的劳动素养和开展劳动教育活动的专业能力。另一方面，高校应建立健全与劳动育人配套的奖惩激励机制，积极选树并深入宣传从教师群体中涌现出的劳动模范，让崇尚劳动、勤于劳动、热爱劳动教育事业的教师通过自身教育劳动获得实实在在的好处，使劳动光荣、劳动幸福成为教师群体中的主流价值观念，不断激发教师群体投身劳动、开展劳动教育的内生动力。

（三）学生成长需求与需求满足状况之间的矛盾

在高校劳动育人视域下，学生成长需求主要表现为大学生个体对自身劳动素养提升的需求。这一需求的产生，一方面来自新时代我国经济社会运行中各行各业对劳动者素质要求越来越高所带来的现实压力，另一方面

[①] 参见项久雨、张畅《用"温度"提升高校思想政治教育质量》，《思想理论教育》2018年第8期。

来自大学生自身年龄的增长、阅历的丰富、心性的锤炼、本领的提升所带来的对个人未来成长发展的更高期待和追求。对大学生劳动素养提升需求的满足，要求高校劳动教育充分发挥其育人功能。教师通过劳动教育对大学生施加影响，必须选择正确的路径，创设必要的条件，这是保障高校劳动育人活动有效实施的前提。唯有当路径选择正确、条件保障充分，以及其他相关要素配置到位时，高校劳动教育才能得以有序开展，其育人目标才能充分实现。然而在现实中，大学生劳动素养的提升需求与满足需求的路径、条件之间往往难以完全协调一致，两者时常存在一些矛盾。这些矛盾具体有以下几种。一是以知识理论传授为核心的传统教育方式与强调亲身劳动实践的现实教育要求之间存在冲突。尽管在劳动教育过程中，大学生也需要通过课堂教学进行系统化的理论知识学习，但高校劳动教育更多的是强调一种体验式教育，其主要方式与传统的以课堂教学为核心的教育方式存在明显差异。大学生不仅需要掌握系统的劳动基础理论知识和必要的劳动本领技能，更重要的是，必须在亲身劳动实践中经历劳动、感受劳动、体悟劳动，理解劳动艰辛、劳动意义、劳动价值，进而由衷生发出尊重劳动、崇尚劳动、热爱劳动的积极情感和行为趋向，这是新时代高校劳动育人的基本逻辑。传统教育方式所推崇的重灌输、重干预等理念和行为"惯性"，可能会对大学生自主自觉地开展劳动产生阻碍。二是规范化、标准化的劳动教育模式难以适应大学生个性化的劳动需求。规范化、标准化是保证劳动教育模式可复制、可推广的前提，也是确保劳动教育各项流程和环节落实到位的基础。但是，规范化、标准化所带来的相对僵化、形式化等问题也同样存在，易使得高校劳动育人在实施过程中不能及时跟上信息时代、智能时代所带来的劳动理念、劳动工具、劳动内容等方面的新变化和新趋势。尤其是在大学生自主劳动阶段，大学生需要结合个人兴趣爱好和专业特长对劳动的种类和形式进行灵活选择，此时按照规范化、标准化要求所配备的劳动教育基础条件可能难以完全适应大学生多样化的劳动需要，教师队伍也难以按照既定的劳动教育方案对大学生进行某种程式化的教育引导，难免会对育人效果产生负面影响。三是相对滞后的考核评价体系难以满足高校劳动教育质量提升需要。完善的考核评价体系是保障高校劳动教育活动持续优化的重要条件。但在现实中，与劳动教育相关的各级各类考核评价体系的建设往往相对滞后于具体劳动教育目标要求的提出，这使得高校劳动教育尽管被列入学校重点工作加以研究部署，但大多仅停留在"有没有"的层面，对更深层面的"精不精""优不优"等问题，缺乏有效的问责问效机制和持续改进优化的动力，使得高校劳动教育难以做到"神形兼备"，仍然在一定程度上存在被淡化、弱化等问题。

以上所反映的是当前我国高校劳动育人实施过程中存在的一些具有代表性的问题，要解决好这些问题，不断化解学生成长需求与需求满足状况之间的矛盾，高校应更新思想观念，认清并把握劳动教育的特征和规律，结合自身优势特色，在方案制定、具体实施、条件保障、考核评价等方面持续创新优化，以更好地适应大学生劳动素养提升的内在需求。

（四）劳动育人与高校其他育人系统之间的矛盾

如果将高校劳动育人置于整个高校育人大系统中，其作为高校整体育人大系统中的子系统，自身实施过程必然与这个大系统中其他育人子系统之间发生联系和互动。这种联系互动可能激发彼此相互促进，推动各子系统更加高效运转，但也可能导致彼此之间发生矛盾冲突，拉低各自运行效率，影响高校整体育人成效。一般而言，劳动育人与高校其他育人系统之间的矛盾主要表现在以下几个方面。一是在时间场地安排方面存在冲突。高校现有育人系统经过较长时间发展，业已相对成熟稳定，而长期以来劳动教育被淡化、弱化等问题，致使其在高校整体育人格局中地位不显、成效不彰、存在感不强。劳动教育越来越成为新时代高校育人活动的重要内容，其在高校整体育人大系统中的地位必然在很大程度上提升，随之而来的与劳动教育相关的课程建设、课时安排、场地保障等直接需求，将挤占高校其他育人系统运作的时间和空间，由此可能带来高校内部多个育人子系统之间的矛盾和冲突。二是在师资队伍建设方面出现缺口。由于现阶段我国师范类学校中关于劳动教育的学科体系和人才培养体系尚不健全，专业化、职业化劳动教育师资队伍培养相对滞后，致使专业从事高校劳动教育的师资队伍缺口较大。在此背景下，现实中高校大多采取以兼职为主，专兼结合的形式来组建劳动教育师资队伍，这就对现有师资队伍开展劳动教育的素质和能力提出了新的要求。此外，由于劳动教育任务的提出，在一定程度上改变了现有师资队伍的职责分工，增加了教师的业务负担，如果相应的待遇保障无法及时跟上，难免会诱发一定的抵触情绪，影响劳动教育效果。三是在教育资源分配方面难以兼顾。高校劳动教育以大学生亲身参与劳动锻炼为核心，必然要求在校内外建立一整套能够满足大学生劳动需求的课程体系、硬件设施和劳动平台，这些课程体系、设施和平台的建设需要高校投入大量的教育资源。而在没有专用经费资源划拨的情况下，现阶段高校开展劳动教育将不得不在相对有限的教育资源分配上做出一定取舍，由此可能造成不同育人子系统之间的冲突和矛盾。

针对上述问题，在加强专业师资和专属平台建设的同时，高校还应着力深化劳动育人与其他育人途径之间的沟通协作，探索构建队伍协同、渠道协同、课程协同、资源协同新机制，打造全员、全过程、全方位劳动育人新格局。此外，高校还应加强校地、校企对接协作，组建社会型劳动教育师资队伍，共建校内外劳动教育平台基地，拓展劳动教育资源渠道，通过校内外多方联动，凝聚育人合力，提升高校劳动育人实施效率。

三 新时代高校劳动育人的作用层级

通过对上述四对矛盾的分析，揭示出高校劳动育人功能实现和持续发展的动力来源，而要将动力转化为效力，促进高校劳动育人有序实施、发挥实效，还需对其产生影响、发挥效用的层次和阶段进行深入分析。如前所述，新时代高校劳动育人涵盖劳动道德品质、知识技能、身体素质、审美情趣、创新素养等多方面内容，在价值理念、目标任务、表现形态、发展趋向等方面具有诸多鲜明特征，充分体现出新时代高校劳动育人的多维性与复杂性。在现实中，高校劳动育人的过程往往就是大学生个体参与不同形式的劳动的过程，大学生往往能够在同一劳动过程或是不同劳动过程的组合叠加中实现树德、增智、强体、育美、创新等目标。可见，高校劳动育人的各项基本内容之间总是相互渗透、相互制约的，是一个有机统一的整体。没有离开增智、强体、育美、创新而孤立存在的树德，也没有脱离其他内容而孤立存在的增智、强体、育美、创新等。然而，大学生通过劳动来实现树德、增智、强体、育美、创新等目标，各个目标之间又有着具体要求上的区别，其所遵循的教育规律也不尽相同，使得大学生各类劳动素养的培育和形成又具有差异性、层级性和阶段性等特征。从理论层面划分出新时代高校劳动育人的作用层级，有助于更清晰准确地把握劳动育人的实施过程，进而选择和运用更适宜的环境、保障、方法和载体，以切实提升劳动育人效果。具体而言，应当充分贯彻以生为本理念，以高校劳动育人主客体间的互动关系演变和大学生个体在各类劳动活动中的实际状态表现为核心线索，将新时代高校劳动育人从逻辑上划分出三个彼此衔接、紧密关联、螺旋递进的作用层级。

（一）表层：在亲身劳动体悟中增进理解认同

无论是从字面还是从实质来看，"劳"均贯穿劳动道德品质、劳动知识技能、劳动身体素质、劳动审美情趣和劳动创新素养等诸项内容始终，可见，教育引导大学生亲身参与到各类劳动实践活动中去，是新时代高校劳动育人得以具体展开的逻辑和现实前提。高校劳动育人初期面对的大学生群体大都是从中学阶段刚升入大学，由于在一定程度上受到中小学阶段劳动教育淡化、弱化，以及家庭和社会劳动教育缺失等影响，相当一部分大学生此前缺乏劳动实践锻炼，头脑中或多或少存有对劳动的误解或偏见，大都没有形成良好的劳动习惯，尚未做好亲身参与劳动的各项身心准备。因此，初期高校劳动育人的实施应当以承担劳动教育职责的教师队伍为主导，大学生则需根据相关课程计划安排，在教师的组织、指导、管理和监督下开展劳动。在这个阶段的劳动教育过程中，教师明显居于主体地位，在大学生参与劳动的过程中发挥着主导作用，而大学生则处于客体地位，主要在教师的组织和引导下进行劳动。尽管这种以必修课程形式出现、并非学生自主自愿的劳动活动容易引起大学生的抵触情绪，甚至极少数高校教师自身就对劳动教育存在的价值和意义存有疑虑，但在各方面因素的共同推动下，大学生通过亲身参与到劳动过程中去，总会形成一些对自身劳动活动的感性体悟，这对于其劳动素养的提升具有基础性意义。

简言之，大学生在教师主导下亲身参与劳动的阶段，可以概括为高校劳动育人的他主劳动阶段。在这个阶段，教师的主体主导作用占据重要位置，直接影响着大学生劳动主体意识的逐步萌芽和产生。而在他主劳动阶段教师主体地位的彰显，需要具备一定的前提条件。一方面，从事高校劳动教育的教师本人应当对劳动的作用和意义有深切体会，并具备一定的劳动经历和经验。这种经历和经验可以来自日常生活、教学科研，或是教师个人成长过程中经历的其他劳动活动。教师本人具备良好的劳动素养，是其组织开展劳动教育的先决条件。然而在现实中，多数高校尚未配备劳动教育专职师资，高校在引进年轻师资时，重点考虑的往往是学历和科研水平，对其劳动素养未作具体要求，以至于部分高校年轻教师自身的劳动素养尚有缺失。试想，如果任由不懂劳动、不爱劳动的教师去组织实施劳动教育，其效果必定"惨不忍睹"。因此，要开展劳动教育，教师首先应接受劳动教育。而要实现这一诉求，需涉及我国师范专业人才培养、师资培训、人才评价等方方面面，这是一项艰巨而庞大的系统工程。另一方面，从事劳动教育的高校教师应具备"双师型"素质和能力。一般而言，教师既能胜任理论教学，又能指导大学生开展劳动实践，就可以看作"双师型"教师。"双师型"教师除了应当具备专业知识和教学能力外，还要善于引导大学生将理论性的专业知识在具体劳动实践中加以转化，通过劳动促进大学生对理论知识的掌握，激发大学生开拓创新意识，指导帮助大学生在劳动过程中充分彰显其主体能动性。对于高校"双师型"教师的培养，一般可以通过挂职锻炼、进修学习等方式来进行。

除了教师层面应当发挥好主体主导作用，完备健全的与高校劳动教育相关的制度规范、专业设置、课程体系、场地设备、资源平台等，也是保障高校劳动育人活动有序开展的重要基础。这些基础条件的建设，应当综合考量大学生的身心发展特点和专业特色，以及高校的自身发展定位和学科专业优势。在具体实施层面，高校劳动育人初期应更多地选择那些与中学阶段紧密衔接、有序过渡的劳动活动内容，尽量地保证劳动活动简单易行、有趣味性、贴近现实生活，从而帮助大学生逐步克服刚刚接触劳动活动课程时的不适应感和抗拒感。教师应当充分理解大学生从远离劳动的"舒适区"走出时身心所承受的压力，在组织开展劳动教育的过程中更多地注意方式方法，循序渐进地加以推进。需要强调的是，在大学生开展劳动实践活动时，各类劳动场地、设备、平台的安全保障措施必须严格按照相应标准落实到位。任何存在潜在安全风险的劳动活动，教师和劳动安全评估人员都应当事先充分论证、认真检查、妥善处置，彻底排除安全隐患，确保大学生在劳动过程中的人身安全。

唯有在教师主体作用充分发挥、相关基础保障落实到位的前提下，高校劳动育人活动才能顺利开展，大学生才能在劳动中实现自身各项素质的全面提升。根据新时代高校劳动育人各项基本内容的安排，在劳动育人初期，大学生各项素质的全面提升主要从以下五个方面展开。就劳动道德品质而言，尽管其总体性内涵包括教育引导大学生在劳动中做到"明大德、守公德、严私德"①，但从劳动育人初期的实际出发，此阶段的重点任务在于强化大学生对个体劳动行为的严格约束，帮助大学生尽快克服劳动中的不适感，能够一丝不苟地按照计划安排完成劳动课程任务，切实体会劳动的艰辛和不易，增进对普通劳动者工作的理解和认同。就劳动知识技能而言，劳动作为人类最本质的实践活动，本就是启迪人类智慧的源头。劳动育人初期的重点任务是引导大学生通过在劳动中对既有理论知识的实践印证，进一步巩固深化对所学知识技能的理解、掌握和运用。就劳动身体素质而言，组织引导大学生亲身参与体力劳动，能够为其加强身体锻炼创造客观条件，能够在一定程度上解决当前大学生缺乏体育锻炼、身体素质普遍不佳等问题，促进其身体各项机能逐步提升。就劳动审美情趣而言，劳动育人初期的主要目标是教育引导大学生通过亲身劳动，更加深刻地理解劳动不仅仅是吃苦受累，也是创造美好事物的根本途径，并且在通过劳动创造美好事物的过程中，大学生身心同外部世界充分交融，能够逐渐发现蕴藏于劳动活动本身中的美。就劳动创新素养而言，基础性的理论知识和经验意识的积累至关重要。劳动育人初期的重点任务是通过教师有意识地教育引导和大学生自身各项素质的综合作用，在大学生心中埋下创新的种子，为大学生夯实创新基础。这无疑是对高校劳动育人提出的较高要求，也是高校劳动育人相较于中小学阶段更为复杂艰巨的任务和使命。

需要指出的是，上述大学生劳动素养提升的五个方面，既可能在同一劳动过程中实现，也可能是对不同劳动过程的感性体悟相互叠加作用后的结果。因此，就大学生个体而言，其各项素质的成长发展总是彼此联系、紧密协同、相互影响的，这也给新时代高校劳动育人提出了综合全面的育人要求。尽管新时代高校劳动育人在总体上强调综合全面育人，但由于其各项基本内容在具体目标、方法、规律等方面均存有差异，大学生各项素质的提升难免在时间上存在先后顺序。而要进一步探究在大学生德、智、体、美、创新等各项素质中，究竟是哪一项或哪几项先获得提升，哪一项或哪几项较为滞后，则需要具体问题具体分析。就一般情形而言，那些与大学生身体素质锻炼、知识理解记忆、技能练习掌握等相关的各项素质，

---

① 习近平：《在北京大学师生座谈会上的讲话》，人民出版社，2018，第7页。

相对容易在劳动中获得较快提升；而那些与大学生思想品德、意志品质、审美情趣、创新精神等相关的各项素质的提升，则往往需要耗费更长时间、历经更多曲折才可能实现。但在现实中，大学生各项素质的形成发展状况则更为复杂。认知心理学认为，人的认识活动按照一定的阶段顺序形式，发展成为对事物结构的认知，形成一种结构，使人在认识新事物时把新事物同化或顺化于已有的认识结构。[1] 这种人们认识事物的认知结构即认知图式。认知图式理论带来的启示是，不同的大学生个体在中学阶段均已形成各自不同的认知图式，这种头脑中既有的认知图式会在很大程度上影响大学生个体对劳动活动的主观体悟，进而影响其各项素质的成长发展进程。因此，高校劳动育人活动应当充分调研、深入论证、科学设计、分类实施，根据大学生个体的不同特点来灵活选择不同的教育侧重点和方式方法，而不是简单粗糙地以千篇一律、生搬硬套的形式开展，这也给教师的教育管理水平提出了更高要求。例如，有的大学生在中学阶段智力发展已达到相对较高水平，但身体素质较弱，此时大学生身体素质的提升可能相对较慢，以劳强体则应当在劳动育人活动中加以重点强化；有的大学生劳动能力和智力水平不差，但劳动动力和意志品质较为欠缺，此时以劳树德、以劳育美等就应当在劳动育人活动中占据主要位置；等等。

综上，尽管高校劳动育人的他主劳动阶段属于初期阶段，但通过使大学生亲身参与到劳动实践中去，能够帮助学生逐步积累对自身劳动活动的丰富感性经验，增进其对劳动价值和意义的理解认同，促进其德、智、体、美、创新等各方面素质均得到一定程度的提升，保持个体身心发展的整体协调稳定，为其劳动主体意识的萌芽和发展创造良好条件，这对高校劳动育人活动向纵深推进有着奠基性的重要意义。

（二）中层：在自主劳动探索中确立主体身份

马克思指出："生产不仅为主体生产对象，而且也为对象生产主体。"[2] 可见，有什么样的实践活动就会存在什么样的主体，以及与之相对应的客

---

[1] 胡凯：《认知心理学发展对思想政治教育的启示》，《中南大学学报》（社会科学版）2006年第4期。
[2] 《马克思恩格斯选集》（第2卷），人民出版社，2012，第692页。

体。"马克思主义的主体层次理论说明,在分析主客体关系时并不能够简单地对主体进行界定,而是要根据具体的对象化活动进行分析,这也是历史唯物主义方法论的具体要求,具体问题具体分析,而不是以偏概全。"[1] 劳动育人作为一项教育实践活动,是在人类历史发展进程中形成的,是通过劳动改造客观世界的同时,改造人的主观世界的实践活动,对其主体与客体,以及主客体之间关系的把握,应当深入劳动育人实践过程中进行。高校劳动育人通过组织开展劳动教育,教育引导大学生自觉能动地参与劳动、体悟劳动来实现其育人目标,这个过程既是一个教育过程,又是大学生自我意识觉醒、本质力量复苏的"自我修行"的过程。这个过程不仅需要劳动教育的引导、支持和保障,更需要大学生个体在自我主导的劳动中践行、感触和体悟。因此,在高校劳动育人活动中,不能简单地将教育者定为主体,将受教育者定为客体,更不能将教育者与受教育者一成不变地看作高校劳动育人的主体或客体,而是应当根据他们在劳动育人过程中的实际功能发挥来判定其主体或客体地位。

在高校劳动育人的他主劳动阶段,即在教师主导下的劳动教育过程中,大学生处于客体地位。此时大学生参与劳动活动,以及选择劳动内容、劳动形式、劳动工具等,需要服从于教师主体对劳动实践活动的计划和安排。尽管这种计划和安排是根据大学生成长特点和劳动教育需要来制定的,具有一定的科学合理性,但从本质上来说,这种劳动仍然是一种受动型劳动。当大学生所从事的是一种受动型劳动时,其劳动过程在很大程度上就仅是一种行为习惯的规训、新鲜事物的尝试和外部观念的灌输,而不是大学生发自内心的需要。尽管在他主劳动阶段,大学生可以通过劳动使自身各项素质得到一定程度的提升,但是,这种提升是在教师主导下的提升,难以对大学生形成一种持久、深刻的影响。在劳动中处于受动地位的大学生,难以从心灵深处由衷地生发出崇尚劳动、热爱劳动、渴望劳动的内生动力。此时大学生劳动素养的提升更多是停留在表层,尚处于一种"待唤醒"的状态,唯有将这种状态再向前推进一步,使大学生能够以主体身份自主自觉地开展劳动,在自主劳动的过程中充分彰显其主体性、能动性和创造性,方能逐步唤醒其自身的本质力量,推动劳动育人的整体逻辑走向圆满。可

---

[1] 项久雨:《论多视角下的思想政治教育主客体关系》,《教学与研究》2014年第9期。

见，只有当大学生从他主劳动阶段的客体转变为自主劳动阶段的主体，其主动性、能动性、创造性才能得到更充分地激活，其自身本质力量才能得以更好地彰显，劳动育人目标才能在更大意义上得以实现。

在高校劳动育人的中期阶段，劳动育人的各项内容以大学生自主开展劳动为核心线索展开，大学生在自主劳动过程中，其自身各项素质的发展状况可以简要概括为以下五个方面。就劳动道德品质而言，劳动育人中期阶段的主要任务是教育引导大学生全面认识劳动在为自身创造价值的同时，对他人和社会也有着重要意义。大学生通过团队协作完成某项劳动任务时，在劳动过程中彼此沟通交流、密切配合，共同想点子、出主意，每个人都发挥自身特长为集体作出贡献，能够营造出团结奋进的劳动氛围，有效增进大学生对集体劳动的理解，提升其人际交往和团结协作能力。并且，大学生针对劳动中的某个难题迎难而上、反复尝试、攻坚克难，能够有效促进其劳动意志品质得到锻炼和提升。就劳动知识技能而言，大学生在学习掌握专业理论知识的基础上，通过自主选择具体劳动内容，在劳动中瞄准某项目标任务进行探索尝试，能够进一步深化其对专业理论知识的理解和掌握，进一步磨炼提升劳动本领技能，逐渐成长为某个劳动领域的行家里手。就劳动身体素质而言，大学生通过劳动锻炼改善身体素质，能够有效促进自身学习效率、精神面貌和自信心的全面提升。在体验到身体素质改善带给自身的实实在在的好处后，大学生会自觉养成良好的劳动习惯，逐渐适应通过劳动来释放压力、舒缓情绪，促进自我身心和谐发展，进而为未来完成更为复杂艰巨的劳动任务打下基础。就劳动审美情趣而言，大学生在自主开展的劳动活动中运用适宜的劳动方法、尊重劳动活动的规律，将自我全身心地投入劳动过程中去，能够自由充分地释放出自身内在本质力量，体验到劳动所带来的美感享受。正如庖丁解牛时"手之所触，肩之所倚，足之所履，膝之所踦，砉然向然，奏刀騞然，莫不中音"（《庄子·养生主》），动作自然协调，节奏分明，解牛完成后，厨师"提刀而立，为之四顾，为之踌躇满志"（《庄子·养生主》），自己也在这种娴熟的操作中获得了美感享受。就劳动创新素养而言，大学生在劳动中运用本领技能，顺应现实需求，瞄准未知领域，积极创新探索，能够在创新实践过程中亲身体悟创新创造所必须经历的困难挫折，培养塑造在挫折中不断奋起、永不气馁的意志品质和突破固有思维、不断开拓进取的创新精神，获得自身创新素养的进一步提升。

　　需要指出的是，在高校劳动育人由初期向中期阶段过渡时，大学生由客体到主体的转变不可能一蹴而就，而应当是一个循序渐进的过程。在这个过程中，处于主体地位的教师需要有意识地逐步让渡其主体权利，逐步从组织、控制、督促的领导型角色走向协助、指导、保障的辅助型角色，引导处于客体地位的大学生逐步实现其主体意识的萌芽和觉醒，进而实现客体主体化。在推动客体主体化的转变过程中，由教师主导的劳动教育是不可或缺的重要环节，它是使大学生亲历劳动过程、体味劳动艰辛、理解劳动意义的基础途径，更为重要的是，它是连接他主劳动和自主劳动两个阶段的重要衔接纽带。尽管从劳动育人的整体进程来看，大学生能否积极主动地投身到自主劳动中去，是决定劳动育人最终成效的关键环节，但在劳动教育中教师所起到的导向、指导和保障作用，同样是决定劳动育人成败的重要因素，直接关系着大学生能否从他主劳动阶段的客体成功转变为自主劳动阶段的主体。可以说，在高校劳动育人语境中，离开了劳动教育的自主劳动，是盲目的、不科学的劳动，难以达到育人效果；而离开了自主劳动的劳动教育，则是空洞的、形式化的教育，同样难以实现育人目标。当高校劳动育人逐步进入自主劳动阶段后，需要重点处理好教师的教育管理介入与大学生自主劳动探索之间的关系。教师既应当积极主动地为大学生开展自主劳动创设必要条件、落实各类保障、提供帮助指导，又不可介入过甚，影响大学生在劳动过程中自主能动性的发挥，从而削弱劳动育人效果。这无疑给高校劳动育人的系统谋划和组织实施提出了更高要求。

　　综上，随着教师队伍主体权利的逐步让渡，以及大学生个体劳动感性经验的不断积累和自身各项素质的持续提升，在劳动教育活动中处于客体地位的大学生将逐步完成其主体意识的萌芽和觉醒，实现客体主体化，这是高校劳动育人过程中的关键环节。大学生由劳动教育中的客体转变为主体的重要跨越，需要通过持续的自主劳动探索加以巩固和强化。相较于高校劳动育人初期阶段的他主劳动，自主劳动探索能够在更大程度上激发大学生的劳动自主性、能动性和创造性，促进其各项素质取得更大程度的提升，为高校劳动育人向更深层次递进打下坚实基础。

(三) 深层：在探求劳动正义中实现和谐发展

在高校劳动育人活动的初期和中期阶段，高校通过制定劳动规章制度、实施劳动活动方案、保障劳动基础条件、开展劳动监督评价等一系列举措，为大学生亲身开展劳动探索创设各类资源平台，提供及时到位的教育、指导和帮助，能够教育引导大学生在劳动中逐步彰显其主体意识，促进其德、智、体、美、创新等各项素质全面提升。然而，随着高校劳动育人活动向纵深推进，大学生所处的劳动环境、所置身的劳动关系，以及所从事的劳动活动内容都将发生新的变化，高校在大学生劳动过程中所扮演的角色也将随之进行调整。高校和教师不可能始终以组织者、管理者、保障者等身份对大学生的劳动活动施加影响，不可能一直为大学生在劳动中的不当行为以及由此产生的后果兜底，大学生也不可能永远在事先计划好、安排好、保障好的劳动环境中开展劳动，迟早需要走出"温室"，到外部真实世界中去经风雨受考验，这是大学生各项素质逐步走向成熟的必由之路。而一旦大学生走入现实劳动场景，失去了高校和教师事无巨细地"遮风挡雨"，将不可避免地、全方位地受到来自真实社会劳动环境、劳动关系、劳动条件、劳动管理、劳动报酬等因素的综合影响，其自身各项素质的持续提升也将遭遇较以往更大的挑战。

随着大学生自主劳动意识的巩固和拓展，其对自我劳动的价值和地位的捍卫也日趋自觉。然而，大学生在劳动中的主体地位，特别是其作为劳动者的根本利益，在真实社会的劳动场域中，仍然可能受到不同程度的损害和侵蚀，并因此表现出劳动正义在现实生活中的某种程度的缺失，由此引发大学生对劳动正义的价值诉求，也使得劳动正义的话语逐渐兴起并日趋强烈。"所谓劳动正义，就是从人类自由的核心价值和历史唯物主义的原则高度出发，对作为人类基础存在之方式和社会历史之深刻本体的劳动活动及其关系的正义追问，其实质是对现实具体的人类劳动活动、劳动方式和劳动关系所展开的合理性反思和合目的性价值审视。"[1] 劳动正义内在地蕴含着对劳动尊严、劳动效率、劳动自由、劳动和谐的价值诉求，这些价

---

[1] 毛勒堂：《劳动正义：一个批判性的阐释》，《上海师范大学学报》（哲学社会科学版）2016年第5期。

值诉求背后有着深刻的现实境遇和社会存在基础，因此，劳动正义的出场根据应从对现实社会的劳动活动及其关系的检视和反思中去探寻。改革开放40多年来，我国一以贯之地坚持以经济建设为中心，实现了从传统计划经济体制向社会主义市场经济体制的战略转变，极大地激发了各行各业劳动者从事生产劳动的积极性、主动性和创造性，客观上促进我国社会生产力水平和人民生活水平不断提高，综合国力和国际地位不断提升，推动社会主义现代化建设取得了举世瞩目的成就。与此同时，由经济体制改革所引发的社会结构的深刻变动、利益格局的深刻调整和思想观念的深刻变化，也极大地改变了人们的生产方式、生活方式和思维方式。总体来看，社会主义市场经济作为以市场为资源配置基础、以资本为重要生产要素的经济形式，其发展进程深刻体现出资本的两重性。一方面，以资本为重要生产要素的社会主义市场经济能够优化社会资源配置，充分调动企业和劳动者提高效率的积极性，有力促进生产力迅速发展。另一方面，资本逐利且贪婪的本性，表现为对剩余劳动无限制的狂热追求，加之受到经济体制不完善、外部监管不到位等因素的影响，我国改革开放初期出现了分配不公、道德滑坡等社会问题。

在资本逻辑的主导下，当"资本正义"越来越成为社会主流价值导向时，劳动作为人类实现自由解放和全面发展的基本路径，则不可避免地遭到遮蔽。"'资本正义'的实现饱含对物质财富和剩余价值的极度贪婪、对劳动者物质生产劳动能力的霸权统治以及对个人与社会关系的抽象颠倒，物质生产在加深资本普遍'正义'的同时也裹挟着强制性话语，企图使整个社会生产领域在潜移默化中接受资本逻辑的宰制。"[1] 当个体劳动在资本逻辑宰制下逐渐形成对"资本正义"的推崇时，那么"劳动所生产的对象，即劳动的产品，作为一种异己的存在物，作为不依赖于生产者的力量，同劳动相对立"[2]。这种忽视人的本质力量的异化劳动无法真正实现生产力水平的高度发展，也无法促进劳动者个体全面协调发展。在"资本正义"的价值主导下，劳动者的劳动活动业已沦为资本家单纯追逐经济利益的工具，劳动之于社会整体发展和人的自由全面发展的根基地位被颠覆，劳动"非

---

[1] 刘同舫：《马克思唯物史观叙事中的劳动正义》，《中国社会科学》2020年第9期。
[2] 《马克思恩格斯文集》（第1卷），人民出版社，2009，第156页。

正义性"的现实表征日益显露。"马克思认为,资本、商品对劳动能力、劳动的客观条件、劳动交换以及劳动成果所得的全面支配,使劳动者的权利在生产的各个环节处于绝对'失语'状态,这与劳动者通过生产过程发挥自身潜能和维护自身权利的诉求相违背。"[1] 因此,唯有在利用资本力量大力发展生产力的同时,以历史唯物主义的理论自觉肯认劳动在人类历史发展中的地位和作用,强调"劳动不仅在范畴上,而且在现实中都成了创造财富一般的手段"[2],并从人的本质存在和自我实现的高度出发,以实现"劳动正义"为重要关切,切实将资本关进制度的笼子,使劳动正义的话语在资本对劳动的宰制中现实地生长出来,才能使劳动真正成为促进人的自由全面发展的根本途径。

正是由于劳动正义的话语中蕴含着对人类自由解放和全面发展的深切诉求,因此,唯有在理性主导下使资本逻辑在历史发展进程中逐步深化至人的发展逻辑,以劳动正义实现对资本正义的扬弃,逐步摆脱由资本逻辑所制造的异化劳动的消极影响,才能使劳动者在劳动过程中一以贯之地保持自身本质力量的自我超越性,劳动育人的目标任务才能在真正意义上得以实现。可见,高校劳动育人目标的实现有赖于劳动正义作为一项价值共识得到全社会的普遍认可和尊重,并以实现对大学生劳动主体地位的切实保障为前提。

在高校劳动育人视域下,当大学生在劳动中占据主体地位时,劳动育人的客体就成为大学生自主劳动所试图改造的对象,这个对象可以是外部事物,也可以是大学生自身。此时大学生个体的劳动实践过程是对象化与非对象化的统一。一方面,大学生通过劳动活动将自身作为主体的本质力量和主观目的客观化,能够使之以对象的和客观的形式表现于现实的劳动过程中;另一方面,大学生通过劳动活动将客体中的客观物质和客观逻辑主观化、主体化,能够将其改造为主体的感知能力、思维能力和实践能力,并转化为主体的本质力量。由此可见,大学生通过自主劳动改造客观世界的同时,也自觉或不自觉地实现着对自身主观世界的改造,此时劳动育人的主体和客体统一于大学生自身,从而实现主体客体化。不仅如此,教师主体在实施劳动教育的过程中,其自身其实也在进行着教育劳动,这种劳

---

[1] 刘同舫:《马克思唯物史观叙事中的劳动正义》,《中国社会科学》2020年第9期。
[2] 《马克思恩格斯文集》(第8卷),人民出版社,2009,第28页。

动在改造外部对象（学生）的同时，也在潜移默化地改造着教师自身，此时教师也在劳动教育过程中实现了主客体的统一。

大学生个体对劳动正义的探求是一个艰难曲折的过程，其间伴随着对劳动尊严、劳动自由、劳动和谐、劳动幸福等一系列价值诉求的具体劳动实践探索，在这一过程中，大学生的各项素质能够获得较以往更深层次的提升。就劳动道德品质而言，随着自主劳动的逐步深入以及与真实社会的频繁交互，大学生在劳动中能够进一步认清自身劳动活动所处的历史方位和所承载的责任使命，理解劳动是创造个人幸福生活和实现国家繁荣富强的必由之路，进而在劳动中更好地处理小我和大我、奉献和索取之间的关系，甘愿将个体劳动、拼搏和奋斗融入追求国家富强、民族振兴和人民幸福的大坐标、大视野、大格局中，实现个体价值与社会价值的和谐统一。就劳动知识技能而言，大学生个体探求劳动正义的过程，其实也是个体智慧、灵感和潜能在劳动活动中充分激发和释放的过程，这一过程超越了以往在课堂上、书本上或某个教学型劳动场域开展学习、劳动的片面性和单调性，能够使大学生个体的知识结构、经验阅历和本领技能在自主劳动中得到更为全面充分的锻炼和提升。就劳动身体素质而言，劳动正义的价值诉求所倡导的是一种符合劳动者身心成长特点和规律，能够促进劳动者身心健康和谐、可持续发展的劳动，大学生在适宜的劳动环境和劳动强度下养成良好的劳动习惯，树立健康劳动的理念，能够对其未来的工作和生活产生持久且积极的影响。就劳动审美情趣而言，正如习近平总书记所指出的，"幸福都是奋斗出来的，奋斗本身就是一种幸福"[1]，在劳动正义的价值理念主导下，对普通劳动者来说，劳动的过程虽有艰辛，但其本身也是一种美好享受；劳动的结果在为劳动者个体创造美好幸福生活的同时，也能够为国家和社会作出积极贡献。大学生通过在劳动过程中发现美、欣赏美、享受美，积极主动地投身于自己所热爱且擅长的劳动领域，能够在为个人创造美好幸福生活、为他人和社会创造价值的同时，促进自身审美情趣和人生境界获得质的提升。就劳动创新素养而言，大学生通过将创新探索的成果更多地付诸实际运用，使创新成果持续为大学生个体，以及为他人和社会带来实际利益和积极效应，能够极大激发出大学生在劳动过程中持续

---

[1] 习近平：《在北京大学师生座谈会上的讲话》，人民出版社，2018，第12页。

探索创新、开拓进取的动力和激情,不断提升自身创新意识和能力,进而在未来的劳动活动中创造出更大的价值。

需要指出的是,对劳动正义的探求不仅应是大学生个体在劳动活动中的自觉价值追求,更应当成为高校乃至全社会的共同价值追求。尽管在高校劳动育人后期阶段,大学生自主劳动意识充分显扬,高校和教师在大学生自主劳动过程中主要发挥着方向引导、环境营造、资源协调、评价反馈等辅助性作用,但高校和教师应当充分认识到,大学生个体对劳动正义的探求必将经历一个艰难曲折的过程,这一过程仅靠大学生自身的力量难以真正推动,必须依靠高校乃至全社会通过体制机制改革、监管责任落实、宣传思想引领等举措,努力为大学生探求劳动正义营造环境、创造条件、扫清障碍,逐步引导大学生在劳动中打破原有利益关系的局限,更多地追求个人利益与集体利益、社会利益的和谐统一,使个体劳动创造出更多社会价值。此外,在高校劳动育人后期阶段,教师应引导大学生逐步将劳动活动的重心置于创新创业之上。创新创业劳动不仅是人的超越性本质力量的确证和现实化,也高度契合当前国内外形势发生深刻变化,以及我国进入新发展阶段所带来的新机遇、新挑战和新需求。习近平总书记明确指出,以科技创新催生新发展动能,是关系我国中长期经济社会发展的重大问题。"实现高质量发展,必须实现依靠创新驱动的内涵型增长。我们更要大力提升自主创新能力,尽快突破关键核心技术。这是关系我国发展全局的重大问题,也是形成以国内大循环为主体的关键。"[1] 可见,创新创业作为新时代大学生应当具备的基本素质,不仅能够发挥出推动国民经济和社会发展的强劲动力,也是大学生更好地彰显出个体劳动的社会价值,通过劳动创造美好幸福生活的重要途径。

综上,劳动正义价值诉求的实现程度,直接关乎大学生个体在劳动过程中自主性、能动性和创造性的发挥程度。劳动正义价值理念的确立,不仅需要大学生个体在未来劳动实践中去不断求索和争取,更需要高校乃至全社会通过一系列务实举措加以落实和保障。唯有不断实现劳动正义在劳动尊严、劳动效率、劳动和谐、劳动公平、劳动自由等不同层面的价值诉求,在全社会范围内使劳动精神得到弘扬、劳动热情得到振奋、劳动关系得到维护、劳

---

[1] 习近平:《在经济社会领域专家座谈会上的讲话》,人民出版社,2020,第6页。

动者权益得到保障，才能有效激发大学生在劳动活动中不断创新探索，实现个体价值与社会价值的和谐统一；才能真正让劳动创造美好幸福生活成为现实；高校劳动育人才能在深层次上促进大学生综合素质持续提升。

四 新时代高校劳动育人的作用规律

基于对新时代高校劳动育人的作用基础、动因和层级的分析阐述，为了更好地为其实施路径的探索提供理论指引，有必要从规律层面对新时代高校劳动育人的实施过程加以把握。规律是事物发展过程中的本质联系和必然趋势。新时代高校劳动育人的作用规律是指在新时代背景下，高校劳动育人在实施过程中其自身包括主体、客体、目标、内容、环境、方法、载体等在内的各个构成要素之间的本质联系及其矛盾运动的必然趋势。新时代高校劳动育人的作用规律可以分为基本规律和具体规律。所谓基本规律，是由贯穿高校劳动育人全程、规定高校劳动育人本质的基本矛盾所决定的，简言之，即高校劳动育人的实施既要从大学生劳动素养的现实状况出发，又要对照一定社会发展和人的全面发展所提出的综合素质要求来促进大学生原有劳动素养不断提升。围绕这条基本规律，结合新时代高校劳动育人实施过程中的具体矛盾和层级划分，可以尝试对新时代高校劳动育人的具体规律进行简要总结和凝练。

（一）致知于行规律

"致知于行"出自《荀子·儒效》"不闻不若闻之，闻之不若见之，见之不若知之，知之不若行之"，即没听见不如听见，听见不如看见，看见不如了解，了解了不如去实行。它意指做事、做学问要广闻博见，知行统一，要将学到的知识付诸实践。致知于行规律旨在揭示高校劳动育人实施过程中大学生"知"与"行"之间的辩证关系。这里的"知"主要指大学生个体对劳动活动的作用、价值、意义，以及对劳动活动规律的理解和认知，"行"则主要指大学生个体亲身参与劳动实践活动。在劳动育人的语境中，从字义上看，"致知于行"中的"致"与"于"均包括两层含义："致"既有达到、求得之义，又有送达、传致之义；[①]"于"既有"自""从"之义，

[①] 辞海编辑委员会编纂《辞海》，上海辞书出版社，2009，第2954页。

又有"到""及于"之义。① 由此可见，劳动育人语境下的致知于行规律应至少包含两层意蕴：一指从"行"来达到"知"，强调在高校劳动育人实施过程中，大学生劳动知识经验的获取和综合劳动素养的提升，都必须通过亲身劳动实践来实现；二指将"知"传致于"行"，强调大学生通过劳动实践所获取的知识经验和形成的其他劳动素养，还应当继续投入新的劳动实践中去。那么，对这两层意蕴之间的逻辑关系应当如何理解和把握呢？其实，关于知行之辩古已有之，我国古代先贤对此曾做过诸多探索，虽在一定程度上受到阶级和时代的局限，但仍提出了一些合理思想，逐渐形成了关于知行关系较为深刻的认识。如南宋理学家张栻在《论语解·序》中提出："行之力则知愈进，知之深则行愈达。"意指实践与认识之间是互相促进的关系：实践越多，对事物的认识就越深刻；认识越深刻，就越能指引实践的发展。毛泽东继承和发展了中国古代知行观，在中国革命和建设的实践中，运用马克思主义认识论的基本观点，将中国古代知行观与马克思主义辩证唯物主义反映论科学融合，丰富和发展了马克思主义认识论。毛泽东在《实践论》中总结性地指出："实践、认识、再实践、再认识，这种形式，循环往复以至无穷，而实践和认识之每一循环的内容，都比较地进到了高一级的程度。这就是辩证唯物论的全部认识论，这就是辩证唯物论的知行统一观。"② 可见，大学生从亲身劳动经历中收获经验、深化认知、端正态度、磨炼意志、锻炼体质、增长本领，并将这些通过劳动所形成的素养投入新的劳动实践中去，推动彼此不断发展进步，实现改造客观世界与主观世界的辩证统一，这是高校劳动育人实施的基本逻辑。因此，致知于行规律是统揽新时代高校劳动育人全局的具有主导性意义的规律。致知于行规律的两层意蕴虽密切联系，但也有着逻辑上的先后顺序。其中，通过劳动实践获取直接知识经验、形成良好劳动素养是第一步，解决了"知"从何而来的问题；而将劳动知识经验和良好劳动素养应用于新的劳动实践是第二步，解决了"知"向何处去的问题。具体而言，通过整体考察新时代高校劳动育人的实施进程，可以从三个层面对致知于行规律的内涵加以把握。

第一，大学生对劳动的正确理解和认知，必须从实实在在的劳动经历

---

① 辞海编辑委员会编纂《辞海》，上海辞书出版社，2009，第 2780 页。
② 《毛泽东选集》（第 1 卷），人民出版社，1991，第 296~297 页。

中获得。"纸上得来终觉浅，绝知此事要躬行。"陆游此句诗意指从书本上获得的间接经验毕竟比较肤浅，要透彻地认识事物，还必须亲自实践。高校劳动育人与此同理。尽管大学生从课堂上、书本上获取的间接经验也具有重要作用，但对劳动意义的理解、劳动精神的弘扬、劳动习惯的养成、劳动本领的培养，都切不可离开实实在在的劳动。第二，大学生开展劳动实践活动，不能离开劳动基本理论和专业知识的指导。尽管从"行"中获取直接经验，是实现高校劳动育人目标的关键，但这里的"行"并不是脱离科学的理论指导和教育引导的孤立盲目的"行"。否则，大学生所参与的，要么是简单低级的重复性劳动，要么是迫于某种压力的被动性劳动，这些劳动都难以真正激发大学生劳动的自主性和创造性。第三，大学生在劳动中形成的劳动素养，必须在新的劳动中得以确证和发展。大学生通过劳动使自身综合素质得到一定程度的提升，这并不是终点，而是劳动育人新的起点。大学生的劳动认知、劳动态度、劳动品德、劳动习惯等素养在具体劳动中形成，又在新的劳动中持续完善和发展，其个人综合素质和个体劳动所创造的价值也不断提升至更高的水平，这不仅符合马克思主义认识论的基本原理，也是新时代高校劳动育人的必然要求。

（二）利益驱动规律

利益在马克思主义哲学体系中具有重要地位。"正是对物质利益的接触和探索使马克思走上了通往唯物史观的道路，从而最终形成了历史唯物主义利益理论。"① 在马克思看来，"人们奋斗所争取的一切，都同他的利益有关"②。人类全部的社会活动都是围绕一定的利益而展开的。高校劳动教育如果回避实实在在的利益、离开活生生的现实，去空谈所谓的"理想""信念""奋斗"，将很难达成其育人目标。利益影响着人们的思想、动机和言行，驱动着人们通过自身的辛勤劳动、拼搏奋斗去开创美好幸福生活、取得非凡事业成就。由此可见，对利益的不懈追求是推动高校劳动育人活动持续实施和发展的重要动力。利益驱动规律就是一定利益与高校劳动育人实施之间内在的、客观的、本质的必然联系，是指高校劳动育人的具体实

---

① 王伟光：《利益论》，中国社会科学出版社，2010，第24~25页。
② 《马克思恩格斯全集》（第1卷），人民出版社，1956，第82页。

施过程受到不同利益主体的共同利益驱动的一种必然趋势和客观过程。对于利益驱动规律，可以从三个方面加以把握。

第一，高校劳动育人的实施不能回避利益。马克思说："'思想'一旦离开'利益'，就一定会使自己出丑。"[①]"利益"并不是让人羞于启齿、觉得丑陋的字眼，任何人都不可能没有利益、避谈利益，任何人都不可能离开利益而生存。人对物质利益和精神利益的需要和追求，是不以人的意志为转移的。在高校劳动育人实施过程中，不论是组织开展劳动教育活动的教师，还是作为劳动教育作用对象的大学生，都因受到各自利益的驱动而产生劳动动机、实施劳动行为，并渴望在劳动过程中实现对各自不同利益需要的满足。可见，如果不能为主体带来任何利益，高校劳动育人的实施将丧失其合理性和必要性。第二，高校劳动育人的实施要注意区分利益类型，把握不同利益主体的不同利益需求。如果按照利益的主体差别来划分，可以将利益划分为个体利益、群体利益、社会利益等。高校劳动育人活动所代表的是由社会整体利益、学生个体利益、高校群体利益所组成的利益集合体。其中，社会整体利益包括经济利益、政治利益、文化利益、生态利益等，学生个体利益包括个体生存利益、个体发展利益、自我实现利益等，高校群体利益则包括劳动教育政策资源利益、统筹实施利益、质量提升利益等。需要明确的是，在高校劳动育人视域下，高校作为组织开展劳动教育的特殊的社会单位或群体，其自身也是利益主体，也有利益诉求，并且高校还发挥着利益载体的作用，是承载社会整体利益和学生个体利益的重要中介和桥梁。第三，高校劳动育人的实施应着力促进不同利益主体间的利益平衡，实现各方共同利益最大化。当个体、群体、社会等不同利益主体的利益诉求在高校劳动育人活动中交汇时，彼此间相互联系、相互作用，各方利益既有交集，也必定存在矛盾和冲突。因此，在高校劳动育人实施过程中，应当努力找准各方最大利益的契合点，在兼顾彼此利益的同时，把握整体利益的平衡稳定，为高校劳动育人的持续实施和发展提供源源不断的优质动力。

---

① 《马克思恩格斯文集》（第1卷），人民出版社，2009，第286页。

(三) 螺旋递进规律

马克思曾用"螺旋形运动"[1]来形容资本的积累过程，恩格斯在《自然辩证法》中用"发展的螺旋形式"[2]来表述唯物辩证法的基本思想，列宁在对马克思、恩格斯关于发展的观念进行阐释时，明确指出"发展是按所谓螺旋式，而不是按直线式进行的"[3]，在讨论辩证法问题时，列宁进一步指出，"人的认识不是直线（也就是说，不是沿着直线进行的），而是无限地近似于一串圆圈、近似于螺旋的曲线"[4]。可见，在马克思主义经典作家看来，螺旋递进规律是事物发展和认识运动的基本规律。在现实中，螺旋递进规律不仅体现为"在大中小学循序渐进、螺旋上升地开设思想政治理论课"[5]的原则性要求，也高度符合《中共中央国务院关于全面加强新时代大中小学劳动教育的意见》中提出的"根据各学段特点，在大中小学设立劳动教育必修课程，系统加强劳动教育"[6]的迫切需要。从纵向看，螺旋递进规律体现为在大中小学分阶段、逐步递进式地加强劳动教育；而在高校劳动育人活动中，螺旋递进规律则表现为高校劳动育人活动由浅入深、由表及里、逐步深入的总体特征。螺旋递进规律要求高校劳动育人的实施应坚持循序渐进、因时因地制宜，在劳动育人目标要求与大学生实际劳动素养之间保持适度的张力，为高校劳动育人活动保持定力、激发活力、优化路径、发展演进提供科学的方法论指导。总体而言，可以从三个方面把握螺旋递进规律的主要内涵。

第一，高校劳动育人的实施应根据大学生身心发展特点循序渐进地加以推进。在劳动实践基础上的专业性与思想性相统一的特征，决定了高校劳动育人在实施过程中必须综合全面地把握大学生身心发展的阶段性特点。我国普通高校大学生的年龄大多在 18 岁至 23 岁，他们的各项生理指标已接

---

[1] 《马克思恩格斯选集》（第 2 卷），人民出版社，2012，第 283 页。
[2] 《马克思恩格斯选集》（第 3 卷），人民出版社，2012，第 841 页。
[3] 《列宁短篇哲学著作》，人民出版社，1993，第 341 页。
[4] 《列宁短篇哲学著作》，人民出版社，1993，第 373 页。
[5] 《习近平主持召开学校思想政治理论课教师座谈会强调 用新时代中国特色社会主义思想铸魂育人 贯彻党的教育方针落实立德树人根本任务》，《人民日报》2019 年 3 月 19 日。
[6] 《中共中央国务院关于全面加强新时代大中小学劳动教育的意见》，人民出版社，2020，第 4 页。

近成人的水平，但在自我意识、抽象思维、情绪情感、意志水平等心理发展方面虽较中学阶段有明显提升，但仍处于走向成熟但未真正成熟的阶段。高校劳动育人在实施过程中应科学研判并精准把握大学生在不同阶段身心发展的不同特点，坚持统一要求与分类指导相结合的原则，确保劳动育人活动的科学有效性。第二，高校劳动育人的实施应结合劳动教育的具体实施条件加以有序推进。在我国不同地域、不同层次、不同类型的高校中，实施劳动教育、开展劳动育人的基础条件建设情况是存在差异的。尽管国家层面研究出台了关于加强劳动教育的总体性指导意见，但在具体实施过程中，必须结合各个高校的实际情况具体问题具体分析，做到因地制宜，绝不能搞"一刀切"。高校在把握好各项原则性要求的基础上，应根据自身办学情况和优势特色，分阶段、分步骤地确立劳动教育中长期目标和短期目标，设计具体明确的、有可操作性的实施方案，一步一个脚印狠抓落实，稳步推进劳动教育，持续发挥其育人功能。第三，高校劳动育人的实施应同外部社会环境紧密互动、同步发展。高校劳动育人不是一个孤立封闭的系统，它在顺应经济社会发展和人的发展需要，尊重大学生身心发展特点的同时，还必须同外部社会发展状况保持一定的同步性。由于外部社会环境对大学生劳动素养的要求处于相对稳定但持续发展变化的状态中，因此，高校劳动育人活动一方面应着力培养符合现实社会发展需要的合格劳动者；另一方面，还应努力适应新时代人类劳动形态发展变化的新趋势，围绕未来劳动需求及时进行自我更新和优化。但正如前文所述，高校劳动育人的目标要求和大学生劳动素养水平之间应保持适度的张力，维持一种动态平衡关系，通过两者之间的矛盾运动，推动高校劳动育人活动持续健康开展。

（四）交融互通规律

交融互通规律旨在揭示高校劳动育人的实施同外部其他育人路径之间的关系。它主要指高校劳动育人的实施应当与其他能够促进大学生劳动素养提升的育人路径之间增进联动协同，强化互融互通，凝聚育人合力。新时代高校劳动育人并不是从零开始、另起炉灶，而是力图将以往分布较为零散、不成体系的各种具有劳动教育特点或劳动育人功能的教育内容、形式、方法、载体等加以有机整合，并结合新时代特征，积极与高校内部和外部其他教育途径或育人因素互动配合，共同发挥育人合力。因此，高校劳动育人的实施除了需要制定专门的劳动教育实施方案，组建专业化的师资队伍，创设配套的实施条件，还必须打通劳动教育与高校内外其他教育路径之间的隔阂，将劳动元素拓展至高校整体育人系统，延伸至家庭教育、社会教育等育人途径，着力构建全员、全过程、全方位劳动育人格局。交融互通规律要求高校劳动育人应当在思想理念、目标内容、方法载体、具体实施等层面实现全面而深刻的交融互通。对此，高校须树立系统思维，做到通盘考虑、统筹谋划、有序推进，方能破除障碍、凝聚共识、汇聚合力。总体来看，在高校劳动育人实施过程中，对交融互通规律的运用主要表现在以下三个方面。

第一，高校劳动育人活动与高校内部其他育人活动之间互动协同。高校劳动育人的实施应当着力发掘并充分利用高校内部其他育人活动中蕴含的劳动育人元素，并将其规范化、体系化、精细化，使其在协同发挥劳动育人功能的同时，助力高校其他育人活动得到更好的开展。例如，在实践育人、资助育人过程中，劳动都是其中的重要内容；而在课程育人、科研育人、文化育人等育人活动中，也都内在地包含诸多劳动育人元素。因此，高校劳动育人活动应当积极与其他育人活动之间保持联系互动，促进彼此交汇融合，逐步在高校内部形成劳动育人的理念共识和行为导向。尽管从表面上看，劳动育人元素的融入似乎会挤占其他育人活动原有的时间空间和教育资源，但事实上，劳动的本源性以及劳动育人的深刻性，也能够反过来促进高校其他育人活动进一步找准自身定位，不断创新优化，提升其育人效果。第二，高校劳动育人与家庭、社会劳动育人同频共振。高校劳动育人的实施在发挥好学校主阵地作用的同时，还必须重视家庭教育、社会教育的重要作用。一方面，应加强家校沟通协作，发挥家庭劳动教育的基础性作用，引导大学生克服"等靠要"心态，树立正确的择业就业观和劳动观。另一方面，应加强校企、校地合作，积极调动社会力量，争取社会资源，建设好校外劳动实践基地，组织引导大学生走进工厂、农场、企业、社区，在社会主义现代化建设的大舞台上充分展示自我风采、感知时代脉搏、体察国情民情、经受考验锻炼，发挥好社会劳动教育的支撑作用。第三，高校劳动育人的实施与各类突发事件应急处置工作深度融合。严格来说，大学生参与各类突发事件应急处置工作也属于广义的社会劳动教育的一种方式，但由于其带有偶发性、自愿性和无偿性等特点，大学生通常以志愿服务的形式自由选择参与此类劳动，劳动过程呈现出明显的自主性、自觉性特征。而在大学生自由选择的自主自觉的劳动过程中，能够极大锻炼大学生的意志品质，培养大学生的奉献精神，帮助大学生深刻理解个体劳动的社会价值，对促进劳动育人目标的达成具有特殊重要的意义。

（五）反馈控制规律

反馈控制规律旨在揭示通过信息反馈控制影响高校劳动育人实施的稳定性与发展性的内在机制。它是指在高校劳动育人实施过程中，通过将系统输出端信息反过来作用于输入端，分析比较输出与输入信息之间的偏差，并采取控制措施减少或消除偏差，从而影响系统的再输入和再输出，进而保证高校劳动育人实施的稳定性和发展性。在高校劳动育人实施过程中，劳动教育质量评价机构负责定期或不定期地对劳动教育过程和育人效果信息进行评价，并与劳动育人目标进行比较，对偏差信息进行分析研究，形成控制决策建议，再由教育管理机构根据建议对劳动教育过程进行控制管理，通过如此反馈、控制、再反馈、再控制，促进劳动教育的育人效果不断提升。在整个工作流程中，输入端信息是指高校劳动育人实施的各项具体要求和目标，输出端信息主要指高校劳动育人实施的过程信息和目标实现情况，高校劳动教育质量评价机构负责对反馈信息进行研判分析，而高校教学管理机构则主要根据信息研判分析情况来实施具体的控制管理。因此，把握反馈控制规律的关键，在于强化信息反馈、信息研判和控制管理三个环节，并理顺三者之间的逻辑关联。

第一，应着力保证高校劳动育人实施信息反馈的及时性、准确性和完整性。信息反馈是控制的灵魂。实施有效控制的关键在于获取及时、完备而准确的信息。这些信息既包括大学生对劳动教育师资、内容、条件、环境等要素的主观感受，也包括教师在组织开展劳动教育过程中，对既定培养方案和实施情况的反馈，还包括对大学生劳动素养形成与发展状况的调查数据，等等。信息的获取既可以通过运用新媒体、大数据等新兴网络信息技术采集，也可以通过问卷、访谈、座谈等传统方式采集。信息的呈现方式也是多元的，既包括具体可量化的数据，也包括一些感性、主观的反馈。第二，应建立高校劳动育人实施质量评价体系，对反馈信息进行分析研判。反馈信息的复杂多元性，使得对信息的分析研判显得尤为重要。质量评价机构开展信息分析研判，既要参考质量评价指标体系进行综合考量，也要着重凸显劳动教育对于促进大学生劳动素养形成发展的效果分析。评价结果的呈现形式应避免简单化、单一化，要做到分类评价、以评促进，既不回避问题，又要有助于改进工作。针对评价过程中发现的问题，应先找主观原因，再去看客观原因，及时总结形成改进优化建议，为控制管理提供决策依据。第三，应根据信息研判情况，强化高校劳动育人实施质量控制管理。反馈信息的最终目的在于优化控制管理。根据质量评价情况和改进优化建议，高校教学管理机构应拿出改进方案，采取切实举措，有针对性地查漏补缺，持续提升高校劳动育人实施的稳定性，并推动高校劳动育人活动不断创新发展，实现稳定性与发展性的有机统一。

第六章　新时代高校劳动育人的实施路径

本章作为本书的落脚点，拟从理论建构转向对新时代高校劳动育人具体实施路径的探索，完成从抽象上升到具体的重要跨越。一般而言，对高校劳动育人实施路径的探索大体可以遵循两条基本思路：一条思路是从加强和改进新时代高校劳动教育着手，从思想认识、组织保障、课程建设、队伍建设、方法载体、环境条件、效果评价等方面，探索促进高校劳动教育质量提升的具体路径，以使其更好地发挥育人功能；另一条思路则是直接从学生角度出发，贯彻以生为本理念，坚持育人的目标和价值导向，围绕大学生在劳动活动中身心发展的实际状况循序渐进地加以展开。总体来看，前一条思路重在规范和强化高校劳动教育的主导作用，对促进劳动教育育人功能的发挥具有重要意义，但对大学生主体能动性的关注稍显不够；后一条思路锁定"育人"导向，紧扣"劳动"核心，依托高校劳动教育的基础性作用，根据新时代高校劳动育人作用层级的划分，重点关注大学生劳动主体意识成长和劳动素养提升的阶段性特征，更加符合新时代高校劳动育人的目标定位和作用规律。基于此，本章拟依据后一条思路，从大学生亲身参与劳动、深刻理解劳动、自主开展劳动、创新创业劳动、和谐幸福劳动等五个紧密联系又螺旋递进的维度展开，系统全面地探索新时代高校劳动育人的实施路径。

一　亲身参与劳动：新时代高校劳动育人实施的逻辑起点

让大学生亲身参与劳动，接受劳动锻炼，是新时代高校劳动育人的根本方法和途径，也是切实把握致知于行规律的必然要求。在劳动育人初期，高校应依托劳动活动课程建设，根据大学生的劳动素养发展状况，充分发挥好教师在大学生劳动活动中的主导作用，通过保障劳动所需各项基础条件、强化劳动过程引导监督管理、倡导鼓励师生共同参与劳动，为新时代高校劳动育人活动的深入开展奠定良好基础。

（一）保障劳动所需各项基础条件

大学生亲身参与劳动，并不是简单盲目的随机性行为，而是应当依托劳动课程规范有序地开展。一般而言，高校劳动课程可以分为劳动活动课程和劳动学科课程两大类，两者的侧重点不同，在劳动育人活动中发挥的作用也有所区别。从致知于行规律出发，以大学生主体性活动经验为中心所组织的劳动活动课程，无疑在高校劳动课程体系中居于核心地位。通过加强劳动活动课程建设，使大学生参与劳动有规可循、有物可依、有人落实，是摆在高校劳动育人面前最基础最紧迫的任务。在具体实施层面加强劳动活动课程建设，保障大学生参加劳动所需的各项基础条件，应重点从劳动规划、资源配套和师资保障三个方面进行探索。

1. 编制劳动规划

劳动规划主要指高校劳动教育在制度方案设计和劳动活动课程规划中，对大学生参与劳动的时间、场地、内容、形式、要求等进行精细化、科学化的安排。劳动规划的编制应当围绕促进大学生亲身参与劳动实践而展开，做到循序渐进、分类设计和交叉协同。

循序渐进是指劳动规划在满足基本学时要求的前提下，应从大学生劳动素养的实际状况和高校开展劳动教育的现实条件出发，根据学生身心发展特点，以及不同类型的劳动本身的难易程度，分阶段、有步骤地对学生参与劳动进行设计和安排。劳动规划的设计应当遵循高校劳动育人实施的螺旋递进规律，从简单的基础性劳动和教师主导下的劳动着手，逐步向体现时代特征的新式劳动、个性化劳动和大学生自主开展的劳动递进，并对各个阶段的劳动安全保护进行有针对性的安排。分类设计是指劳动规划在明确共性要求的同时，还应当根据大学生个体和高校自身的不同特点，对有关个性化要求进行分别设定，做到整体性和差异性的有机统一。对大学生个体而言，劳动规划应根据学生不同的性别年龄、专业背景和劳动能力，分别设定不同的劳动内容和要求，而不能搞"一刀切"，提出不符合学生实际的要求，影响劳动育人的实施效果。对高校自身而言，由于不同高校在所处地域、办学类型、办学条件等方面均存在差异，在制定劳动规划时，应当结合学校办学实际进行科学研判，保证规划设计的合理性和可操作性，不能脱离实际、生搬硬套，让劳动规划成为难以落实的一纸空文，沦为某种形式主义。交叉协同是指高校在制定劳动规划时应当遵循交融互通规律，开放思路，勇于创新，充分利用其他育人途径中和劳动密切相关的教育形式，通过有机整合、深度融入，实现校内外各类资源平台间的交叉协同。例如，在社会实践、实习实训、志愿服务、专业实验、勤工助学和校园文化活动中，都内在地包含有劳动育人的成分和要求。高校在制定劳动规划时应做到通盘考虑、统筹规划，积极将劳动元素融入各类教学实践活动，融入大学生学习生活的方方面面，努力为大学生亲身参与劳动创造更多更好的机会和条件。

2. 完善资源配套

劳动规划制定后，高校应根据规划设计安排，投入建设一整套能够较好满足规划实施需求的配套资源，保障劳动规划能够得以顺利落实。这些配套资源的投入和建设不是单一性、一次性的，而是包括人、财、物等多个方面，并根据实际需要分阶段持续性地投入建设。因此，高校必须在劳动教育制度设计中对资源投入相关事项加以明确和规范化，建立完善的劳动资源保障机制，确保资源投入的及时性、科学性和有效性，最大限度降低廉政风险。此外，高校还应着力对现有劳动资源加以整合利用，拓展劳动资源筹措渠道，努力实现盘活现有资源、投入急需资源、争取外部资源三者有机统一。

盘活现有资源与在劳动规划编制时注重交叉协同的要求密切相关。交叉协同的要求体现在资源配套方面，表现为对现有劳动资源的充分整合和协同开发利用。例如，高校建立的各类社会实践基地和实习实训基地，都是大学生开展劳动实践的优质平台。投入急需资源要求劳动配套资源建设在加强整合协同的同时，还应当保持一定的独立性。在劳动基地建设、劳动设备添置、劳动安全保障等一些急需投入资源的领域，高校应下定决心，统筹协调，加大资源投入力度。例如，高校可将劳动经费列入学校年度预算安排，设立专项资金，确保劳动活动的有效开展。此外，新投入的劳动资源同样可以供其他教学实践活动使用，从整体上促进高校劳动资源合理顺畅流动，在彼此协同的基础上实现资源利用效率最大化。争取外部资源是优化劳动资源配套的重要抓手，尤其是在高校尚未获得专项劳动教育经费资助的情况下，更应当积极拓宽劳动资源筹措渠道。由于新时代科学技术高速发展，人工智能、大数据、机器人等先进科技催生人类劳动形态不断发展变化，与之相适应的劳动场地、专业设备等劳动配套资源也需要及时跟进，以不断满足日益多样化、复杂化的大学生劳动需求。此时仅靠高校自身力量将难以为继，必须充分利用各类校外资源，精心打造校地、校企、校校劳动资源共建共享平台，推动产学研深度融合，在实现多方互利共赢、共同发展的基础上，积极构建彼此持续协作的良性机制。

3. 打造师资队伍

组织引导大学生亲身参与劳动是高校劳动教育的重要一环，尤其是在劳动教育初期，学生自主劳动意识尚未被充分激活，参与劳动对一部分学生而言，并不是其发自内心愿意去做的事情，此时教师对劳动活动的组织引导就显得极为必要和重要。教师主导作用的有效发挥，对大学生的劳动认知、劳动态度、劳动精神、劳动技能等素养的形成和发展具有重要意义。因此，健全和完善师资保障就成为组织引导大学生开展有质量、有意义的劳动的重要基础。前文围绕新时代高校劳动育人的队伍保障，从队伍整合、队伍培养和队伍延伸三个方面提出了总体思路，具体而言，现阶段高校劳动教育师资队伍建设应努力做到培养专职型队伍、发展复合型队伍、凝聚社会型队伍三者有机统一，着力打造一支专兼协同、内外互补的高水平劳动教育师资队伍。

从长远来看，培养专职型队伍应从构建劳动科学理论体系和学科体系、完善师范类人才培养体系着手，通过持续为开展劳动教育输送专业教师，从根本上解决师资短缺问题。随着劳动教育在 2021 年增设为普通高等学校本科专业目录中的新专业，劳动教育师资短缺状况未来将得到根本性改善。但是，这一改善难以在短期内实现。为满足现实需求，高校在现阶段应重点打造一支复合型劳动教育师资队伍。例如，通过深化劳动教育体制机制改革创新，将劳动的内容和要求融入高校德育、智育、体育、美育、创新创业教育之中，融入全体教师队伍、学工队伍、后勤保障队伍的日常工作当中，让专业课教师、班主任、辅导员、实验员、宿管员等都在大学生各类劳动实践活动中自觉担负起教育引导职责，履行劳动教育义务，营造全员劳动育人的整体氛围。在高校内部不断整合优化劳动教育师资队伍的同时，还应高度重视社会型师资队伍的建设。高校在遴选社会型师资人选时，既要考察其劳动技能和授业经验，又必须要求其具备良好的职业道德和敬业精神。针对校外劳动教育师资的管理，高校应创新人事管理模式，打破编制和薪酬束缚，建立科学的激励和淘汰机制，鼓励和吸引越来越多的优秀劳动者走进校门，走入大学生中间，现身说法地讲述创新故事和劳模事迹，展示精湛技艺和工匠情怀，不断提升劳动教育的影响力、渗透力和感染力。

（二）强化劳动过程引导监督管理

在保障大学生参与劳动所需的各项基础条件的前提下，高校还应依托劳动教育师资队伍和教学监督管理机构，对大学生参与劳动的过程进行引导、监督和管理，这也是高校劳动活动课程实施的必然要求。此外，根据中共中央、国务院《关于全面加强新时代大中小学劳动教育的意见》要求，高校应根据实际需要，编制劳动实践指导手册，明确教学目标、活动设计、工具使用、考核评价、安全保护等劳动教育要求。可见，对大学生劳动过程的引导、监督和管理，应当依据劳动活动课程和劳动实践指导手册的安排和部署来有序进行，确保教育引导有方法、监督反馈有力度、管理优化有效果。

1. 加强教育引导

在高校劳动育人初期，教师对大学生在劳动中明显偏离劳动常识、违背劳动规律的思想和行为予以及时纠正，并实施具有主导性、规训性特点的教育引导，能够保障学生的劳动实践活动不偏离高校劳动活动课程和实践指导手册的目标和要求。可以说，来自教师的教育引导不仅是大学生从非劳动状态向劳动状态转变的重要推动力量，也是激发学生劳动素养逐步成长发展的主要催化因素。一般而言，人们对教育引导的理解往往聚焦于某种知识理论的传授和道德素质的培养。这种认识本身并无问题，但如果将其片面僵化地加以理解，则容易导致高校劳动教育中教师的教育引导活动被局限在书本、课堂或宣传话语之中，成为一种空洞的理论说教和思想宣传，从而偏离了劳动育人中蕴含的"劳动"核心与"育人"旨归。因此，教师在劳动教育活动中实施教育引导，应抓准"劳动"，瞄准"育人"，重点围绕大学生亲身参与劳动实践而展开。具体而言，教育引导应根据大学生的具体情况和高校的基础条件，以及劳动活动课程和劳动实践手册的相关内容和要求，重点从环境营造、路径选择和分类实施三个方面加以把握。

环境营造旨在强调高校应尽量避免将组织大学生参与劳动变为一种违背学生主观意愿的强制性的教育活动，应尝试通过宣传身边劳动典型，讲述感人劳动故事，努力营造良好的劳动氛围，使学生真切感受到辛勤劳动、诚实劳动和创造性劳动所创造的重要价值和带来的丰厚回报，进而引导学生正确认识劳动、乐于投身劳动。路径选择主要指教师对大学生劳动过程进行教育引导应当灵活选择适宜的内容载体和方式方法，注重循序渐进，从思想认识层面着手，从简单劳动着手，从能力兴趣着手，使学生逐步深入劳动过程，强化劳动体悟。分类实施则要求教师实施教育引导应区分不同类型的教育对象和劳动活动，根据大学生性别、年龄、专业等差异化特征，以及不同劳动内容和劳动形式的差异化要求，提出与之相适应的教育引导原则和方法，通过分类实施，切实保障教育引导的针对性和实效性。

2. 开展监督反馈

在加强教育引导的同时，监督反馈同样不能缺位。开展监督反馈是切实提升大学生劳动质量的重要保障。强化对大学生劳动过程的监督反馈，是指高校劳动教育监督机构通过对学生劳动过程和教师教育引导过程的实时关注，审视劳动活动课程和劳动实践手册中所规定的各项劳动条件、劳动指导、劳动安保等是否落实到位，研判劳动规划编制是否科学合理、劳动目标是否顺利达成，进而从中发现问题，及时整改，为大学生更好地开展劳动创造条件。

对大学生的劳动过程进行监督并不是"监工"，其重点不是考量学生在劳动中创造了多大的经济价值，而是提升学生在劳动过程中的参与感和获得感。唯有让大学生全身心投入劳动，在劳动中体悟艰辛、经受锻炼、体现价值，进而内生出对劳动积极正面的直观感受和情感体悟，才是组织引导学生亲身参与劳动的主要目的，也是实施监督的核心导向。监督的具体实施，可以通过大数据、云平台、物联网等现代信息技术手段实时监测掌握大学生的劳动情况，也可以通过高校内部劳动监督机构定期或不定期进行现场抽检。总之，监督的目的不是实施单方面的强迫和压制，而是在于不断优化大学生参与劳动的各项体验，让学生在劳动中感受到关注和关心，经受考验和锻炼。监督的主要内容包括大学生是否能够顺利开展劳动、各项劳动基础条件能否满足大学生开展劳动的需要、教师在大学生劳动过程中能否有效履行教育引导职责、大学生对劳动本身的感受和体悟是否积极正面等等。根据高校劳动育人实施的反馈优化规律，在监督过程中收集到的各类信息，应当及时进行分析评价，并通过反馈报告或工作简报等形式准确反馈给劳动教育管理机构和劳动教育具体实施者，帮助其及时准确地掌握大学生在劳动过程中的具体表现，以及学生对劳动内容、劳动条件、劳动指导、劳动安保等方面的直观感受，以便针对问题及时整改，不断提升学生的劳动体验。

3. 促进管理优化

开展监督反馈的主要目的，是通过监督评价发现问题，并及时采取相应措施推动解决问题，以此促进高校劳动教育管理不断优化，为大学生创设更好的劳动环境和条件。因此，高校劳动教育管理机构对反馈信息应当深入及时地加以分析研判，区分不同的问题类型，深挖产生问题的原因。管理机构可以尝试将监督评价中发现的问题进行分类，分为制度规划类问题、条件保障类问题、师资队伍类问题等，也可以根据问题的牵涉面以及解决问题的难易程度，将问题分为一般问题和重大问题。针对不同类型的问题，应当有区别地进行分析，找准产生问题的深层次原因，并提出整改优化方案。例如，针对一般问题，可以由劳动教育管理机构直接进行协调解决；而针对牵涉面广的重大问题，则应及时向校级层面的决策机构进行反馈，从校级层面统一思想、统筹规划、提出对策、推动落实。整改方案的制定应当集中监督管理机构人员、教师代表、大学生代表和相关职能部门代表进行集体协商，广泛征集各方意见，综合考量学生劳动需求和学校办学条件等实际情况，围绕促进学生更好地开展劳动这一目标，设计切实可行的问题解决方案。管理机构在根据问题解决方案严格推动整改落实的同时，还应探索逐步建立完善的问题解决机制和奖惩激励机制。完善问题解决机制应探索将解决问题的一整套流程系统化、制度化，通过建立问题清单，列出解决问题的时间表和任务书，明确责任归属，限期督促解决，不断提升问题解决效率。同时，通过将奖惩激励机制落到实处，能够引导教职员工更多地关心关注大学生劳动活动的开展和劳动素养的提升，营造出全员劳动育人的良好氛围。

（三）倡导鼓励师生共同参加劳动

组织大学生亲身参与劳动，需要保障好劳动所需的各项基础条件，并做好引导、监督和管理。其中,与制度规划设计、活动课程安排、硬件设施配套等相关的各类问题相对容易解决,真正的重点难点问题在于,教师队伍是否具备良好的劳动素养和劳动教育能力,能否对大学生参与劳动施加积极正面的影响。习近平总书记在学校思政课教师座谈会上的讲话中强调,"办好思想政治理论课关键在教师,关键在发挥教师的积极性、主动性、创造性",要让政治强、情怀深、思维新、视野广、自律严、人格正的教师来讲授思政课,才能"给学生心灵埋下真善美的种子,引导学生扣好人生第一粒扣子"。[①] 与此同理,只有让懂劳动、爱劳动、勤劳动、会劳动的教师来教育引导大学生参加劳动,才能切实保证劳动教育的效果。然而,由于种种原因,现实中相当一部分高校教师,尤其是青年教师劳动素养缺失的问题较为普遍,教师自身不理解劳动、不愿意劳动、不会劳动的现象较为突出,严重制约着高校劳动教育的开展,影响其育人功能的发挥。因此,要组织引导大学生亲身参与劳动,对学生开展劳动教育,一个重要前提就是让教师队伍先接受劳动教育,切实提升其劳动素养和劳动教育能力。针对教师队伍的劳动教育同样应当遵循高校劳动育人实施的具体规律,在积极开展各类师资培训的同时,更重要的是让教师和大学生一同参与到劳动过程中去,使教师在自身接受劳动锻炼的同时,对学生参与劳动的过程和细节形成切身体会,以此提升劳动教育的针对性和实效性。在我国当前的高等教育环境下,倡导鼓励师生共同参与劳动,至少应从以下三个方面进行探索。

1. 精心组织动员

组织教师和大学生一同参加劳动,客观上无疑会增加教师的工作负担,容易引起教师的抵触情绪。因此,在实际操作中应注重方式方法,从思想认识层面着手,逐步引导教师理解师生共同劳动的意义和价值,并愿意真正付诸行动予以配合。德国著名哲学家卡尔·雅斯贝尔斯在《大学之理念》中指出:"大学是一个由学者与学生组成的、致力于寻求真理之事业的共同体。"[②] 在此基础上,雅斯贝尔斯进一步指出,将大学作为"师生共同体"

[①] 《习近平主持召开学校思想政治理论课教师座谈会强调 用新时代中国特色社会主义思想铸魂育人 贯彻党的教育方针落实立德树人根本任务》,《人民日报》2019年3月19日。

[②] 〔德〕卡尔·雅斯贝尔斯:《大学之理念》,邱立波译,上海人民出版社,2007,第19页。

的"这个理念要求有交流存在,不仅要有不同学科层次上的交流,而且要有不同个人层次的交流。这样,大学就应该给学者们提供条件,使他们能够和同行的学者和学生一起开展直接的讨论和交流"[1]。在雅斯贝尔斯看来,教育活动并非教师单向的讲授,而应当是师生之间的双向或多向交流。在高校劳动育人语境中,高校作为"师生共同体",不仅体现为"学习共同体",也体现为"劳动共同体"。只有通过师生共同参加劳动,才能使得彼此对劳动过程感同身受,加深相互沟通和理解,提升劳动活动的育人效果。试想,如果教师自身不理解、不愿意劳动,却来组织大学生开展劳动,并以监督者、管理者的身份提出种种要求,必然会激起学生极大的抵触情绪,使劳动的育人效果大打折扣。因此,引导教师树立"劳动共同体"理念,是组织动员师生共同参加劳动的重要思想基础。

除了在思想层面统一认识,还应做到分类组织、科学动员,让师生共同参加劳动符合实际、易于操作。分类组织需要根据不同劳动内容,为师生共同劳动分别制定方案、提出要求。例如,日常生活类劳动可以参考借鉴欧美国家的"住宿学院制",组织辅导员、班主任等分期分批与大学生同吃同住同劳动;专业探索类劳动可以要求专业课教师在指导学生参与科研实践的过程中与学生共同开展;志愿服务类劳动则可由教师先做出表率并发挥好榜样示范作用,带动学生共同参与。科学动员则是指组织教师参加劳动时应尽量不给教师增加较多的额外负担,让教师立足本职工作,将自己原先已在开展的劳动活动与大学生所开展的劳动活动之间建立联系,推动彼此之间实现良性互动。例如,当前国家鼓励高校教师在职创办企业,开展各类创新创业劳动,教师在开展此类劳动时,有意识地吸纳更多大学生参与其中,能够为师生之间的思维激荡和灵感碰撞提供良好平台,从师生共同劳动中收到更好的育人效果。

2. 有序推动实施

在组织动员的基础上有序推动实施,是保障师生共同参加劳动的质量和效果的重要前提。除了提供必要的劳动基础条件外,要顺利高效地组织师生共同参加劳动,还应注重对劳动过程进行科学管理。具体而言,主要应从引导教师的劳动行为着手,帮助教师在师生共同劳动中做到有备无患、

---

[1] 〔德〕卡尔·雅斯贝尔斯:《大学之理念》,邱立波译,上海人民出版社,2007,第97页。

引导示范和熏陶启迪的有机统一。这三者在逻辑上紧密关联,并有着先后顺序。

有备无患是指教师在和大学生共同参加劳动之前,自身需要认真做好前期准备,先行尝试和体验劳动内容,将自己代入学生角色,充分感受劳动过程中的困难点和风险点,提前对应当在哪些时机和节点上给予学生教育引导做到心中有数,保证在师生共同劳动时能够做到胸有成竹把握重点、轻车熟路解决难点。引导示范是指教师在大学生参与劳动的过程中应当充分发挥示范带头作用,在劳动过程中展示出良好的劳动技能、知识储备和精神风貌,在对学生劳动进行教育引导的同时,展现出适时适地的关心和关爱,传递好劳动和教育的温度。熏陶启迪则体现着更高层次的要求,需要教师将本人参加劳动表现为一种非常自然的、由衷乐意的、非刻意的行为,让大学生真切感受到教师劳动不是花架子,不是在作秀,而是将真情实感投入其中。此时教师的劳动表现以一幅具有教育感染力的生动画面呈现在大学生面前,能够深刻影响学生的劳动态度和劳动行为,发挥出潜移默化的教育效果。此外,教师在劳动中影响启迪大学生的同时,其自身的劳动素养和综合素质也能得到不断提升,实现教育与自我教育的有机统一。

3. 构建长效机制

师生共同参加劳动不应只是一种偶然性或个别性的行为,而是应当加以规范化、制度化,使其逐步发展成为高校全体教师共同认可并付诸实践的行为准则。对此,高校应当积极探索构建促进师生共同参加劳动的可持续性机制,从评价导向、制度规范和奖惩激励等方面着手,鼓励引导教师与大学生共同投身劳动实践,打造高校劳动育人视域下的新型师生关系。

具体而言,评价导向代表着一种整体氛围和方向指引。从师范类人才培养开始,高校就应不断强化对师范生劳动素养和劳动教育能力培育的相关要求,确保向各级各类学校输送合格的劳动教育师资队伍。在高校人才评价体系中,除了对教师的教学科研能力进行考核评价,还应对教师的劳动素养和劳动教育能力提出明确要求,将教师参加劳动、开展劳动教育的质量和效果纳入评价范围,并应将评价体系中关于教师参加劳动的各项要求在相关制度规范中加以体现。高校应逐步探索将教师参加劳动纳入工作量计算,将教师接受劳动锻炼编入师资培训规划,将教师体验劳动作为劳动课程备课的基础环节,并积极组织开展形式多样的劳动技能竞赛和劳教学比赛，让教师参与劳动、体验劳动成为高校师资队伍建设和打造优质劳动课程的重要抓手。此外，制度规范的具体落实，还需要奖惩激励机制充分发挥推动作用。高校围绕师生共同参加劳动，通过奖优惩殆，大力培养选树典型，发挥表率和先锋模范作用，能够有效扭转曲解劳动、轻视劳动、逃避劳动的不良校园风气，使师生共同劳动不再是校园中的奇闻异事，而是成为一种司空见惯的正常现象，真正营造出全员劳动、全员育人的整体氛围。

二 深刻理解劳动：新时代高校劳动育人实施的思想基础

组织引导大学生亲身参与劳动，能够使学生对劳动形成自我感知和体悟，这种直接经验的获取，对高校劳动育人具有重要意义。在直接经验的触动下，通过加强劳动科学学科建设和劳动学科课程建设，着力优化劳动教育实施的校园文化环境，能够促进大学生在亲身体悟劳动并生成感性认识的基础上，进一步深化对劳动内涵和意义的理性思考，形成更为深刻的理解和认识，进而为新时代高校劳动育人活动向纵深推进奠定思想基础。

（一）以劳动科学学科建设夯实劳动育人根基

"学科"在《中华人民共和国学科分类与代码国家标准》（GB/T 13745-2009）中被定义为"相对独立的知识体系"。可以说，学科是对科学知识体系的分类，不同学科就是不同的科学知识体系。劳动学科所代表的劳动科学知识体系，涉及哲学、经济学、社会性、法学、管理学、心理学、伦理学，以及自然科学等多个知识领域，具有综合性、复杂性等特征。目前在我国，劳动科学尚未被列入一级学科，其内容散见于不同的一级学科之中，处于分散状态，未能形成合力，在新时代背景下难以从学科层面为高校劳动育人活动的有效实施提供支撑。对此，教育主管部门和高校应从新时代、新形势、新要求出发，科学分析研判，精心谋划运作，争取在我国早日建立起相对完善的劳动科学学科体系，为高校劳动育人提供坚实的学科支撑。

1. 劳动科学学科建设的必要性

新时代大力加强我国劳动科学学科建设，具有重要的理论和现实意义，其必要性可以从三个方面加以分析。一是有助于解决新时代我国经济社会发展面临的诸多劳动问题。当前，在信息科技飞速发展、经济增长进入新常态、大国博弈日趋紧张激烈、公共卫生安全挑战突出的时代背景下，我国经济社会发展面临着复杂严峻的国际国内形势。种种因素反映到劳动领域，导致我国劳动问题日益增多，引发出劳动就业压力增大、劳动者权益保障缺位、劳动法律体系不健全、劳动关系失衡、劳动保险覆盖面不足、困难群众社会救助体系不完善等许多劳动社会问题。如何推动这些重要问题得到妥善解决，直接关系国家事业发展和民众切身利益。对此，应采取综合性、系统性的方法，把劳动科学作为一个整体来加以研究。因此，以劳动科学学科建设为抓手，推动对劳动科学的综合性研究，对于进一步发展劳动科学和解决我国经济社会发展中面临的诸多劳动问题，具有重大意义。二是有助于整合诸多与劳动相关的处于分散状态的学科。我国作为劳动人民当家做主的社会主义国家，劳动科学理应具有非常崇高的地位。但由于劳动科学尚未成为独立的一级学科，与之相关的学科专业散布在经济学、管理学、法学、工学等不同学科门类中，面临着分割危机，难以汇聚合力，使得学科发展较为混乱，未能彰显其重要地位和价值。因此，围绕上述劳动问题，将那些散落于不同学科门类的与劳动问题高度关联的一级、二级学科提炼出来，建立相对独立的劳动科学学科体系，能够有效促进学科整合，为劳动科学的深入发展扫清障碍，对完善我国学科体系和创造良好的劳动科学研究环境具有重要意义。三是有助于推动我国学科体系建设与党的教育方针进一步契合。学科体系建设关涉方向凝练、梯队组建、专业设置和人才培养等诸多重点工作，应当充分贯彻党的教育方针，不断强化育人导向，发挥好学科作为"龙头"的引领带动作用。习近平总书记在2018年全国教育大会上明确提出"培养德智体美劳全面发展的社会主义建设者和接班人"，这一重要论述丰富发展了党的教育方针，应当及时在学科体系建设层面得到全面贯彻落实。加强劳动科学学科建设，设立劳动科学一级学科，能够为与劳动教育相关的专业建设、课程建设和人才培养提供重要的学科支撑，进一步促进劳动教育规范化、系统化、科学化。

2. 劳动科学学科建设的可行性

一般而言，设立一级学科应当具备以下条件：一是有较为迫切的现实需要；二是有相对独立和明确的研究对象或研究领域；三是有相对成熟的理论体系和研究方法。前文已对加强劳动科学学科建设的必要性和迫切性进行了分析,此处不再赘述。劳动科学的研究对象主要是劳动者及其劳动活动。可以说,劳动科学是研究劳动过程中的人的科学,是以具有劳动能力的人为中心展开的。例如,从人的生理角度研究劳动问题,就形成了劳动生理学,其研究目的在于揭示人在劳动过程中的生理活动规律,更好地激发人的劳动潜能,减少劳动消耗和劳动疲劳,为提高劳动效率、制定劳动保护措施提供理论依据;从人的心理角度研究劳动问题,就形成了劳动心理学,其研究目的在于揭示人在劳动过程中的心理特点和心理活动规律,以此优化劳动管理过程,更好地激发人的能动性和创造性;从人的社会角度研究劳动问题,就形成了劳动社会学,其主要从劳动社会领域中社会条件及社会因素作用的一般规律及其机制中系统研究劳动者、劳动关系、劳动组织、劳动制度、劳动的社会变迁等问题,使劳动管理更具有系统性和有效性,成为社会系统工程的一个重要部分;[①] 从人的道德角度研究劳动问题,就形成了劳动伦理学,其主要研究劳动过程中的道德理想、道德观念、道德行为、道德教育、道德评价等一系列劳动伦理问题,并致力于提升劳动者的伦理道德水平。此外,从劳动力市场中劳动力供给和劳动力需求的各自影响因素以及相互作用关系出发研究劳动问题,就形成了劳动经济学;从法律角度出发对劳动过程中人与人之间关系进行规范调节,则需要劳动法学发挥作用;从保障人所面临的各类劳动风险的角度研究劳动问题,就形成了劳动和社会保障学;从劳动过程和劳动关系的组织管理来研究劳动问题,就形成了劳动管理学;从人的劳动审美出发研究劳动问题,就形成了劳动美学;等等。以上所列举的仅是劳动科学学科中一部分具有代表性的分支学科。可见,劳动科学是一个体系庞大、学科丰富、功能齐全的新学科。近年来,与劳动学科相关的学科专业发展迅速,在2020年版普通高等学校本科专业目录中,已经列入有劳动经济学(2016年增设)、职业卫生工程(2018年增设)、人力资源管理、劳动关系、劳动与社会保障等相关专业,覆盖经济学、管理学、工学等学科门类。[②] 在2021年列入普通高等学校本科专业目录的新专业名单中,首次出现"劳动教育"专业(专业代码

---

① 参见沈志义《谈谈"劳动科学"及其学科体系》,《管理教育学刊》1998年第1期。
② 《普通高等学校本科专业目录(2020年版)》,教育部网站,http://www.moe.gov.cn/srcsite/A08/moe_1034/s4930/202003/W020200303365403079451.pdf,最后访问日期:2022年5月1日。

为040114TK，学位授予门类为教育学）。① 2021年初，国务院学位委员会、教育部印发通知，决定增设"交叉学科"门类。② "交叉学科"新门类的设置，以及学科之间的深度交叉融合的大趋势，为劳动科学一级学科的设立提供了宝贵契机。综上，劳动科学作为一门独立一级学科的条件已基本成熟，新时代大力加强劳动科学学科建设具有充分的可行性。

3. 劳动科学学科建设的初步设想

正如前文所述，劳动科学是一门横跨多个学科门类，涉及多个学科、多个领域的综合性交叉学科。正因如此，其长期以来难以找准自身定位，难以打通多方关联，使得劳动学科发展呈散乱态势，未能形成合力并发挥出应有作用。其实，对于劳动科学这一交叉学科，无论从哪个角度来开展单一性研究，都难以面面俱到，难免失之偏颇，但如果忽视各分支学科的相对独立性，强求融合统一，也可能产生适得其反的效果。因此，新时代加强劳动学科建设，应当分层次、分阶段进行探索，重点把握好自身完善、交叉协同和渗透融合三个环节。

自身完善是指在明确劳动科学各分支学科的基础上，推动各分支学科充分利用劳动科学学科和其所在的一级学科的平台和资源发展完善自身，在此过程中既保持其所在一级学科的学科属性，又体现出劳动科学学科的特有属性。交叉协同是指在各分支学科自身发展完善的基础上，有意识地针对各类具体问题，开展交叉协同研究，并可尝试借鉴国际经验做法，逐步探索建立与劳动科学相关的多学科协同攻关平台和机制。习近平总书记在担任浙江省委书记期间，就曾鼓励浙江大学师生"要多尝试学科交叉研究"③。新时代随着科技飞速发展，大数据、人工智能、机器人等新兴学科专业均具有鲜明的综合性、交叉性特点，可见，多学科交叉协同研究代表

---

① 《教育部关于公布2021年度普通高等学校本科专业备案和审批结果的通知》，教育部网站，http://www.moe.gov.cn/srcsite/A08/moe_1034/s4930/202202/t20220224_602135.html，最后访问日期：2022年5月1日。

② 《国务院学位委员会 教育部关于设置"交叉学科"门类、"集成电路科学与工程"和"国家安全学"一级学科的通知》（学位〔2020〕30号），教育部网站，http://www.moe.gov.cn/srcsite/A22/yjss_xwgl/xwgl_xwsy/202101/t20210113_509633.html，最后访问日期：2022年5月1日。

③ 《习书记鼓励我们要多尝试学科交叉研究——习近平与大学生朋友们（十）》，《中国青年报》2020年6月4日。

着未来学科发展的总体趋势。渗透融合则是指在多学科交叉协同的过程中,通过开展综合性研究,充分发掘出不同学科之间的共通点,促进劳动科学各分支学科之间相互渗透、相互融合,形成一个多学科有机结合的学科体系,推动劳动科学学科真正走向成熟。需要指出的是,上述三个环节紧密联系、逐步递进,其具体实施过程将对现有学科体系带来一定的冲击和影响,可能在实际操作层面和理论层面存在一定障碍。例如,劳动科学各分支学科之间的渗透和融合,会在一定程度上打破现有相关学科体系的布局,从短期来看,可能会使高校内部某些院、系的利益受损,容易引发一些反对意见。此外,劳动科学作为一门横向交叉学科,其研究范围和分支学科的确定,也容易引起一些争论,难以形成统一意见。对此,应当加强宏观层面的统筹协调,并进一步从理论和实践上进行深入探索。

综上,我国劳动学科的建设发展既具有高度的重要性和迫切性,也有着前期积累的较好基础,新时代推动劳动学科更好更快发展,应使其更加贴近新时代我国经济社会发展的新需求,积极适应人类劳动发展的新特点和新趋势,在进一步明确学科体系内容、厘清学科交叉联系的基础上,科学有序地加以推进。

(二) 以劳动学科课程建设完善劳动育人体系

在高校劳动育人活动中,不论是片面强调劳动实践,忽视科学理论知识的教育,还是片面强调理论教学,忽视劳动实践的锻炼,都会导致劳动教育失之偏颇,进而影响劳动育人效果。新中国成立以来,我国教育事业发展在此方面有过深刻教训。正如前文所述,高校劳动课程一般可以分为劳动活动课程和劳动学科课程两大类。劳动活动课程旨在使学生获得关于劳动的直接经验和真切体验,其理论渊源在"裴斯泰洛齐、卢梭、福禄培尔和杜威的著作中都可以看到"[①]。关于劳动活动课程的探讨,在前文中已有涉及。本部分内容拟聚焦劳动学科课程建设,从课程内容、课程资源和课程实施三个层面,探讨劳动科学知识教育在高校劳动育人活动中的重要作用,以及如何促进劳动学科课程与劳动活动课程在高校劳动育人过程中同向同行、互融互通,共同发挥重要的育人作用。

[①] 江山野主编译《课程》,教育科学出版社,1991,第57页。

1. 确定课程内容

劳动学科课程是一种主张以劳动科学学科为中心来编定的课程。它主要以文化知识为基础，以一定的价值标准从不同学科领域中选择与劳动相关的知识内容，并按照一定的逻辑体系将所选择的劳动知识加以组织形成课程。劳动学科课程是对人类劳动活动经验进行抽象概括、分类整理的结果，具有系统性、逻辑性、简约性等特点。劳动学科课程的具体内容与劳动科学学科的发展状况密切相关，可以说，劳动学科课程正是对劳动科学知识的课程化呈现。前文在分析劳动科学学科体系时指出，劳动科学是一门涉及多个学科、多个领域的综合性交叉学科，涵盖劳动经济学、劳动社会学、劳动生理学、劳动心理学、劳动法学、劳动关系学、劳动保障学等多个分支学科。劳动学科课程主要内容的确定，应立足劳动科学学科体系，从高校自身办学条件、办学特色和学生德智体美劳全面发展的现实需求出发，把握好深度、广度、鲜度、效度之间的动态平衡。

具体而言，高校劳动学科课程的主要内容至少可以划分为通识课程、专业课程和依托课程三类。通识课程主要指除劳动专业课程之外的劳动基础课程。通识课程教学能够克服专业课程教学的片面性，其目的是让全体大学生（不论学科专业背景）基本且全面地掌握关于劳动的基础知识，搭建起一套完整的劳动知识体系框架，以帮助学生形成正确的劳动世界观、人生观和价值观。通识课程可以尝试以"劳动科学概论"或"劳动科学专题系列课程"等公共必修课形式设立，主要包含马克思主义劳动观、劳动哲学、劳动史学、劳动安全、劳动保障等内容。专业课程相对于通识课程而言，主要指为培养大学生掌握专业劳动知识和专门劳动技能而设立的课程。在学习劳动通识课程的基础上，不同学科专业背景的大学生，还应结合本专业特色，对与之相关的劳动专业知识和专门技能进行更深入的学习。例如，经济学专业的学生学习劳动经济学课程，法学专业的学生学习劳动法学课程，管理学专业的学生学习劳动与社会保障课程，工学类专业的学生学习职业卫生工程课程；等等。这些专业必修课程不仅归口于相关学科专业，同时也属于劳动学科课程体系的覆盖范围。依托课程则是指那些虽与劳动学科课程无直接关联，但能内嵌入劳动教育模块、拓展劳动科学知识覆盖范围的其他课程。例如，在思政类课程中可以专设劳动模范、劳动品德、劳动精神等相关专题；在艺术类课程中可以加入与劳动美学相关的内容；在体育类课程中可以融入模拟劳动场景的身体锻炼内容；在理工类课程中可以深入分析各类劳动现象背后的自然科学原理；等等。可见，依托课程是对劳动通识课程和专业课程的重要补充，有助于形成课程合力，更好地促进育人目标的达成。

2. 建设课程资源

任何课程都必须以一定的课程资源为基础，没有课程资源也就没有课程。高校劳动学科课程的课程资源是指在劳动学科课程的设计、实施和评价等各环节中可利用的一切人力、物力以及自然资源的总和。[①] 劳动学科课程资源既是劳动知识、经验和相关信息的载体，也是课程实施的媒介。对课程资源的合理开发和有效利用，是保障劳动学科课程目标顺利达成的重要前提。劳动学科课程资源的开发，其实质是探寻一切有可能深入课程并能够与课程教学活动联系起来的资源。而劳动学科课程资源的利用，则是充分发掘被开发出来的各类课程资源的教育教学价值。可见，劳动学科课程资源的开发和利用紧密联系，开发是利用的前提，利用是开发的目的。

对劳动学科课程而言，可供开发利用的课程资源较为丰富，可以按不同标准划分为不同类型。例如，根据课程资源的不同来源，可以分为校内课程资源和校外课程资源。其中，校内课程资源既包括图书馆、教学楼、实验室等校内场所和设施，也包括实习实训、文艺汇演、社团活动、典礼仪式等与课程内容相关的各类活动，还包括师生关系、校风校纪、校歌校训等各类校内人文资源。需要指出的是，开展劳动学科课程建设，首先应当加强对校内课程资源的开发和利用。校外课程资源则主要包括大学生家庭、社区（村），乃至整个社会中可以用于劳动学科课程教学的各类设施条件、交往活动、意识观念和自然资源等。其中，各类工厂、农场、企业等校外劳动场所，博物馆、纪念馆、科技馆等校外学习场所，各种校外学习工具、学习平台，以及那些影响人们劳动观念和行为的模范事迹、道德风尚、环境氛围等，都可以成为劳动学科课程的重要资源。此外，根据课程资源的物理特性和呈现形式，还可将其分为文字资源、实物资源、艺术资源、信息化资源等。文字资源的主要载体是教材、书籍，实物资源主要表现为具体直观的自然物、人造物和教学专用物品等，艺术资源包括各类歌

[①] 参见徐继存、段兆兵、陈琼《论课程资源及其开发与利用》，《学科教育》2002年第2期。

颂劳动模范、弘扬劳动精神的影视、戏曲、音乐、书画等艺术作品，信息化资源则泛指那些以数字信息形式存在的、通过互联网流通的、可与劳动学科课程联系并具备教育教学价值的各类虚拟信息。总之，对劳动学科课程资源的开发利用应当打开思路、拓展渠道，遵循开放性、针对性、经济性原则，将越来越多有助于劳动学科课程教学的课程资源引入教学活动中来，助力劳动学科课程更好地实施。

3. 推进课程实施

课程实施是将规划的劳动学科课程付诸实际教学行动的实践历程，也是实现劳动学科课程教育结果的基本手段。现代课程教学理论认为，课程实施不仅是教师教的过程，更是学生学的过程。劳动学科课程实施应走出以往在理论课程教学中存在的单向灌输、脱离实际等误区，提倡自主、探究、合作的学习方式，使大学生的主体意识、能动性和创造性在课程学习过程中不断得到发展，以此加深对劳动的理解认知。具体而言，劳动学科课程实施应重点关注以下三个方面。

一是联系社会现实。劳动学科课程实施不是抽象玄奥的理论知识灌输，不是脱离大学生身心发展实际的刻板生硬的教条，而应当是富有历史感、画面感、鲜活生动的言传身教。课程实施应引导大学生从实际出发，在劳动科学理论的学习中了解劳动创造历史、创造世界的历史功绩，体悟劳动改善生活、创造幸福的现实价值，并学会运用马克思主义劳动理论观察分析身边的劳动现象，将理论知识与社会现实紧密结合，以此强化对劳动学科课程的学习和掌握。二是联系直接经验。大学生亲身参与劳动所获得的对劳动的直接经验和感性认知，需要在劳动科学理论的引导下不断深化，并在新的劳动过程中进一步强化，以此形成对劳动相对深刻的理解和认知，这也是致知于行规律的客观要求。因此，劳动学科课程的实施过程应当与大学生亲身劳动所获得的直接经验紧密联系，引导学生在劳动学科课程的学习中寻求答案，激发学生探究式地学习劳动科学知识，在发现问题、分析问题、解决问题的过程中不断提升学习效果。三是融合劳动活动课程。前文中已提及，劳动学科课程的课程资源中内在地包含各类劳动活动，而劳动活动课程的顺利开展也离不开教师以劳动科学理论知识进行教育引导。因此，劳动学科课程实施应当坚持以生为本理念，着力促进劳动学科课程和劳动活动课程紧密融合，教育引导大学生在劳动科学理论学习的过程中融入劳动实践体悟，在劳动实践锻炼中深化劳动理论的理解认知，打破劳动理论教学与实践教学之间的二元对立，实现理论与实践的统一，合力打造真正的学生本位的劳动课程实施模式。

（三）以校园劳动文化建设营造劳动育人氛围

校园劳动文化作为校园文化的重要组成部分，是在校园空间范围内，以全体师生员工为参与主体，以劳动价值观为核心的物质文化、精神文化、制度文化、行为文化相统一的体现时代特征的一种群体文化。高校校园劳动文化是社会主义劳动文化在高校校园的集中反映，其价值导向和精神实质，既受马克思主义劳动观指引，又与我国历史发展形成的传统农耕文化、自力更生文化、艰苦奋斗文化、改革创新文化密切关联。高校校园劳动文化是开展劳动育人活动的重要载体之一，具有潜移默化的育人作用。优质的校园劳动文化对改善劳动教育环境、提升劳动育人效果，具有重要意义。具体而言，新时代加强高校校园劳动文化建设，应从准确把握其精神内核入手，深入分析高校校园劳动文化建设面临的现实困境，并在此基础上提出切实可行的优化路径。

1. 高校校园劳动文化的精神内核

高校校园劳动文化的精神内核是高校办学理念、办学道路和办学特色在劳动价值观和劳动精神层面的集中体现。尽管不同高校的校园劳动文化有不同的表现形式，但其精神内核均深刻反映新时代党和国家建设发展的迫切需要和实现立德树人根本任务的客观要求，在很大程度上具有相通性和内在一致性。具体而言，新时代高校校园劳动文化的精神内核可以简要概括为求实、奋斗、创新、奉献。

求实精神内含实干兴邦、求真务实、诚实劳动的深刻意蕴。党的十八大以来，习近平总书记多次强调"空谈误国，实干兴邦"[1]，明确指出"全面建成小康社会要靠实干，基本实现现代化要靠实干，实现中华民族伟大复兴要靠实干"[2]。"实干"必须建立在尊重规律、以德立身的基础之上，求真务实和诚实劳动是"实干"的基本前提和必然要求。求实精神不仅是劳

---

[1] 习近平：《在纪念邓小平同志诞辰110周年座谈会上的讲话》，人民出版社，2014，第14页。
[2] 《习近平关于实现中华民族伟大复兴的中国梦论述摘编》，中央文献出版社，2013，第78页。

动精神、科学精神，也有着重要的教育价值。当前社会中存在的弄虚作假、眼高手低、急功近利、妄图不劳而获等错误倾向，正严重冲击着大学生良好劳动素养的形成，在高校校园劳动文化建设中大力弘扬求实精神具有鲜明的现实针对性。奋斗精神主要指勇于担当、任劳任怨、不怕挫折、攻坚克难的精神品质。习近平总书记在多个场合强调"幸福都是奋斗出来的"[1]"奋斗本身就是一种幸福"[2]，"新时代是奋斗者的时代"[3]。其实，每所高校的历史都是一部艰苦创业史和不懈奋斗史，今天的发展成就是一代代先辈披荆斩棘、筚路蓝缕、艰辛奋斗开创出来的，其中所蕴含的奋斗精神，值得高校全体师生员工共同铭记、尊重和珍惜。当前，尽管物质条件有了极大改善，但高校各项事业要取得更好发展，大学生要收获更多成长进步，同样不能抛弃奋斗精神。高校校园劳动文化建设应当高扬奋斗精神，克服那些自私自利、贪图享乐的错误思想行为倾向，让大学生懂得幸福要靠奋斗得来，青春要在奋斗中出彩。创新精神高度契合新时代要求，体现在观念更新、科技革新、体制机制创新等诸多层面。新时代是创新创业的时代，未来经济社会发展迫切需要具备创新意识、创新精神、创新能力的高素质劳动者。高校不能因循守旧、故步自封，而应当勇于探索创新，闯出新的发展出路，以创新精神支撑学科建设、教学科研、人才培养、管理服务等各项事业发展。奉献精神是传承自马克思主义的宝贵财富，尤其是在新冠肺炎疫情、罕见洪涝灾害来袭时，无数党员志愿者和普通劳动者不顾个人安危，坚守一线开展艰苦卓绝的斗争，让奉献精神在新时代焕发出耀眼光辉。高校校园劳动文化建设应将这些生动素材融入其中，引导大学生深入理解并积极践行奉献精神，立志投身于祖国和人民最需要的地方，在为党为国为民奉献中实现自我人生出彩。

2. 高校校园劳动文化建设的现实困境

尽管高校校园劳动文化对开展劳动教育、推进劳动育人具有重要意义，但由于种种原因，校园劳动文化作为高校劳动育人的重要载体，在现实中未能发挥出应有作用，这是高校劳动教育陷入困境，长期以来被弱化、淡

---

[1] 《国家主席习近平发表二〇一八年新年贺词》，《人民日报》2018年1月1日。
[2] 习近平：《在2018年春节团拜会上的讲话》，《人民日报》2018年2月15日。
[3] 《中共中央国务院举行春节团拜会 习近平发表重要讲话》，《人民日报》2018年2月15日。

化、虚无化的重要原因之一。具体而言，当前高校校园劳动文化建设面临的主要问题表现在以下三个方面。

一是重物质轻精神。近年来，由于我国综合国力的提升以及对教育事业投入力度的加大，高校发展所需的经济物质条件得到了极大改善，众多高校纷纷投入资源更新硬件设施，加强基础建设，如兴建造型新颖时尚的大楼，建设各类高级别实验室，修建校园广场、绿化景观、公共雕塑，等等。诚然，这些投入和建设在很大程度上改善了高校的办学物质条件，能够为师生提供舒适便利的学习工作和生活环境。但是，部分高校片面追求优越的物质条件和优美的校园风光，在一定程度上忽视了校园建筑设施所承载的大学精神，以及学校发展历程中所秉持的艰苦奋斗、艰辛创业传统，弱化了校园精神文明建设。正如1931年梅贻琦在清华大学校长的就职演说上提出的著名论断："所谓大学者，非谓有大楼之谓也，有大师之谓也。"可见，一所高校的核心竞争力在于其深厚的文化底蕴，而非经济物质条件。再宏伟精美的大楼、景观和雕塑，如果没有文化精神内蕴其中，也将难以承载育人功能。二是重形式轻内涵。组织引导大学生参与各类校外文化活动，是高校促进学生全面发展的重要途径。几乎所有高校的各类学生组织和社团每年都会定期组织开展不同类型的校园文化活动，极大地丰富了大学生的课余生活，达到了良好的育人效果。但是，近年来一些不良倾向在高校滋长。总体来看，劳动元素在高校校园文化活动中存在缺失，在很大程度上影响着校园劳动文化的建设成效。三是重呼吁轻表率。高校教职员工作为校园劳动文化建设的组织领导者和积极践行者，理应在其中发挥重要作用。但在现实中，相当一部分高校教工往往只是劳动典型的宣传者、劳动课程的讲授者、劳动计划的执行者，却不是劳动活动的亲身参与者。

3. 高校校园劳动文化建设的优化路径

上述种种现象，集中反映了当前高校校园劳动文化建设面临的突出问题。对此，高校应重点从以下几个方面加以探索改进。一是充分挖掘、整合、利用各类校园劳动文化建设资源。每所高校都有着丰富多样的劳动文化资源，高校的校史、校歌、校训、建筑、标语、活动、制度等，都是开展校园劳动文化建设的重要资源。高校应积极深入地对其中蕴含的劳动精神文化加以发掘和提炼，为校园劳动文化建设提供重要支撑。例如，高校的校史、校歌、校训是每个大学生入学后都必须学习了解的，其中蕴含着历届高校师生艰苦奋斗、披荆斩棘的劳动创业历程，有些高校甚至直接将"劳"写入了校训，这些都是教育激励大学生自强不息、奋力拼搏、开拓创新的生动教材。高校校园内的各类建筑雕塑、宣传标语、路名楼名、规章制度之中，也都蕴藏着开展校园劳动文化建设的鲜活素材。此外，高校组织开展校园文化活动、志愿服务活动、创新创业活动等与劳动实践相关的各类主题活动，邀请劳模代表、优秀校友、专家学者走入校园举办专题讲座，引导师生开展与劳动相关的各类科学研究，也能够有力促进校园劳动文化建设。

二是积极发挥教职员工的示范带动作用。教职员工是高校各类教育教学活动的直接实施者或间接保障者，他们不仅承担着授业解惑、管理服务的岗位职责，还应当努力做到"行为世范"，即通过自己的言行举止，对大学生产生积极正面的影响。其实，每所高校都有着一大批爱岗敬业、拼搏奋斗、刻苦钻研的劳动者，他们有的投身教学科研工作，有的在后勤服务岗位上默默奉献，他们生活工作在大学生身边，其一言一行都能够对学生产生潜移默化的影响。因此，高校精心培育发掘身边的劳动模范，着力打造一支高水平、高素质的教学科研队伍和管理服务队伍，让他们走上讲台、走进宿舍、走入大学生中间，亲身讲述劳动故事，用亲身经历影响激励学生，能够有效提升校园劳动文化的建设成效。

三是精心打造校园劳动文化新媒体传播阵地。高校应在充分利用好校内文化长廊、宣传橱窗、报纸刊物、条幅标语等传统传播媒介的基础上，积极抢占新媒体阵地，深度对接大学生需求，打造具有辐射力、创新力、影响力的校园新媒体平台，形成校园官方媒体和自媒体平台联动协同、优势互补的良好格局。例如，设计制作各类兼具趣味性、教育性和互动性的短视频、Volg，以及其他新媒体宣传作品；着力打造"身边的劳模""最美劳动者""创新创业先锋"等先进模范；邀请先进模范通过微直播、微寄语等形式与师生线上交流讨论劳动话题、分享劳动感悟；等等。总之，利用好新兴媒介技术，不断增强高校劳动教育的灵活性、趣味性和吸引力，打造优质校园劳动文化传播阵地，能够为高校劳动育人的实施提供重要助力。

三 自主开展劳动：新时代高校劳动育人实施的关键环节

尽管劳动作为人的类本质，对人的生存和发展具有关键性意义，但由于劳动过程中不可避免会产生体力脑力的消耗，劳动天然地给人带来辛苦、劳累等生理不适感。当崇尚劳动、尊重劳动、热爱劳动的价值理念尚未深入人心，劳动尚未成为人所自主自觉开展的活动时，其很容易使人望而生畏并试图躲避。因此，组织引导大学生亲身参与劳动、深刻理解劳动，是推动高校劳动育人向纵深发展的重要前提。只有基于对劳动直接经验的感知体悟和对劳动知识文化的学习熏陶，大学生自主劳动意识的觉醒才真正具有现实可能性。可见，推进高校劳动育人由他主劳动阶段逐步迈向自主劳动阶段，引导大学生从被动参与劳动逐步转向自主开展劳动，是新时代高校劳动育人实施的关键环节，具有承上启下的重要意义。要实现这一跨越，高校应在开展劳动教育的过程中有针对性地进行设计和安排，重点从构筑"小"环境、实施"软"介入、开展"硬"评价等方面加以探索。

（一）构筑"小"环境：打造适宜自主劳动的场域

环境是影响高校劳动育人实施的重要因素之一。前文中已论及对高校劳动育人环境因素的分析应当分层次进行，将其分为自发的环境因素和自主自觉的环境因素两类，在劳动育人实施过程中应努力适应外部的自发的环境因素的影响，主动地、创造性地运用好自主自觉的环境因素。为便于表述，此处将外部自发的环境因素概括为"大环境"，将处于自主自觉状态的环境因素概括为"小环境"。要促进大学生自主劳动意识逐步觉醒，高校应从项目化环境、竞争性环境和激励式环境着手，精心构筑适应大学生开展自主劳动所需的"小环境"。

1. 构筑项目化环境

项目化环境与项目式的劳动教育实施方式相适应，是高校为满足和适应项目式劳动教育实施需要而构筑的，包括物质、制度、文化等因素在内的自主自觉的劳动环境。项目式劳动教育的基本逻辑是以对某一劳动主题项目的确立、计划、实施和评价为主线，组织引导大学生围绕真实复杂的劳动问题展开探究，并在自主解决问题的过程中提升自身劳动素养。项目化环境与项目式劳动教育紧密衔接，并为其顺利高效地实施提供环境保障。

项目化环境的构筑主要基于建构主义学习理论，强调高校劳动育人应注重引导大学生从原有劳动经验出发，围绕富有感染力的真实事件或真实问题展开情境式劳动，在真实的劳动任务情境中，尝试发现问题、分析问题、解决问题，通过新、旧劳动知识经验的相互作用，逐步发展和完善自身劳动认知结构。可见，项目化环境所营造出的情境式、合作式、探究式的劳动氛围，对引导大学生自主开展劳动具有重要意义。

一般而言，项目化环境应具有真实性、综合性和完整性等特征。真实性是指大学生在项目化环境中开展项目式劳动，必须围绕真实的劳动内容展开。真实劳动内容应当以大学生实际劳动经验和学习生活为核心，既满足学生劳动素养发展需要，又能够传承学校和地区的优良劳动传统。真实劳动内容的选择可以由教师根据劳动活动课程的具体安排来确定，也可以根据大学生专业特点和身心发展状况由师生共同灵活选定，当学生自主劳动意识发展至较高水平时，劳动内容还可直接由学生本人根据自身优势特长和兴趣偏好来确定。综合性特征是指项目式的劳动教育应积极引导大学生全面协调地开展劳动，注重把观察思考、调研学习、动手尝试等多种方式有机结合，着重培养学生综合运用相关学科知识来解决复杂实际问题的能力。综合性特征要求劳动组织形式和教师指导方式具有较大的灵活性和弹性，既让大学生能够全面地运用个人知识和技能储备，又要善于激发学生的劳动精神和内生劳动动力，引导学生主动同项目团队中的其他成员相互配合协作，综合发挥各自的优势特长，合力推进项目实施。完整性特征则是指项目化环境应当注重让大学生体验完整的，包括项目确定、项目实施和交流评价等环节在内的项目式劳动过程。项目确定环节应在选定项目主题和内容的基础上，制定达成项目目标的行动计划，包括劳动设备、基本材料、工作分配、实施步骤等；项目实施环节要求大学生在教师指导下充分发挥自主能动性，通过实际劳动认真落实项目行动计划；交流评价环节则主要根据项目实施过程和目标完成情况，组织师生进行深入交流，并通过开展评价来总结经验、找准问题、促进改良。在项目化环境中，大学生往往在一个项目结束时，又能够找到与之关联的下一个项目的出发点，以此围绕同一类劳动项目主题不断深入探究，在获取对该主题更深刻的理解认知的同时，也能够更充分地激发学生劳动的自主性和创造性。

2. 构筑竞争性环境

前文通过对劳动育人思想资源的梳理总结发现，在劳动过程中构筑竞争性环境的设想，可追溯至17~19世纪空想社会主义思想家们提出的劳动竞赛思想。在他们看来，劳动竞赛不仅能够促进劳动生产效率的提升，生产出满足人们需要的产品，还能提升劳动技能，展现人性光芒，激发人们之间的团结和友谊，营造良好的劳动氛围。在高校劳动育人视域下，构筑竞争性劳动环境是指将竞争机制引入大学生劳动过程中，通过营造比学赶超、互促互进的劳动氛围，促进项目式劳动教育的实施，激发学生劳动的积极性和创造性。需要指出的是，虽然竞争性环境能够有效促进大学生自主劳动意识的觉醒，但如果将过度竞争或不正当竞争引入学生劳动过程中，则可能会产生适得其反的效果。因此，在新时代高校劳动育人实施过程中构筑竞争性环境，应当坚持遵循导向性、适度性和规范性原则。

导向性原则是指存在于大学生劳动过程中的相互竞争不能违背高校劳动教育的初衷，不能偏离"育人"的目标导向。应当明确在高校劳动育人实施过程中引入竞争机制是为了激发大学生劳动的积极性和创造性，通过促进学生综合全面发展来推进育人目标的达成，而并不是单纯为了提升劳动生产效率以创造更多的经济价值。适度性原则是指对大学生劳动中的竞争强度应当科学合理地加以控制，使其保持一定的张力，不能超出学生身心承受极限。适度的竞争能够调动起大学生的劳动积极性，激发学生为赢得竞争而主动去丰富知识、打磨技能、开动脑筋、密切配合，在劳动中充分发挥自主能动性和创造性。而过度的竞争不仅会造成大学生身心疲惫，还容易激起竞争双方或多方之间的矛盾对立，给学生身心带来极大压力，阻碍劳动的育人作用发挥。规范性原则是指竞争性环境的构筑应当在相关制度机制的规范下分层分类地加以实施，而不能不顾大学生身心发展的实际状况，违背公平公正的原则，强行盲目地开展劳动竞争。高校应根据大学生劳动素养形成发展的阶段性特征以及开展劳动教育的阶段性要求，通过科学规划、分类实施、循序渐进，充分发挥劳动竞争的良性作用，将其负面影响降至最低。

3. 构筑激励式环境

激励式环境的构筑应当遵循激励教育法的基本原理，以激发鼓励为原则，以制度创新为抓手，精心营造能够唤醒大学生劳动动力、兴趣和热情的良好劳动教育氛围。将激励机制纳入高校劳动教育环境建设，有助于引导大学生积极主动地投身劳动，在劳动中强化身体力行，锤炼意志品质，增强自主创新意识。激励式环境与项目化环境、竞争性环境之间关联紧密，彼此能够有机融合，相互促进，共同构成新时代高校劳动育人的良好实施环境。一般而言，激励式劳动教育环境的构建，应从物质激励、精神激励、情感激励等不同层面进行统筹规划，切实让大学生开展劳动有奔头、有动力、有底气。

其中，物质激励是最基础的，也是最直接有效的激励方式。最初人类劳动的首要目的就是获取维持自身生存发展的物质生活资料，从这个意义上说，离开物质利益来谈论自主劳动，其效果必定是空洞无力的，也违背了高校劳动育人实施的利益驱动规律。因此，通过制度和机制安排，将各级各类与劳动活动相关的物质奖励、工资报酬的分配与大学生在劳动活动中的具体表现挂钩，使勤于劳动、善于劳动的学生从劳动中收获到实实在在的物质回报，能够让学生感到劳动是有希望、有奔头的，进而激励学生更加积极主动地投身劳动。精神激励侧重于让大学生在劳动中收获荣誉感和成就感。这种荣誉感和成就感主要以荣誉激励的形式呈现，并与学生未来的学习生活和职业生涯发展密切关联。高校通过建章立制，在各类评先评优活动中优先考虑从大学生中间涌现出的劳动模范，通过大力宣传先进典型，让表现优秀的学生从自身劳动中感受到荣誉感和成就感，营造出劳动模范受尊重、得褒奖的浓厚氛围，能够带动更多学生积极主动地投身劳动。情感激励主要来自劳动过程中教师给予大学生的关心、关爱和包容。教师对学生在劳动中遇到的困难应给予及时的关心和帮助，对学生在劳动中取得的成绩应给予真诚的肯定和表扬，让学生在劳动中处处感到温暖。高校应建立和落实劳动容错纠错机制，向大学生充分授权，鼓励学生自主开展劳动，包容学生的尝试性、探索性劳动行为，切实为学生在创新创造劳动中的失误、错误兜底，旗帜鲜明地为那些在劳动中勤于思考、勇于创新、敢于尝试的学生撑腰鼓劲，让学生在劳动中真正放下包袱、解放手脚，使敢闯敢试、奋发作为成为主流劳动风气。此外，大学生在通过自身劳动为他人创造价值的同时，接收到来自他人的真诚的情感反馈，也是激发学生积极主动开展劳动的重要动力。

（二）实施"软"介入：优化针对自主劳动的引导

前文已论及在高校劳动育人初期，对大学生亲身参与劳动的全过程进行监督引导和反馈优化，是切实提升学生劳动体验和劳动教育质量的重要保障。而随着高校劳动育人实施进程的逐渐深入，当劳动育人活动逐步由他主劳动阶段迈向自主劳动阶段时，教师对大学生劳动过程的教育引导则应当在新的阶段表现出新的特点。此时，教师对大学生劳动过程的介入应当更多地体现出"软"的特点。这里的"软"介入，是指教师对大学生自主劳动过程的介入应当细致地拿捏好分寸和尺度，既不能放任自流，又不能管得过多、过死，让学生感到束手束脚，更不能进行错误的干预。总体而言，应努力做到不缺位、不越位、不错位，在尊重大学生主体地位和发挥教师主导作用之间把握好适度的平衡。

1. 组织引导不缺位

通过对直接劳动经验的感知体悟和对系统理论知识的学习掌握，以及在项目化、竞争性、激励式劳动教育环境的影响下，大学生自主劳动意识得以逐步形成和发展。尽管如此，大学生自主开展劳动仍属于高校劳动教育的范畴，不能完全脱离教师的教育引导。需要指出的是，教师在高校劳动育人的不同阶段针对大学生劳动活动所实施的教育引导，其侧重点应有所区别。在高校劳动育人初期，大学生自主参加劳动的主观意愿总体不强，此时需要教师做好组织引导和教育督促，切实推动学生亲身参与劳动。而当大学生自主劳动意识逐步萌芽发展，逐步在自我主导下开展劳动时，教师的教育引导仍然不可离场。教师应在发挥自身主导作用的基础上，有意识地引导大学生在劳动中自主思考、自主探索、自主尝试，并逐步弱化其对学生具体劳动细节的控制和影响，帮助学生在劳动中充分发挥自主能动性。因为，此时大学生的自主劳动意识是在直接劳动经验、系统理论知识和"小环境"的共同作用下形成的一种并不稳固的整体意识反映，尚处于萌芽阶段，亟须在自主劳动过程中加以确证和强化。此时教师应充分发挥引导者、辅助者、支持者的作用，对大学生自主开展劳动的过程进行宏观层面的方向性、原则性引导，以及在困难、危险的具体劳动环节中给予帮助和支持，为学生自主开展劳动把牢方向、提供助力、保障安全。例如，当大学生走出校门自主开展面向社会的劳动时，教师应提前对学生选择参与的劳动活动进行分析甄别，防止学生由于社会经验不足受到蒙骗，甚至被人误导误入歧途。再如，当理工科学生自主开展专业探索性劳动时，由于实验性质的劳动过程本身具有一定的危险性，教师应主动检查各种劳动设备的准备情况，提前对大学生进行安全方面的教育和提醒，为学生顺利开展相关劳动做好安全和服务保障。

总体来看，教师对介入大学生自主劳动过程的时机和分寸该如何把握，是一个重难点问题。对此，高校可探索建立针对大学生自主劳动的备案审批机制和研判优化机制，要求学生在自主开展劳动前先行向教师或劳动教育管理机构提出申请，教师或教育管理机构在具体审批环节对明显存在安全风险的劳动方案予以及时制止；对存在一定缺陷但基本可行的方案，应在尊重学生劳动设想的基础上进行可行性和安全性优化；对那些安全风险低且失败代价小的自主劳动方案，即使其尚不成熟，也可予以适度包容，允许学生在试错中成长。此外，备案审批和研判优化机制的建立对教师的综合素质和管理机构的运行水平提出了较高要求，不仅需要教师具备较为丰富的劳动实践经验，以及对大学生各类劳动设计进行甄别判断的能力，并且要求管理机构秉持开放包容理念，在项目审批、过程监管、资源保障等环节给予学生足够的自由空间和支持力度。

2. 适度干预不越位

教师在大学生自主劳动过程中发挥引导、辅助作用，并不意味着教师应当事必躬亲，事无巨细地替学生考虑周全，而是应当把握好介入的时机和分寸，既不放任自流，又不干涉过多，避免对学生自主开展劳动形成干扰。其实，从小学到大学一路成长起来，大学生的学习生活经历长期同教师的教育教学活动密不可分，可以说，大部分学生在接受高校劳动教育的过程中，从一开始就对教师的组织引导和教育指导有着较强的身心依赖。在高校劳动育人初期，教师围绕大学生亲身参与劳动所实施的包括设计、组织、监督、评价等在内的一系列活动，都是为了确保学生能够顺利体验劳动过程。而随着教师主导下的劳动逐步发展为大学生自主劳动时，则要求学生有意识地逐步摆脱教师对自身劳动行为的过度影响，使自己能够独立自主地开展某种劳动。这一过程对大学生而言，本就是与自我舒适区逐步分离的过程。这一过程虽说是成年人步入社会独立工作生活所必须经历的，但其或多或少总会使大学生产生某种心理或生理上的不适感。因此，让大学生在劳动中逐渐淡化来自教师的影响，主动开展自主思考和劳动实践，其实是较为困难的。不仅如此，部分教师在长期的教学实践中，也已经形成了其个人对大学生学习生活的介入习惯。所以，保持"不越位"状态是具有一定难度的，需要师生双方都从心理和行为习惯上作出调整。

对教师而言，应着力克服保姆式、管家式的自身定位，尝试理解并接受自主开放式的劳动教育模式，将自身精力集中于对大学生劳动方向的引导、劳动条件的满足、劳动安全的保障和劳动失误的兜底上，而在具体的劳动内容设计、劳动细节把控上不应设置过多的条条框框，应当鼓励学生充分发挥自身兴趣特长，自主开展探究式劳动。对大学生而言，应着力克服依赖心理，主动将自身劳动活动同个人需求结合，同社会生活接轨，综合运用所学、所思、所感、所悟，充分发挥自主能动性、创造性，在项目化、竞争性和激励式的劳动环境中，瞄准某一具体劳动问题，开动脑筋、团结协作、拼搏奋进，通过自身努力去赢得奖励与赞誉。此外，对高校而言，针对大学生在自主劳动中偶尔出现的失误现象，应当给予适度的包容和鼓励，并在制度和资源保障等方面提供助力，帮助学生"轻装上阵"，在自主劳动中充分彰显个性，发挥想象力和创造力，实现身心和谐发展。

3. 端正理念不错位

教师在大学生自主劳动过程中努力做到不缺位、不越位的同时，还应警惕一些存在于高校劳动教育中的不良倾向，确保对学生劳动活动的教育引导不错位，为学生自主开展劳动排除各类干扰。例如，部分教师，尤其是专业课教师不能正确理解大学生自主开展劳动的重要育人意义，往往抱有一种偏见，认为教师的教学活动就是应当按部就班地执行劳动教育教学计划，在教学过程中强化对学生开展劳动的监督管理，而不应放任学生自行开展劳动。持这种观点的教师通常固守传统的单向僵化的劳动教育教学方式，对组织引导大学生在劳动教育过程中自主开展劳动的教学理念不理解、不认同，认为这样的教育方式会严重影响正常的教学秩序，不利于对学生进行规范系统的培养。这种错位现象的出现，其主要原因是教师对大学生自主开展劳动的重要意义以及高校劳动育人的阶段性特征缺乏全面深刻的理解认知，教学理念和行为在劳动教育实践中出现了偏差和错位，影响了劳动育人效果。由此可见，不断加强针对教师群体的劳动素养教育和师德师风建设，是新时代高校劳动育人有效实施的重要前提。

（三）开展"硬"评价：注重贯穿自主劳动的管理

对大学生开展劳动活动进行评价，是贯穿劳动教育始终、保障劳动育人质量的关键。所谓开展"硬"评价，是指评价活动在新时代高校劳动育人实施过程中并非可有可无的点缀，而是切实保障大学生劳动质量的关键因素，应当坚决加以贯彻落实，为学生自主开展劳动提供重要支撑。在中共中央、国务院《关于全面加强新时代大中小学劳动教育的意见》和教育部《大中小学劳动教育指导纲要（试行）》中，都对开展劳动教育评价和学生劳动素养评价提出了指导性意见，前文也围绕强化对大学生劳动过程的引导监督管理进行了论述，本部分内容拟重点探讨在高校劳动育人实施过程中，评价机制如何对大学生自主劳动意识的形成和发展产生积极影响。具体而言，针对大学生自主劳动所开展的评价活动应坚持评价主体多元化、评价形式多样化、评价方法综合化原则，从条件维度、过程维度和结果维度出发，重点围绕条件保障度评价、规划执行度评价和目标达成度评价加以展开。

1. 开展条件保障度评价

条件保障度评价属于条件评价的范畴，重在考察那些保障大学生自主开展劳动所需的各类基础条件是否配备到位，能否满足新时代高校劳动育人实施的阶段性要求，并通过发现问题、解决问题来促进各项条件保障不断完善。前文已论及在高校劳动育人初期，劳动规划、资源配套和师资保障是关系大学生能否顺利开展劳动的重要因素。随着高校劳动育人活动逐步深入，出于大学生自主开展劳动的需要，劳动教育所需的各项基础条件的涵盖面更广，其内容和要求也有了新的特点。总体来看，高校劳动教育的条件保障主要包括物质条件保障和非物质条件保障两大类。其中，物质条件是指那些以实体形式存在的能够为大学生自主开展劳动提供支撑的校内外资源，具体包括师资队伍、劳动经费、劳动场地、劳动工具设备、实验室、实践教学基地、实习实训单位以及校办工厂、农场、企业等。非物质条件则是以非实体形式存在的劳动教育资源条件，具体包括各类与劳动教育相关的制度机制、课程设置、活动安排、网络平台、历史传统、文化氛围等。开展条件保障度评价，除了考量各类开展劳动教育的物质条件是否落实到位，还必须重点关注非物质条件的保障情况，以及物质条件和非物质条件之间的整合协同情况。在评价过程中，应坚持定量评价和定性评价相结合的方式，以高校自评为主，适时引入第三方专业机构，重点观测师生对劳动条件保障情况的切身感受。具体而言，应主要从条件适配、条件协同、条件创设等方面开展评价。

条件适配评价重在考察高校能否充分利用现有劳动条件，将现有的各类与劳动相关的物质条件和非物质条件同大学生自主开展劳动的相关需求进行科学适配，在满足原有需求对象的同时，进一步发掘其在劳动教育中的作用。条件协同评价主要考察高校能否有效整合多方资源条件，打破校内条件和校外条件、物质条件和非物质条件之间的隔阂，促进现有各类劳动教育资源条件深度融合、紧密协同，合力发挥对大学生自主开展劳动的支撑作用。条件创设评价则围绕新时代背景下大学生自主开展劳动所需的各项新的条件需求展开，重点考察适应新时代劳动形态发展需求的现代化劳动场地、项目式劳动场景、高科技劳动装备和激励性劳动资金的建设和配置情况。需要指出的是，教师队伍虽以实体形式存在，但其所发挥的作用却跨越物质条件和非物质条件，是打通两者隔阂、促进两者融合的关键因素。因此，开展条件保障度评价应重点关注教师队伍建设情况，综合考察劳动教育师资配备数量和教师队伍劳动素养整体状况等内容。

2. 开展规划执行度评价

组织引导大学生自主开展劳动，除了应满足条件保障方面的各项需求外，教师还应根据劳动教育规划安排，对学生自主劳动过程实施科学有效的介入。大学生能否在教师的教育引导下充分发挥能动性、创造性，积极投身于自主劳动活动中，是决定高校劳动育人成败的重要因素之一。规划执行度评价属于过程评价的范畴，旨在通过对师生能否正确理解并认真落实劳动教育规划安排、教师在学生自主劳动过程中能否有效发挥教育引导作用、学生在劳动过程中能否充分彰显自主性和创造性等进行评价，进而指导师生反思改进。开展规划执行度评价的主体既包括教师和大学生本人，也包括高校劳动教育管理机构或第三方专业机构等。评价数据采集可以通过问卷调查、访谈交流等方式进行，也可以通过大数据、物联网等现代信息技术对学生自主劳动过程进行实时观测。评价方法既包括对学生劳动的时间地点、规模强度，以及教师指导的时长和次数、各项劳动资料的消耗量、劳动产品的产出量等进行定量评价，又可以围绕师生对劳动教育规划安排的理解认可度、学生在劳动中自主能动性的发挥程度、教师介入学生劳动过程的时机和效果，以及师生在劳动过程中的主观感受等方面开展定性评价。评价活动应重点关注规划制定的科学性、规划执行的完整性和规划执行的质量等方面内容。

具体而言，规划制定的科学性是保障规划得以顺利执行的基础，对其开展评价应充分考虑大学生自主劳动的复杂多样性，以及与之相适应的规划自身所具有的灵活开放性特征，在强调规划的方向性、原则性、框架性要求的同时，适度弱化其具体规范性要求，重点考察规划内容能否适应新时代劳动形态发展特征、能否与高校现有其他劳动实践活动有机融合、能否有效激发学生在劳动中的自主能动性和创造性。规划执行的完整性重在强调规划是否在劳动教育过程中得到全面准确的贯彻执行。规划能否完整执行既与规划制定的科学性紧密联系，又与执行主体对规划内容的理解认同程度，以及执行主体是否具备足够的专业素养密切相关。规划执行质量评价作为规划执行度评价的核心内容，其重在考察学生在劳动活动中自主能动性和创造性的彰显程度，以及教师在学生劳动过程中指导作用的发挥情况。规划执行质量的评价结果往往能够对规划制定和执行过程产生反作用。例如，如果规划执行较为完整，但执行质量却不理想，则应重点针对规划制定情况加以改进和优化。

3. 开展目标达成度评价

目标达成度评价属于结果评价的范畴，是整个评价活动的落脚点。无论是基础条件的保障，还是规划安排的执行，其最终目的都是促进高校劳动育人目标的达成。目标达成度的评价结果既受到条件保障和规划执行程度的制约，也对后者有着重要影响。目标达成度评价聚焦大学生自主劳动意识和潜能的形成发展状况，评价方式应以定性分析为主，评价应综合采取督导式评价、自检式评价和协商式评价等形式进行。

具体而言，督导式评价是指自上而下的由上级主管部门组织开展的外部评价活动，此类评价具有强制性和约束力，学校往往对其怀有敬畏之心，由督导式评价释放出的刚性压力，是促进高校不断加强和改进劳动教育的重要外部推动力量。自检式评价是指由高校自主开展的，或是委托第三方专业机构开展的自我评价，评价指标一般根据高校特点和需求量身定制，具有较强的针对性和自我选择性，但评价结果的约束力往往不强。协商式评价则充分利用高校自我评价结果,将评价主体和被评价对象置于平等协商对话的位置上,通过协商对话推动双方在劳动教育的优势特色、问题不足和改进措施等方面达成一致。此类评价往往能够充分展示高校劳动教育的真实开展情况,有助于调动高校内在的积极主动性,是对外部刚性评价的有益补充。

上述三种评价形式均围绕大学生自主劳动意识和潜能的形成发展状况展开,而在具体评价过程中,则应重点关注以下几个方面内容。一是大学生对复杂劳动问题的提炼、分析和处置能力。项目化劳动要求大学生在教师的引导下根据自身专业背景和兴趣特长,自主选定劳动项目主题,并围绕项目主题开展分析研判、规划设计和探索实践。在这一过程中,大学生对复杂劳动问题的敏锐度和判断力,对如何解决问题的分析力和执行力,以及在遭遇困难挫折时所展现出的意志品质,都是目标达成度评价所重点关注的内容。二是大学生对未来劳动场景的延伸拓展能力。大学生在高校劳动教育过程中所置身的现实劳动场景,难以避免会与未来社会劳动场景存在一定落差,因此,在现实劳动场景中应当有意识地引导学生选择具有时代性和挑战性的劳动内容,主动尝试与未来劳动场景对接,锻炼提升劳动想象力和创造力,不断增强适应未来劳动需求的能力,而这种能力也正是目标达成度评价所重点关注的。三是考察大学生在个体劳动和集体劳动之间的转化适应能力。大学生自主开展劳动除了少量是以个体形式独立完成,更多的是以项目团队形式进行,这种劳动形式有助于将具有不同优势特点的学生加以整合,使学生在劳动过程中既充分发挥自主能动性,又能积极融入集体,通过团队配合协作共同实现劳动目标,符合日益综合化、复杂化、智能化的未来劳动场景需求,而这种在个体劳动和集体劳动间转化适应的能力,也是目标达成度评价的重要内容。

四 创新创业劳动:新时代高校劳动育人实施的核心进路

新时代是创新驱动发展的时代。习近平总书记强调:"创新是社会进步的灵魂,创业是推动经济社会发展、改善民生的重要途径。青年学生富有想象力和创造力,是创新创业的有生力量。"[①] 李克强总理在对首届中国

[①] 《习近平关于青少年和共青团工作论述摘编》,中央文献出版社,2017,第4页。

"互联网+"大学生创新创业大赛的重要批示中也指出:"大学生是实施创新驱动发展战略和推进大众创业、万众创新的生力军,既要认真扎实学习、掌握更多知识,也要投身创新创业、提高实践能力。"[①] 在中共中央、国务院《关于全面加强新时代大中小学劳动教育的意见》和教育部《大中小学劳动教育指导纲要(试行)》中,都将创新创业作为新时代高校开展劳动教育的核心抓手,大力鼓励提倡学生尝试新方法,探索新技术,打破僵化思维方式,创造性地解决实际问题。创新创业劳动作为新时代高校劳动育人的重要形式之一,是在新时代背景下对高校劳动教育提出的新的更高要求。创新创业劳动强调大学生自主性、能动性和创造性的充分彰显,其本质是对学生既有劳动知识经验的创新性超越,其难度在于打破学生头脑中固有的思维习惯和旧的知识经验结构。可见,创新创业劳动有着较高的实施门槛,是在大学生必须具备一定基础条件的前提下才可能开展的劳动。因此,在新时代高校劳动育人实施过程中,切不可不顾大学生劳动素养的发展状况而采取"一刀切"式的强行推进方式。现阶段高校鼓励大学生开展创新创业劳动,应牢牢把握和立足新时代中国特色社会主义基本国情,引导大学生以亲身劳动经历和现有知识技能为基础,通过在自主劳动中的逐步尝试,循序渐进地迈向创新创业劳动。在具体实施过程中,应重点关注并着力体现时代性、规律性和应用性的有机统一,确保创新创业劳动的育人效果。

(一)体现时代性:劳动主题紧扣时代脉搏

创新创业是时代的召唤。高校劳动育人研究之所以基于新时代的视角,主要缘于大学生所开展的体现新时代特征和追求的劳动活动较以往时代有着明显区别,这种区别不仅表现在高校劳动教育组织管理的科学规范性上,还表现在劳动工具设备的发展演变上,更体现为学生个体的自主性、能动性和创造性在劳动过程中得到相较于以往更为充分的彰显。这些不同时代的劳动差别尽管在其他劳动形式中也有所体现,但其更集中地反映在创新创业劳动之中。新时代高校劳动育人的实施应以创新创业劳动为核心进路,

---

[①] 《李克强对首届中国"互联网+"大学生创新创业大赛作出重要批示强调 把创新创业教育融入人才培养 厚植大众创业、万众创新土壤》,《人民日报》2015年10月21日。

牢牢立足时代前沿，积极顺应时代需求，面向时代发展趋势，体现出其鲜明的时代性。

1. 立足时代前沿

立足时代前沿意指大学生开展创新创业劳动应紧跟时代步伐，聚焦代表人类劳动发展趋势和方向的新型劳动形态，瞄准最紧迫、最重要的劳动项目选题突破攻关，在体现时代特色的劳动活动中充分发挥个人想象力、创造力和行动力，并从中收获成长、彰显价值。具体而言，在新时代背景下，高校组织引导大学生立足时代前沿开展创新创业劳动，应重点把握好以下几个方面。

第一，要立足科技发展前沿。"当今世界正处于新一轮科技革命和产业变革孕育兴起时期，以大数据、互联网、物联网、人工智能等为代表的新一轮信息技术不断突破，深刻影响着人类的生产生活及思维方式的变革，新产业、新动能、新技术等将成为影响经济增长的关键因素。"[1] 习近平总书记在中国科学院第十九次院士大会、中国工程院第十四次院士大会开幕会上明确提出"要把握大势、抢占先机，直面问题、迎难而上，瞄准世界科技前沿，引领科技发展方向"[2] 的纲领性要求。2019年10月发布的《2019中国硬科技发展白皮书》简要回顾了新中国成立以来我国科学技术的发展历程，并重点对新时代我国科技领域取得的创新突破成就进行了总结，认为"我国科技逐渐从'跟跑'走向了部分'并跑'和局部'领跑'"，同时指出当前我国仍面临着科技成果转化不足、核心技术受制于人、高精尖科技人才短缺等突出问题。由此可见，在新时代背景下，组织引导大学生立足科技发展前沿开展创新创业劳动，有着广阔的空间和前景，但同时必须清醒认识到，高科技劳动的高门槛特点也对学生的科学知识技能水平提出了更高要求。第二，要立足经济社会发展前沿。当前，新冠肺炎疫情冲击下的世界正经历着百年未有之大变局，我国经济社会发展也面临着诸多不稳定不确定因素。习近平总书记强调："在当前保护主义上升、世界经济低迷、全球市场萎缩的外部环境下，我们必须集中力量办好自己的事，

---

[1] 刘静：《习近平关于新时代科技创新的重要论述探析》，《重庆邮电大学学报》（社会科学版）2019年第1期。

[2] 《习近平谈治国理政》（第3卷），外文出版社，2020，第247页。

充分发挥国内超大规模市场优势，逐步形成以国内大循环为主体、国内国际双循环相互促进的新发展格局，提升产业链供应链现代化水平，大力推动科技创新，加快关键核心技术攻关，打造未来发展新优势。"[1] 这一战略部署既是应对疫情冲击的需要，也是保持我国经济长期持续健康发展、满足人民日益增长的美好生活需要的必然选择。在此背景下，组织引导大学生开展创新创业劳动应牢牢把握扩大内需这一战略基点，紧密对接新技术、新渠道、新场景、新需求，围绕医疗卫生、基础教育、乡村振兴等重点领域，发挥好生力军和突击队作用。第三，要立足国际关系发展前沿。当前，大国博弈已进入深水区，以美国为首的西方发达国家对我国进行围堵、牵制、封锁、打压的态势日趋激烈。在当前的国际关系背景下，高校大学生应当具备高度的历史责任感、强烈的忧患意识和广阔的世界眼光，主动将创新创业劳动融入党和国家发展大局，以实际行动支撑祖国繁荣发展。

2. 顺应现实需求

创新创业劳动不是"象牙塔"里随心所欲的探索尝试，除了追求"高精尖"，更要"接地气"，在顺应需求、创造价值的过程中彰显其持久力和生命力。正如任正非所言，"创新不一定是开发新产品，在老产品上不断改进优化也是创新"[2]，"任何一个发明不是你转了多少个弯、搞了多少标新立异、出了多少自我设想的东西，而是对人类社会和对现实生活具有意义，这才是有用的东西"[3]。由此可见，高校组织引导大学生开展创新创业劳动，在立足时代前沿的同时，还必须脚踏实地，切实顺应现实需求，具体应主要包括以下三个层面。

一是顺应培养创新创业人才的需求。在新时代高校劳动育人语境中，组织引导大学生开展创新创业劳动的核心目标，就是通过劳动教育促进学生创新创业素质与能力不断提升，使其成长为能够担当民族复兴大任的创新创业人才。因此，在具体的劳动教育实施过程中，应当着重凸显创新创业劳动的育人作用，在相关制度设计和方案制定中将育人导向摆在首位，落实容错、纠错和激励机制，鼓励引导大学生从力所能及的劳动做起，由

---

[1] 《习近平主持召开企业家座谈会强调 激发市场主体活力弘扬企业家精神 推动企业发挥更大作用实现更大发展》，《人民日报》2020年7月22日。
[2] 孙力科编著《任正非：管理的真相》，浙江人民出版社，2017，第154页。
[3] 孙力科编著《任正非：管理的真相》，浙江人民出版社，2017，第153页。

易到难、由简单到复杂、由继承到创新,逐步激发创新创业意识,提升创新创业能力。二是顺应完善高校创新创业教育的需求。前文已论及高校创新创业教育与劳动教育之间有着深刻的内在关联,创新创业劳动本就是新时代高校劳动育人的重要内容。在高校劳动教育实施过程中,鼓励引导大学生积极开展创新创业劳动,有助于进一步将理论化、封闭化、竞赛化的创新创业教育模式推向真实的劳动世界,通过在创新创业劳动实践中开展创新创业教育,能够为部分高校创新创业教育中存在的空泛化、形式化等问题提供解决思路。三是顺应经济社会发展需求。创新创业劳动在明确育人导向的同时,还必须紧密对接经济社会发展的现实需要,鼓励引导大学生主动将顺应当前我国经济社会发展迫切需求的,例如与集成电路产业、软件产业、医疗卫生产业紧密相关的项目选题纳入创新创业劳动中去,一方面可以为打破国外科技封锁、保障公共卫生安全、促进经济社会发展提供直接助力;另一方面,通过提升创新创业劳动的针对性和实效性,也能够更好地促进其育人作用的发挥。

3. 面向未来趋势

要在创新创业劳动中体现时代性,还应在立足时代前沿、顺应现实需求的基础上,展现出一定的前瞻视野。随着我国全面小康社会的建成,"中国的现代化进程与社会主义建设进程也即将进入全新阶段",与这个全新阶段紧密关联,"与小康社会相承接,与人民群众的美好生活需要相适应"的"美好社会"图景也呼之欲出。[①] 美好社会的到来意味着民族复兴进程和中国道路实践进入一个崭新的阶段,"面临着变革性的历史机遇与复杂性的历史挑战"[②]。对此,大学生开展创新创业劳动,应当积极面向未来中国社会发展趋势,在新发展阶段、新征程上勇敢迎接机遇和挑战,高校乃至全社会也应当对创新创业劳动本身的定位,以及劳动过程中学生的思维和行动方式提出更高的要求。

第一,对创新创业劳动的定位应更加高远。"十年树木,百年树人",高校不论是开展创新创业教育,还是组织引导大学生开展创新创业劳动,

---

[①] 参见项久雨《美好社会:现代中国社会的历史展开与演化图景》,《中国社会科学》2020年第6期。

[②] 项久雨:《美好社会:现代中国社会的历史展开与演化图景》,《中国社会科学》2020年第6期。

都不能抱有急功近利的心态，寄希望于一蹴而就，而应当具有长期视野，将创新创业劳动定位为服务国家创新驱动发展战略和培养未来创新型人才的重要抓手，不搞短期行为，坚持久久为功，切实在学生心中播撒创新创业种子，激发创新创业灵感，树立创新创业理念，摒弃那些将创新创业劳动等同于岗位职业培训和企业家速成训练的错误倾向。第二，大学生在创新创业劳动中思维应更加开阔。面向未来的创新创业劳动将有相当一部分是跨专业、跨领域、跨学科的，需要不同学科专业背景的大学生以团队形式相互配合、协同攻关，这种"跨界融合"代表着未来人类劳动的主流趋势，也将为学生创新创业带来更多的可能性。例如，未来与人工智能相关的创新创业劳动将涉及算法、硬件、设计、界面、伦理、体验等多学科多领域的专业知识技能，必然不是某个单一学科领域的大学生能够胜任的。对此，大学生应当着力摆脱思维定式局限，打破学科专业壁垒，跳出条条框框束缚，以更开阔的视野、更开放的心态面向未来的创新创业劳动。第三，大学生在创新创业劳动中行动应更加聚焦。随着未来社会分工越来越精细化，创新创业劳动的专业化程度也越来越高，尽管大学生在劳动初期应当广泛尝试、积累经验，但这种尝试和积累的目的是选准最适合自己的努力方向，而方向一旦确定，就不能轻易动摇，要坚定不移地聚焦某个细分领域，保持定力，持续发力。不仅个人应当如此，一个团队、一个企业亦然。往往越是专注越容易做到极致，华为公司坚定不移"28 年只对准一个城墙口冲锋"[①]的故事为我们生动地诠释了这个道理。

（二）把握规律性：劳动进程强调循序渐进

创新创业劳动有其特殊规律。创新意味着打破常规，走前人没有走过的路，创业则代表着使一家企业从无到有、从小到大、从弱到强的拼搏奋进历程。创新与创业相辅相成，没有创新的创业很难在激烈的市场竞争中杀出一条血路，而创新成果离开了创业载体也难以真正体现其重要价值。大学生开展创新创业劳动既是自我超越的过程，也是自我否定的过程，其间既要不断战胜竞争对手和市场挑战，又要通过不断的自我扬弃来获得提

---

① 赵东辉等：《"28 年只对准一个城墙口冲锋"——与任正非面对面》，《决策探索》（上半月）2016 年第 6 期。

升。可见，开展创新创业劳动是具有相当难度的，对高校学生而言，必须具备扎实的专业基础、丰富的实践经验和较强的创新意识，一步一个脚印，顽强拼搏，坚持到底，才有可能在创新创业过程中赢得成功。具体来说，应至少做到三个"要"，即基础要实、步子要稳、劲头要足。

1. 基础要实

没有前期扎实的积淀和鼓励创新创业的土壤，创新创业劳动注定是无源之水、无本之木。现实中相当一部分高校在开展创新创业教育时往往存在一种误区，似乎安排学生上几堂创新创业课程，组织几场创新创业活动，学生就可以去创新创业了，这样的创新创业教育不仅没有体现为高校办学理念，也没有融入高校育人全过程，其效果可想而知。可见，大学生开展创新创业劳动不是灵机一动的异想天开，也不能一声令下就仓促上阵，而是必须建立在一定基础之上，这些基础至少应包括丰富的经验积累、扎实的专业素质和敏锐的洞察能力。

丰富的经验积累是指大学生在开展创新创业劳动之前，应当充分积累与之相关的劳动经验。大学生必须先期经历劳动、体验劳动，才能以此为基础进行创新创业。如果大学生不清楚劳动过程、不了解劳动艰辛、不理解劳动价值，就难以在创新创业劳动中找准重点、难点和突破口，难以对创新创业劳动形成正确认知，而如果没有正确认知的指导，所谓的创新创业劳动也将无从谈起。扎实的专业素质是指大学生开展创新创业劳动之前，应有意识地加强自身专业知识技能储备。新时代的创新创业劳动有着相较于以往时代更高的门槛，面向未来的创新创业劳动唯有通过大数据、云计算、机器人、人工智能等先进科技的赋能，才能彰显出更大的价值和更持久的生命力。因此，大学生在积累劳动经验的同时，还必须认真学习掌握各项专业知识技能，不断强化自身核心竞争力。敏锐的洞察能力也是大学生开展创新创业劳动所应当具备的重要素质。创新和创业的机会往往藏于点滴细微之处，大学生要在创新创业劳动中获得成功，不仅需要经验丰富、专业精深，还必须视野广阔、思维活跃；不仅需要扎扎实实地埋头苦干，还必须勤于思考、勇于探索，有一双善于发现美的眼睛。培养大学生敏锐的洞察能力是一个长期的过程，需要在劳动教育中引导学生对劳动过程保持专注力和好奇心，在找到问题、提出问题、分析问题、解决问题的过程中不断加深对劳动活动的体悟和认知，做勤于思考、善于发现的"有心人"。

2. 步子要稳

创新创业劳动所具有的长期性、艰难性、曲折性等特征，使得大学生要想取得创新创业的成功，绝不能寄希望于一蹴而就，做"一锤子买卖"，而是必须聚焦某个细分领域精耕细作，久久为功，逐步朝着既定目标迈进。具体而言，应主要做到以下几点。

第一，要实事求是，不做不切实际的幻想。大学生所开展的创新创业劳动不能以某种必须完成的任务指标的形式出现，不能为了创新而去创新，更不能假借创业的名义去谋求非法利益。创新必须基于学生的独立思考。当头脑中有了新想法、新点子时，学生应保持冷静，主动将这些想法和点子结合实际加以验证，不仅应对其进行学理分析，更要将其置于社会实践中加以研判，唯有经过否定之否定的论证过程，才能初步认为这些新想法、新点子是符合实际的。而创业则切不可跟风盲从，必须基于准确的自我定位和市场定位，抛弃不切实际的想法，选准一条最适合自己的创业路径。第二，要脚踏实地，克服眼高手低的毛病。大学生开展创新创业劳动不能今天一个想法、明天一个思路，一直在设想和规划，却总是浅尝辄止，难以真正付诸实践。尽管先期的广泛尝试是必要的，但一旦找准目标确定方案后，学生就要能耐得住寂寞，坐得了冷板凳，不为名利所惑，不为浮华所扰，真正能够静下心来，刻苦钻研，一步一个脚印坚定前行，将灵感创意挥洒到实实在在的劳动过程中去，在不断探索尝试中逐步靠近目标。第三，要笃定坚守，克制好高骛远的冲动。创新创业劳动能否真正实现质的飞跃，关键在于大学生能否做到对创新创业初心的长期坚守。在很多时候，对学生而言，也许缺少的并不是奇思妙想，而是将奇思妙想转化为劳动果实的信心、耐心和坚守。"天下难事，必作于易；天下大事，必作于细。"（《道德经·第六十三章》）新时代大学生开展创新创业劳动，既要及时关注日新月异之变，又不能好高骛远，动辄"改旗易帜"，更不能欠缺定力、半途而废，而是应当讲究循序渐进，踏踏实实从小事做起，从微创新、微创业做起，在一点一滴的小成就中积量变为质变，逐步迈向更大的成功。

3. 劲头要足

在夯实基础、稳扎稳打的同时，大学生开展创新创业劳动还应有"明知山有虎，偏向虎山行"的勇气和劲头。历史经验证明，在我国改革开放初期，如果没有敢闯敢试的劲头，就不会有当初的家庭联产承包和放开搞活；如果没有"敢于啃硬骨头，敢于涉险滩"[①]的精神，今天改革向纵深推进也必将难以为继。因此，大学生立足新时代开展创新创业劳动，必须要有敢为人先的勇气、独立自主的志气，以及艰苦奋斗的拼劲和毅力。

敢为人先是指大学生开展创新创业劳动要有积极探索、大胆试错的勇气。创新创业劳动是对未知领域的探索，也是对自我的突破。探索和突破是永无止境的。随着科学技术不断发展，创新创业劳动的门槛也逐步提高，青年大学生应始终保持年轻人的闯劲、钻劲和干劲，善于洞察先机，敢于试错"无人区"，勇于"摸着石头过河"，在实践中求真知，在探索中找规律，不断形成新经验、取得新成果。独立自主是指大学生开展创新创业劳动不能只是"等靠要"，而应当依靠自身力量去独立思考和实践。习近平总书记曾深刻指出："真正的核心技术是买不来的。"[②] 与此同理，大学生从创新创业劳动中所收获的成长和进步，不是靠政策扶持出来的，也不是靠教师教出来的，必须靠学生自己在劳动实践中去摸爬滚打。在劳动过程中，大学生既要善于学习借鉴前人已取得的成果和经验，又必须保持自身思维和行动的独立性，让洞察力、创新力和执行力得到充分锻炼。艰苦奋斗是指大学生在创新创业劳动中必须大力发扬不畏艰辛、顽强拼搏的优良传统。尽管新时代我国综合国力和国际地位不断提升，在世界范围内的影响力也不断扩大，但我们必须清醒认识到，在未来大国博弈更趋激烈的形势下，我国在某些关键领域的发展仍处于劣势，仍然存在被"卡脖子"的风险。在此背景下，当前高校大学生开展创新创业劳动，应带有强烈的危机感和使命感，始终保持艰苦奋斗的前进姿态，以创新创业的实际行动支撑国家重大战略需求。

（三）强化应用性：劳动成果彰显现实价值

"高科技应做到'顶天立地'。"[③] 这是我国著名科学家王选院士一生奋斗的信条，正是在这个信条下，王选院士带领团队研制出我国首个汉字激光照排系统，创造了"告别铅与火，迎来光与电"的传奇。"顶天"即不断

[①] 《习近平关于全面深化改革论述摘编》，中央文献出版社，2014，第30页。
[②] 《习近平关于科技创新论述摘编》，中央文献出版社，2016，第40页。
[③] 魏梦佳：《王选：高科技应"顶天立地"》，《光明日报》2018年12月23日。

追求科学技术上的新突破,"立地"即把科学技术商品化,并大量推广应用,"顶天"是为了更扎实地"立地","立地"也能够更有力地支撑起"顶天"的雄心壮志。"顶天立地"模式对高校大学生在新时代背景下开展创新创业劳动有着重要的启示意义。其实,我国在正式文件中提出"创新创业教育"这一概念时,在"创业"前面加上"创新"二字,本就内在地规定了创新的应用属性,指明了创新是指向创业的创新,创业是创新者参与其中的创业,强调了创新成果的市场化和商业化。可见,创新创业劳动本就与成果推广应用之间有着深刻的内在联系。在新时代高校劳动育人实施过程中不断强化创新创业劳动的应用性,应从深入推进产教融合着手,逐步打造全链条式的创新创业服务体系,多措并举激发大学生将创新成果付诸创业实践的热情和动力,使学生在创新创业劳动中更好地彰显个体劳动的社会价值,以此提升劳动育人效果。

1. 深化产教融合

近年来,党和政府高度重视以深化产教融合为抓手,着力培养高素质创新人才。2017年发布的《国务院办公厅关于深化产教融合的若干意见》中明确指出:"深化产教融合,促进教育链、人才链与产业链、创新链有机衔接,是当前推进人力资源供给侧结构性改革的迫切要求,对新形势下全面提高教育质量、扩大就业创业、推进经济转型升级、培育经济发展新动能具有重要意义。"然而,现阶段部分高校和企业参与产教融合的积极性和主动性尚未被充分调动,产教两端统筹融合、良性互动的发展格局尚未真正形成。部分高校虽有意愿开展校企合作,但往往对合作企业的要求较高,更热衷于与大型企业或名牌企业开展合作,对与创业型小微企业进行合作的意愿较低,这使得小微企业与高校开展协同育人的机会相对较少。对此,进一步深化产教融合应努力在创新创业劳动的产业价值和育人价值之间找到适度的平衡,使两者相互促进,共同发展,合力推进创新型人才培养目标的达成。

首先,应着力促进产教双方优势资源对接。在产教融合过程中,双方能够进行对接的资源主要包括科技资源、市场资源、人才资源等。高校应积极运用现代化的信息科技手段,充分发挥自身在科技创新领域的优势,组织师生围绕关系企业生存发展的紧迫需求开展科研攻关,寻求创新突破,而企业则在为高校师生提供人才、经费、平台和相关经验技术支持的同时,还应努力为高校创新成果的推广应用打通市场渠道，双方在此过程中应将满足短期需要和瞄准长期愿景结合起来，实现资源互补、互利共赢。其次，应着力拓宽产教双方协同育人的有效路径。政府应发挥好宏观调控作用，加大对产教融合的支持力度，在创新人才培养、平台基地建设、科研成果转化等方面为促进校企协作牵线搭桥；校企双方应探索共建共享科技研发实验室、大型科研设备平台、技能实训场馆等，发挥好产业园、科技园、众创空间、双创示范基地的引领、示范、辐射、集聚作用，并共同制定关于创新创业劳动的规范和标准，完善针对创新创业劳动的考核评价机制，打造一支校企复合型师资队伍，推动创新创业劳动逐步走上科学化、系统化、规范化的发展道路。

2. 打通服务链条

创新创业服务链是对高校为满足大学生在创新创业劳动不同阶段的需求所提供的差异性、针对性、全链条式服务进行有效集成而形成的各环节相互联系、相互制约的服务链条。创新创业服务链贯穿大学生开展创新创业劳动的整个过程，涵盖项目筛选、培育、孵化、成熟、推广等多个环节，包括创新创业教育、专业教育、平台建设、师资建设、资金投入、氛围营造等一系列内容。一套完整的创新创业服务链是由创新创业服务各个环节逐级累加所构成的有机统一体，这些环节根据各自不同的功能定位，可分别被纳入整条服务链的前端、中端和后端。在大学生开展创新创业劳动的过程中，服务链的前端、中端、后端紧密衔接、协同发力，各自发挥着不可替代的作用，而其中任何一个部分的缺失，都可能会对整个创新创业劳动造成负面影响。因此，尽管服务链不同部分的打造方式和难度均有所差异，但高校切不可因此而厚此薄彼，应当对服务链前端、中端、后端的各个环节都给予足够重视，以此充分发挥整条服务链的合力效应。

具体而言，创新创业服务链的前端重在为大学生开展创新创业劳动提供起步阶段的各项支持。这些支持既包括通过创新创业教育和专业知识技能教学，为学生开展创新创业劳动打下良好基础，也包括围绕区域发展的特点和需求，结合高校自身学科专业优势特色，对学生开展创新创业劳动的方向和步骤进行统筹规划，还包括为学生自主开展的项目化劳动实践提供各类资源平台，并通过培训、指导、"选苗"、"育苗"和"移苗入孵"等各项服务活动，从创新创业种子项目库中甄选出科技创新程度较高、有市场前景的项目种子，为其进入中端孵化阶段做好准备。创新创业服务链的中端主要聚焦于对项目种子的培育和孵化。对于前端输送来的有发展潜力的项目种子，服务链中端应充分发挥产教融合优势，积极联合校内外多方资源，为项目种子提供良好的试错环境、充足的孵化资金和优质的导师服务，助力其进一步明确市场定位，完善商业设计，规划入市策略，在与市场逐步磨合的过程中促进项目成果稳步迭代升级，为其真正进入市场、经受考验打好基础。创新创业服务链的后端重点关注项目的应用推广。服务链后端对于经过培育孵化逐步成熟的创新创业项目，不仅要"扶上马"，还要"送一程"，帮助其迅速进入市场，并在市场中发展壮大。而要做到这一点，高校创新创业服务链应着力满足创新创业成果后期应用推广阶段的各项需求，积极为师生创办的创新型小微企业提供技术研发、资本运作、市场开拓等服务。在此过程中，高校可探索引入专业服务机构对服务链功能进行充实，并通过提供可定制化服务，依托校内外各类资源，助力这些小微企业快速成长壮大，在为区域经济发展培育新增长点的同时，更好地发挥创新创业劳动的育人作用。

3. 优化人才驱动

习近平总书记在中央财经领导小组第七次会议上指出，"创新驱动实质上是人才驱动"，"要用好科学家、科技人员、企业家，激发他们的创新激情"。[①] 在高校劳动育人视域下，大学生是开展创新创业劳动的第一主体，创新创业劳动能否顺利开展并实现预期目标，归根结底取决于学生个体综合劳动素养的发展水平。无论是机制创新，还是服务优化，其主要目的都是给大学生开展创新创业劳动创造良好条件、提供充足保障，促进学生在劳动过程中充分发挥自主能动性和创造性。因此，激发大学生开展创新创业劳动的积极性和主动性，对新时代高校劳动育人而言，具有重要意义。对此，高校乃至全社会应重点从政策驱动、市场驱动和精神驱动等方面着手，围绕进一步激发大学生开展创新创业劳动的热情和动力进行探索。

政策驱动应确立创新创业人才在国家创新驱动发展战略中的关键地位，着力加强面向紧缺急需专业领域开展创新创业劳动的政策引导。此外，政策驱动还体现为政府对高校学生创办创新型小微企业的关心支持，通过发放扶持补贴、开展专题培训、实施税收优惠、提供金融服务等举措，也能

---

① 《习近平主持召开中央财经领导小组第七次会议强调 加快实施创新驱动发展战略 加快推动经济发展方式转变》，《人民日报》2014 年 8 月 19 日。

够有效激发学生开展创新创业劳动的动力。市场驱动应充分发挥市场竞争规律、价值规律和供求规律的作用,让创新创业成果在市场中接受洗礼,通过优胜劣汰,激发大学生不断探索进取,有时甚至可以尝试引入一条"鲶鱼"来提升市场驱动效果。精神驱动应通过传承劳动传统、讴歌劳动典型、弘扬劳模精神,激发大学生以创新创业劳动实践报效祖国、奉献社会、服务人民的内生动力。

五 和谐幸福劳动:新时代高校劳动育人实施的现实旨归

和谐幸福劳动并不指向某种具体的劳动形式,而是重在强调通过对劳动正义价值诉求的逐步探求和满足,大学生在劳动过程中实现个人与他人、个人与社会之间的良性互动,并从中收获对自身劳动活动的持久深刻的积极情感体验。马克思主义劳动观认为,劳动和幸福之间有着深刻的内在关联,"人世间的一切幸福都需要靠辛勤的劳动来创造"[1]。而"和谐"作为一种关系范畴,既是劳动创造幸福的基本前提,又是使幸福状态得以延续发展的重要保证。近年来,学界围绕"劳动幸福"这一重要理论命题进行了深入研究,取得了较为丰硕的理论成果,其中比较有代表性的观点认为:"所谓劳动幸福,简单来说就是人通过劳动使自己的类本质得到确证所得到的深层愉悦体验,它体现的是劳动与人的幸福追求和幸福期待之间的一致程度,也体现自我价值得以展现的程度。"[2] "劳动幸福"的相关研究成果有力抨击了异化劳动和异化幸福,有助于从理论层面进一步阐明劳动与幸福的本质联系并理清两者之间的逻辑关系,进而引导人们逐步完成对追求幸福的正确方式的回归,即通过辛勤劳动、诚实劳动、创造性劳动来实现幸福人生。但是,如果对"劳动幸福"这一概念仅作片面理解,认为只要付出劳动就一定能够收获幸福,忽视劳动幸福所必须具备的诸多前提条件,则很可能会陷入认识误区,甚至对劳动创造幸福的实践探索造成误导,毕竟人类历史上劳动者终日劳作却生活艰辛、难获幸福的事例比比皆是。尽管幸福来源于劳动,但包括劳动关系、劳动诉求、劳动条件、劳动保障、劳动文化等在内的劳动过程中的诸多因素,都会对劳动能否真正实现幸福

---

[1] 《习近平谈治国理政》(第1卷),外文出版社,2018,第4页。
[2] 何云峰:《从劳动作为人的类本质的视角看劳动幸福问题》,《江汉论坛》2017年第8期。

产生重要影响。可见，幸福作为一种人的主观体验，不仅体现为劳动的结果，更存在于劳动的过程当中，没有劳动过程的幸福，劳动所创造的幸福结果也注定是虚幻的、不可靠的。因此，通过幸福劳动来实现劳动幸福，是劳动所创造的幸福能否真正得以实现并具有可持续发展性的关键前提，也是"劳动幸福"的题中应有之义。

（一）劳动关系和谐：幸福劳动的实现前提

人类劳动的历史总是伴随着艰苦和辛劳，这就注定了幸福劳动所指向的"幸福"往往是艰辛劳动过程中的零星闪光点，是一种微小却绵长的幸福体验。而要引导大学生从艰辛劳动中找到幸福，前提是构建出能够保障基本劳动权益、提供公平劳动机会、激发内生劳动动力的和谐劳动关系，让学生在劳动中有体面尊严，有合理回报，有创造力、想象力的发挥空间。"广义的劳动关系是劳动者和劳动力的使用者为实现劳动过程构成的一种社会经济关系。"① 中共中央、国务院《关于构建和谐劳动关系的意见》指出："劳动关系是生产关系的重要组成部分，是最基本、最重要的社会关系之一。劳动关系是否和谐，事关广大职工和企业的切身利益，事关经济发展与社会和谐。"为适应新时代我国劳动关系领域的新变化以及高校劳动育人视域下劳动关系主体的新特点，在高校劳动育人实施过程中构建和谐劳动关系，应主要从保障基本劳动权益、健全矛盾调处机制、营造互利共赢环境等方面着手。

1. 保障基本劳动权益

根据我国相关法律规定，劳动者所享有的基本劳动权益包括获得劳动报酬权利、休息休假权利、获得劳动安全卫生保护的权利、享受社会保险的权利、接受职业技能培训的权利等等。在高校劳动育人实施过程中，尽管大学生大部分劳动活动都在教师的组织引导下完成，但在创新创业、实习实训、勤工助学等具有一定社会性质的劳动实践过程中，学生除了应接受教师的教育引导，还不可避免会同社会上各类用人单位之间产生劳动关系，这种劳动关系不是一般意义上的劳动者与用人单位之间的双方关系，而是关涉学生、高校和用人单位三方主体的一种特殊劳动关系。在这种劳

---

① 常凯：《劳动法调整对象再认识与劳动法学科重构》，《法学论坛》2012年第3期。

动关系中，高校应主动为大学生就业创业提供指导和服务，为学生开展社会劳动保驾护航，尽量避免学生因涉世未深、经验不足而在与用人单位的交往中使自身正当权益受到损害。

具体而言，高校应主要从以下几个方面着手保障大学生的基本劳动权益。第一，高校应积极顺应新时代劳动形态、劳动观念的新变化，在各类教学辅导活动中，教育引导大学生熟悉基本劳动权利义务，树立正确的就业观、创业观，鼓励学生灵活就业创业，尊重学生多样化的劳动选择，并充分利用校内外各类资源为学生提供良好就业创业机会和平台。第二，高校应与用人单位保持密切联系，积极参与对大学生劳动过程的引导、监督和管理，保障学生在相对宽松并且安全的环境和条件下开展劳动，鼓励引导学生在劳动过程中充分发挥自主能动性，在通过创新创造为用人单位创造生产经营价值的同时，彰显出自主性、创造性劳动的育人价值。第三，高校应着力实现大学生劳动收入和劳动素养双提升。尽管获取劳动报酬并不是高校劳动育人视域下学生开展劳动的主要目的，但根据利益驱动规律的要求，大学生能否从劳动中实现对自身利益需求的满足，直接关系高校劳动育人系统能否正常运行。对此，高校应积极推动相关政府部门和用人单位探索构建劳动育人视域下的劳有所获、多劳多得的科学分配机制，使大学生在劳动中接受培训、经受锻炼、收获提升的同时，还能够获得公平合理的报酬，这也是激发学生踊跃投身劳动的重要驱动力量。此外，在大学生开展创新创业劳动并成功创办企业后，以用人单位的身份与其他学生雇员之间发生劳动关系时，同样应当保障好学生雇员的基本劳动权益。

2. 健全矛盾调处机制

新时代我国社会主要矛盾的变化是关系全局的历史性变化，这一历史性变化在信息科技飞速发展的时代背景下给我国劳动关系领域带来了深远影响。"互联网+"时代的网络平台以其通信功能、社交功能、信息存储功能和移动共享功能改变了传统意义上的劳动力市场和劳动关系，[1] 劳动关系灵活化、社群化、平等化等趋向使得劳动关系矛盾的表现形式和调处方式均较以往发生较大变化。在"学生—高校—用人单位"三方劳动关系模式

---

[1] 参见李炳安、彭先灼《移动互联网时代中的劳动关系转型及其认定》，《科技与法律》2018年第2期。

中，高校应发挥好"居间"角色，着力健全劳动关系矛盾调处机制，妥善处置学生劳动过程中可能出现的各种矛盾和问题，助力化解劳动冲突，创造公平环境，促进和谐劳动关系的形成。

一般而言，在高校劳动育人实施过程中出现的各种劳动关系矛盾大都以学生为中心，主要包括学生与高校之间的矛盾、学生与用人单位之间的矛盾，以及学生劳动团队内部的矛盾等。学生与高校之间的矛盾主要体现为高校在劳动教育中所提供的教育指导和资源条件不能完全满足学生顺利开展劳动的各项需求，或是学生在高校组织引导下开展的各类劳动实践活动与学生身心发展特点不相适应。对此，高校应着力完善劳动教育意见反馈沟通渠道和劳动教育监督纠错机制，及时收集师生对劳动教育的意见建议并开展分析研判，找准矛盾和问题的形成原因，有的放矢地加以解决。学生与用人单位之间的矛盾主要集中在劳动薪酬、劳动场地、劳动时间、劳动保障等方面。高校应以保护学生基本劳动权益不受侵犯为出发点，与用人单位保持密切沟通，推动建立公平、高效的矛盾协商解决机制。如用人单位的错误致使学生劳动权益受损时，高校应坚决采取各种措施为学生伸张正义、挽回损失；当学生的错误导致用人单位利益受损时，高校也应秉持公正立场，不得包庇纵容，既要对学生进行严肃批评教育，还需责令其自行承担相应责任。学生劳动团体内部的矛盾主要表现为利益分配不均、协作意识淡漠、成果归属争议等。对此，高校在劳动教育过程中应加强对学生团体协作意识和能力的培养锻炼，鼓励引导学生围绕某一劳动项目选题组建项目团队，开展分工协作，并明确利益分配和成果归属方式，畅通矛盾调处渠道，化解学生在集体劳动中的顾虑和束缚，更好地激发团队成员的凝聚力和创造力。

3. 营造互利共赢环境

和谐劳动关系的打造，除了需要保障大学生基本劳动权益、健全矛盾调处机制，还应从营造互利共赢的劳动环境着手，让学生、高校和用人单位三方主体从学生劳动实践中"各取所需"，实现多方共赢、共同发展。具体而言，互利共赢的劳动环境能够助力学生从劳动中经受锻炼、积累经验、收获成长，并获取相应的劳动报酬；能够推动高校借助校企合作平台开发优质育人资源，提升育人实效，并加速科研创新成果的转化应用；能够帮助用人单位适度降低人力资源成本，并在与高校的深度互动中及时了解掌握与企业生产经营相关的科技发展前沿动态。互利共赢环境的营造，要求高校与用人单位双方共同发力，深入推进彼此间的交流、互动与协作，从资源互补、人员互派、文化互通等方面拓宽视野、开阔思路，开展富有创新性的探索。

资源互补要求高校和用人单位双方充分发挥各自优势特长，共同为大学生开展劳动提供良好的教育引导和条件保障，并通过在制度和文化层面鼓励倡导师生积极开展创新创业劳动，加快对各类创新成果的转化应用，不断提升劳动产品的市场竞争力，为用人单位、高校和大学生创造实实在在的经济效益、办学效益和成长提升效益。人员互派要求高校与用人单位建立双方人员交流互动的稳定机制，如高校可以定期派遣师生进入用人单位的具体劳动岗位，协助参与用人单位的日常经营管理，用人单位也可以定期派遣业务骨干、劳动模范进入高校接受培训锻炼、传授丰富经验、宣讲先进事迹。通过深入开展人员互派交流，能够更好地促进双方相互了解，增进彼此理解，将潜在的劳动关系矛盾化解于无形之中。文化互通则代表着更高层面的要求，需要高校在积极构建良好校园劳动文化的基础上，主动与用人单位加强文化层面的联系互动，找准高校校园劳动文化与企业劳动文化之间的共通点，通过表彰先进、宣传典型，让热爱劳动、勤奋劳动的大学生有丰厚回报、有体面尊严、有美好的发展前景，让"劳动光荣、创造伟大"蔚然成风，以校园劳动文化与企业劳动文化的深度交融，助力打造和谐劳动关系。

（二）劳动追求和谐：幸福劳动的动力源泉

劳动追求是对一定劳动目标的执着向往并力图达到此目标的强烈驱动倾向。劳动追求作为一种价值追求，不仅体现在人的情感和认知层面，更表现为人为了实现其价值目标而不懈奋斗的劳动实践。"劳动是一切成功的必经之路。"[①] 人的劳动追求要得以实现，归根结底要靠劳动。在高校劳动育人视域中，大学生在劳动活动中的目标追求具有重要的导向、驱动和激励作用，能够为学生指明劳动方向、激发劳动动力、坚定劳动意志，是驱

---

① 《习近平在乌鲁木齐接见劳动模范和先进工作者、先进人物代表 向全国广大劳动者致以"五一"节问候》，《人民日报》2014年5月1日。

动学生在劳动过程中找到幸福并踊跃投身幸福劳动的动力源泉。大学生个体的劳动追求一般有两个基本层次,一是自发劳动追求,一是自觉劳动追求。所谓自发劳动追求,即尚未认清劳动活动发展的本质与规律,只图眼前利益、局部利益,而忽视长远利益、整体利益的劳动追求;所谓自觉劳动追求,则是对自发劳动追求的扬弃,是在认清劳动活动发展的本质和规律的基础上,将眼前利益与长远利益、局部利益与整体利益结合起来的劳动追求。大学生从自发劳动追求向自觉劳动追求的转化是一个曲折反复、永无止境的过程,也是劳动追求无限发展的过程,这个过程充满着价值自发与价值自觉之间的冲突和博弈,而正是通过学生的劳动实践活动,推动着冲突和博弈逐步得到调和,并促进两者最终走向和谐。

1. 正确看待自发劳动追求

自发劳动追求是一种由自发心态或本能所决定的劳动倾向,具有主观性、盲目性、推崇工具理性等表现特征,是人的价值追求的不成熟表现。绝大多数大学生在劳动中的自发追求主要表现为偏重追求眼前的、直接的感官快乐或物质利益,追求金钱和享受,这种劳动追求往往会损害劳动活动所本应带来的长远利益、整体利益、他人利益和社会利益,甚至个别学生为了金钱和享乐而在劳动过程中实施违法犯罪行为,造成恶劣后果。可见,尽管大学生在劳动中的自发追求客观上能够激发其积极参与劳动,并以此助力高校劳动育人的实施,但处于自发追求阶段的大学生大都无法认清自身劳动活动的本质和规律,仅在个体利益需求的驱使下开展劳动,而较少考虑劳动活动对他人和社会的影响,容易导致自我中心、盲目执迷,甚至误入歧途。对此,高校应对大学生在劳动中的自发追求进行有效引导,在充分发挥其对劳动育人的正面促进作用的同时,着力降低其负面影响。

第一,高校应当鼓励引导大学生通过开展劳动自食其力,保护学生的劳动自利行为,并主动为其提供机会和平台。高校应当认识到,自发性追求是大学生劳动素养形成发展的必经阶段。大学生劳动的首要目的是满足个体生存和发展需要,这一点是无可厚非的。第二,高校应当积极组织开展与大学生劳动相关的法律法规宣传教育,让学生清楚认识到自利劳动的尺度和红线在哪里,确保学生在追求个人利益的劳动中做到遵纪守法。高校应使大学生明白在劳动中利己而不损害他人和社会的利益是一种正当行为,客观上也是有利于他人和社会的,应当受到法律保护;而损人利己、损公肥私、破坏生态，以及其他危害社会和他人的劳动行为，则是卑劣的，理应受到谴责。第三，高校应当引导大学生逐步认清自利劳动的社会价值，理解利己与利他之间的关联，使学生懂得个体为他人和社会创造的价值越大，其自我价值的实现程度就越充分，进而引导学生将个体劳动追求逐步由自发向自觉转化。

2. 鼓励倡导自觉劳动追求

人的劳动追求是一个由自发到自觉、由低级到高级的发展过程。自觉劳动追求是对自发劳动追求的扬弃，它内在地包含着自发劳动阶段的一些合理因素，而并非全然否定自发劳动追求的全部内容。在新时代高校劳动育人实施过程中，高校应教育引导大学生以客观、全面、辩证、科学的态度理解劳动本质，树立正确的价值判断标准，逐步推动学生将劳动活动的目标追求由自发向自觉转化，努力实现短期价值与长期价值、局部价值与整体价值、自身价值与他人价值、个人价值与社会价值的内在和谐。

第一，高校应教育引导大学生逐步深化对劳动本质的理解。与自发劳动阶段表现为主观性、表面性不同，自觉劳动阶段的大学生对自身劳动活动本质的理解主要表现为客观性和科学性，学生能够在认清劳动本质和规律的基础上确立自身劳动活动的价值追求。对此，高校应加强针对全体大学生的马克思主义劳动观教育，引导学生以唯物辩证法武装头脑，从实践出发，从事实出发，从劳动活动的主客体关系中深入理解其本质和意义。第二，高校应帮助大学生树立正确的劳动价值判断标准。在自发劳动阶段，大学生往往仅以个体主观、本能的需要来确立自身劳动活动的目标追求，然而学生个体的需要是千差万别的，主观价值论难以坚持逻辑一贯性，其背后隐藏着深刻的逻辑矛盾。对此，高校应着力引导大学生跳出自我中心思维，降低主观好恶对自身劳动活动目标追求的影响，树立求实思维，让事实说话，以更全面、更客观的态度确立劳动价值判断标准。第三，高校应认清劳动追求由自发向自觉的转化是一个长期、复杂且艰巨的过程。大学生的劳动活动从一开始总是自发地追求某种眼前直接的功利价值、工具价值，只有在环境、制度、教育等因素的影响下，学生在劳动实践中逐步认识到自发劳动追求的不良后果时，才开始进一步追求工具理性和价值理性的和谐统一。高校应充分认清这一转化过程的长期性和艰巨性，通过教育说理、环境营造、制度设计等途径，引导大学生全面思考、深刻体悟自身劳动活动中的各种价值关系及其发展后果,在从自发追求到自觉追求,再从新的自发追求到新的自觉追求的循环往复、螺旋上升过程中,实现自身劳动追求境界的不断提升。

3. 引导价值冲突走向和谐

大学生的劳动追求是不断发展的,在这个发展过程中始终充满着价值自发与价值自觉之间的矛盾冲突。产生价值冲突的原因主要在于大学生的劳动追求具有多样性、复杂性等特征。多样性是价值领域的本然状态。作为价值追求的主体,每一位大学生的价值观念、生活经历、专业背景、兴趣爱好等都不尽相同,这就决定了不同学生的劳动追求也是多种多样的。不仅如此,对于大学生个体而言,当他身处不同的年龄阶段、具备不同的认知水平、承担不同的社会角色时,其劳动追求也会发生相应变化,呈现出不同特点。而大学生劳动追求的复杂性则主要表现在具体的目标和实现目标的手段上。例如,大学生在劳动中有的目标是合法合规、健康向上的,有的却是违法乱纪、腐朽落后的;有的目标能够为他人和社会带来利益,有的却是损害他人和社会利益的;有的目标通过劳动,光明正大地实现,有的却要靠投机取巧,甚至不法手段来实现。总体而言,社会变革、体制转型、经济发展使得劳动主体的利益需求日益多样化,多样化的主体利益需求又造就了复杂多样的劳动追求,而复杂多样的劳动追求则必然带来价值冲突。

一般而言,价值冲突的后果具有两面性。一方面可能导致大学生在劳动过程中出现价值紊乱,陷入消极盲目、错乱失序的不良状态,对学生劳动素养的形成发展产生消极影响;另一方面,不同价值追求的相互博弈、相互影响也能够促进大学生在冲突中反思自我、提高认识,进而更新价值观念,推动自身劳动追求不断发展。由此可见,在新时代高校劳动育人实施过程中,应正确认识价值冲突可能带来的积极效应,并着力克服其消极影响,通过实践体悟、理论武装、环境熏陶等多种途径,教育引导大学生逐步走出价值迷途,从劳动价值冲突中找到"最大公约数",以新的共同的自觉劳动追求实现对低级阶段自发劳动追求的根本性超越。

(三)身心发展和谐:幸福劳动的育人指向

打造和谐劳动关系、倡导和谐价值追求,其落脚点是为了更好促进大学生在劳动过程中实现自我身心和谐发展，进而推动个体全面发展。任何个体都是身体与心灵的统一体，个体身心和谐不仅是实现人的全面发展的必要前提，也是构建和谐社会、和谐自然的基础条件和关键要素。"人是一种生成性的辩证存在，是一种多向度的二重性矛盾结构，人与自然之间的生态互动的自然关系、人与他人之间的良好社会关系、人与自我之间的自由全面发展的自我关系等都是检验教育发展和人类进步的具体标准。"① 可见，身心和谐发展不仅体现为学生个体的劳动活动同外部自然、他人和社会之间的联系互动，更蕴含着学生个体与自我之间的丰富关系。在新时代高校劳动育人实施过程中，大学生要实现自我身心和谐发展，需经历由身心自由成长到身心潜能激发，再到身心和谐统一等不同阶段。大学生唯有深度体验自主自觉劳动所带来的身心愉悦，并在创新创造劳动中充分激发自我身心潜能，方能通过劳动促进身心和谐统一，进而在自我实现的过程中推动个体全面发展，不断彰显出幸福劳动的育人价值。

1. 体验自主自觉的愉悦

前文已论及教育引导大学生自主开展劳动，是新时代高校劳动育人实施的关键环节。大学生在劳动中达到自主自觉的状态，是实现其身心自由成长的基础和前提。诚然，当生产力发展水平还没有达到高度发达的程度、社会产品还没有极大丰富时，劳动仍然是人类赖以谋生的重要手段，劳动仍然在一定范围内和一定程度上以一种异己的力量存在着，劳动者并没有完全实现自身的独立性和自主性。尽管如此，在新时代高校劳动育人实施过程中，通过构筑"小"环境、实施"软"介入、开展"硬"评价等一系列举措，能够为大学生打造出抵御干扰、化解顾虑且保障充分、开放包容的劳动条件和氛围，使学生能够在自主开展劳动的过程中实现自我身心的自由成长。可能有人会质疑这样的劳动条件和氛围是人为刻意营造出的，与社会真实劳动环境并不完全一致，可能会对大学生身心发展造成负面影响。其实，在现实社会中的包括科技研发、项目攻关等在内的某些劳动场景中，人为创设出适宜的劳动条件和氛围已是司空见惯的事情。高校通过创设相对独立的劳动场景，能够使大学生提前体验到摆脱异化劳动枷锁束缚后的轻松和愉悦，进而在学生心中埋下一颗"种子"，让学生对幸福劳动

---

① 袁利平：《劳动教育：让身心获得全面发展》，《光明日报》2019年10月29日。

充满期待和憧憬,在未来职业生涯中积极朝向这个目标迈进,逐步将自主自觉的劳动体验在更大范围内和更深层次上变为现实。而要实现这一美好愿景,高校应在鼓励大学生自主开展劳动的基础上,着力加强对学生专业志趣、审美素养和规划意识等方面的教育引导。

专业志趣决定着大学生自主劳动的发展方向,高校教育引导学生形成积极健康的劳动兴趣方向,选择自己热爱并擅长的劳动选题,能够有助于强化学生在劳动过程中的愉悦感和幸福感,提升劳动成果的产出概率和效率。良好的审美素养有助于优化大学生对劳动活动的价值判断标准,使学生能够更加科学全面地看待自己和他人的劳动,更好地从劳动过程中发现美好、体验幸福、萌生灵感。规划意识的培养能够帮助大学生正确把握劳动短期目标和长期目标之间的关系,在树立远大理想的同时,坚持脚踏实地,一步一个脚印地通过劳动实现一个个阶段性目标,不断朝向自主自觉的劳动愿景前进。

2. 激发创新创造的潜能

身心自由成长并非漫无目的地任意生长,而是应当紧密围绕大学生个体的专业志趣、优势特长加以展开,使学生的身心潜能在劳动过程中得到充分激发,为学生更好地实现自身劳动价值奠定基础。新时代是创新驱动发展的时代,青年大学生作为最具活力和创造力的群体,理应走在时代创新前列,在创新创造的劳动实践中发挥聪明才智、激发身心潜能、体现人生价值。而创新创造潜能的充分激发,除了需要鼓励引导大学生深入开展创新创业劳动,高校还应有意识地加强学生闲暇教育、挫折教育和利益观教育。

闲暇和劳动看似彼此对立,实则紧密联系。闲暇教育"是指导人们有价值地利用闲暇时间的教育"[1],在新时代高校劳动育人实施中开展闲暇教育,其主要目的在于促进大学生在闲暇中丰富生命体验、深化自我认知、发展个性特长、萌生创意灵感,以此更好地激发劳动潜能、提升劳动质量。与从闲暇中发掘潜能不同,有些潜能只有处于某个临界点时才能迸发出来,比如重压环境、失败境遇、劳累状态、心灵煎熬等。某些极端环境或事件能够促使学生在劳动中不断做出改变,激发出前所未有的潜能。高校加强

---

[1] 冯建军、万亚平:《闲暇及闲暇教育》,《教育研究》2000年第9期。

学生挫折教育，不仅需要给大学生的劳动过程增添难度和挑战，还应沿着学生自主选择的劳动道路，循序渐进地推动学生围绕某个劳动主题不断突破进取，在战胜困境挑战的过程中逐步释放自身潜能。加强利益观教育的主要目的在于引导大学生正确看待短期利益与长期利益、个人利益与社会利益、物质利益与精神利益之间的关系，进一步明确自身劳动活动的出发点和落脚点，为其潜能激发提供源源不竭的动力。需要明确的是，创新创造潜能激发的条件并不限于某种高科技、"高门槛"劳动，同样也适用于无数普通平凡的劳动岗位。广大劳动者发扬创新创造精神，跳出固有条条框框，扎扎实实将平凡的工作做到极致，每个人都能够释放出巨大潜能。

3. 享受自我实现的快乐

人的自我实现是指"人通过实践活动，自觉培养自身的个性，发展自身的能力，顺应社会的需要，以不断实现其人生价值和理想的过程"[①]。美国心理学家马斯洛将自我实现视为人的需要的最高层次，认为自我实现是人所追求的人生至高境界。在马克思主义看来，人是社会的人，"人的本质不是单个人所固有的抽象物，在其现实性上，它是一切社会关系的总和"[②]。人的社会性决定其必然为了顺应社会需要而不断自觉地发展自身个性和潜能，并在满足社会需要的同时不断完善自身和实现自我。由此可见，自我实现意味着人的潜能充分发挥和人的价值充分彰显。而在大学生对象化的劳动过程中，其自我完善和自我实现过程与为他人、为社会作贡献的过程是同步的，学生在改造外部世界的同时也塑造着自我，在创造社会价值的同时也创造着自我价值。大学生在劳动中的自我实现可被视作一种过程，而非一种终结状态。[③] 大学生在自我实现的过程中不断调动本质力量，发挥自身潜能，彰显劳动价值，能够持续收获劳动所带来的成就感和愉悦感，有力促进身心和谐统一，推动自我全面发展。

在此过程中，高校一方面应当为大学生发挥潜能提供适宜的平台和条件，鼓励学生在劳动实践中深度发掘并充分释放创新创造潜能，不断提升个体综合劳动素养；另一方面，高校应着力引导大学生正确认识自身劳动

[①] 马捷莎：《论人的自我实现》，《黑龙江社会科学》2007年第1期。
[②] 《马克思恩格斯选集》（第1卷），人民出版社，2012，第135页。
[③] 参见郑剑虹、黄希庭《西方自我实现研究现状》，《心理科学进展》2004年第2期。

活动的社会价值，理解在劳动中实现自我价值和社会价值的同步性和一致性，鼓励引导学生积极将自身劳动潜能转化为实实在在的劳动成果，在青春奉献中成就自己的人生价值。唯有在劳动中实现自我价值与社会价值的和谐统一，大学生方能真切享受到自我实现的快乐，体会到幸福劳动的真谛，进而在身心和谐状态下充分实现个体全面和谐发展。

参考文献

[1]《马克思恩格斯文集》(第1~10卷),人民出版社,2009。

[2]《马克思恩格斯选集》(第1~4卷),人民出版社,2012。

[3]《列宁选集》(第1~4卷),人民出版社,2012。

[4]《斯大林选集》(上下卷),人民出版社,1979。

[5]《毛泽东选集》(第1~4卷),人民出版社,1991。

[6]《刘少奇选集》(上下卷),人民出版社,1981、1985。

[7]《邓小平文选》(第1~3卷),人民出版社,1993、1994。

[8]《江泽民文选》(第1~3卷),人民出版社,2006。

[9]《胡锦涛文选》(第1~3卷),人民出版社,2016。

[10]《习近平谈治国理政》(第1~4卷),外文出版社,2017~2022。

[11] 习近平:《决胜全面建成小康社会 夺取新时代中国特色社会主义伟大胜利——在中国共产党第十九次全国代表大会上的报告》,人民出版社,2017。

[12] 习近平:《在"不忘初心、牢记使命"主题教育总结大会上的讲话》,人民出版社,2020。

[13] 习近平:《在教育文化卫生体育领域专家代表座谈会上的讲话》,人民出版社,2020。

[14] 习近平:《在全国抗击新冠肺炎疫情表彰大会上的讲话》,人民出版社,2020。

[15] 习近平:《在全国劳动模范和先进工作者表彰大会上的讲话》,人民出版社,2020。

[16]《中共中央国务院关于全面加强新时代大中小学劳动教育的意见》,人民出版社,2020。

[17]《中共中央关于制定国民经济和社会发展第十四个五年规划和二

〇三五年远景目标的建议》，人民出版社，2020。

[18]《中共中央关于党的百年奋斗重大成就和历史经验的决议》，人民出版社，2021。

[19] 郑永廷：《思想政治教育学原理》，高等教育出版社，2018。

[20] 郑永廷：《思想政治教育方法论》（修订版），高等教育出版社，2010。

[21] 张耀灿等：《现代思想政治教育学》，人民出版社，2006。

[22] 张耀灿：《中国共产党思想政治教育史论》，高等教育出版社，2006。

[23] 陈万柏、张耀灿主编《思想政治教育学原理》，高等教育出版社，2015。

[24] 项久雨：《思想政治教育价值论》，中国社会科学出版社，2003。

[25] 项久雨：《中国新贡献》，人民出版社，2018。

[26] 骆郁廷：《思想政治教育原理与方法》，高等教育出版社，2010。

[27] 沈壮海：《思想政治教育有效性研究》，武汉大学出版社，2016。

[28] 王树荫：《中国共产党思想政治教育史》，高等教育出版社，2016。

[29] 鲁洁、王逢贤主编《德育新论》，江苏教育出版社，2002。

[30] 钱学森等：《论系统工程》（增订本），湖南科学技术出版社，1988。

[31] 苗东升：《系统科学大学讲稿》，中国人民大学出版社，2007。

[32] 王伟光：《利益论》，中国社会科学出版社，2010。

[33] 刘向兵等：《新时代高校劳动教育论纲》，社会科学文献出版社，2019。

[34] 李珂：《嬗变与审视：劳动教育的历史逻辑与现实重构》，社会科学文献出版社，2019。

[35] 赵荣辉：《劳动教育及其合理性研究》，中央民族大学出版社，2012。

[36] 黄云明：《马克思劳动伦理思想的哲学研究》，人民出版社，2015。

[37] 王江松：《劳动哲学》，人民出版社，2012。

［38］何云峰：《劳动幸福论》，上海教育出版社，2018。

［39］田鹏颖等：《劳模文化哲学论纲》，社会科学文献出版社，2018。

［40］孙培青：《中国教育史》，华东师范大学出版社，2009。

［41］单中惠主编《西方教育思想史》，中国人民大学出版社，2017。

［42］工业和信息化部工业文化发展中心：《工匠精神——中国制造品质革命之魂》，人民出版社，2016。

［43］北京市总工会：《劳动文化研究》，北京出版社，2013。

［44］梁漱溟：《教育与人生：梁漱溟教育文集》，当代中国出版社，2012。

［45］黄炎培：《黄炎培教育论著选》，人民教育出版社，1993。

［46］陶行知：《陶行知教育文集》，四川教育出版社，2007。

［47］〔古希腊〕柏拉图：《理想国》，郭斌和、张竹明译，商务印书馆，2011。

［48］〔法〕卢梭：《爱弥儿：论教育》（上下卷），李平沤译，商务印书馆，2009。

［49］〔英〕约翰·洛克：《教育漫话》，徐大建译，上海人民出版社，2011。

［50］〔英〕托马斯·莫尔：《乌托邦》，戴镏龄译，商务印书馆，2008。

［51］〔意〕康帕内拉：《太阳城》，陈大维、黎思复、黎廷弼译，商务印书馆，1980。

［52］〔英〕欧文：《欧文选集》（第1卷），柯象峰、何光来、秦果显译，商务印书馆，1979。

［53］〔瑞士〕裴斯泰洛齐：《裴斯泰洛齐教育论著选》，夏之莲等译，人民教育出版社，2001。

［54］〔德〕凯兴斯泰纳：《凯兴斯泰纳教育论著选》，郑惠卿译，人民教育出版社，1993。

［55］〔美〕约翰·杜威：《杜威教育论著选》，赵祥麟、王承绪编译，华东师范大学出版社，1981。

［56］〔捷克〕扬·阿姆斯·夸美纽斯：《夸美纽斯教育论著选》，任宝祥等译，人民教育出版社，2005。

［57］〔俄〕乌申斯基：《乌申斯基教育文选》，张佩珍等译，人民教育

出版社，2007。

[58]〔苏〕马卡连柯：《马卡连柯教育文集》（上下卷），吴式颖等编，人民教育出版社，1985。

[59]〔苏〕苏霍姆林斯基：《苏霍姆林斯基选集》（第1-5卷），蔡汀、王义高、祖晶主编，教育科学出版社，2001。

[60]〔苏〕克鲁普斯卡雅：《克鲁普斯卡雅教育文选》，卫嘉译，人民教育出版社，1959。

[61]〔法〕雅克·勒高夫：《试谈另一个中世纪：西方的时间、劳动和文化》，周莽译，商务印书馆，2018。

[62]〔美〕伊夫·R. 西蒙：《劳动、社会与文化》，周国文译，人民出版社，2012。

[63]〔美〕埃德蒙·费尔普斯：《大繁荣：大众创新如何带来国家繁荣》，余江译，中信出版社，2013。

[64] 项久雨：《美好社会：现代中国社会的历史展开与演化图景》，《中国社会科学》2020年第6期。

[65] 项久雨：《论美好生活的马克思主义逻辑》，《马克思主义研究》2020年第7期。

[66] 刘同舫：《马克思唯物史观叙事中的劳动正义》，《中国社会科学》2020年第9期。

[67] 何云峰、万婕：《劳动精神的主体性阐释》，《思想理论教育》2020年第6期。

[68] 乐晓蓉、胡蕾：《新时代高校劳动教育的价值考量与整体推进》，《思想理论教育》2020年第5期。

[69] 周兴国、曹荣荣：《论劳动的育人价值及其实现条件》，《南京师大学报》（社会科学版）2020年第6期。

[70] 刘洋、钟飞燕：《劳动教育融入课程思政的审思》，《学校党建与思想教育》2022年第8期。

[71] 班建武：《基于生活逻辑的劳动教育独立性辩护——兼论劳动教育与德智体美四育的关系》，《思想理论教育》2022年第4期。

[72] 檀传宝：《劳动教育的概念理解——如何认识劳动教育概念的基本内涵与基本特征》，《中国教育学刊》2019年第2期。

[73] 李珂、蔡元帅：《陶行知劳动教育思想对新时代加强大学生劳动教育的启示》，《思想教育研究》2019 年第 1 期。

[74] 何云峰：《马克思劳动幸福理论的当代诠释和时代价值——再论劳动人权马克思主义》，《上海师范大学学报》（哲学社会科学版）2018 年第 5 期。

[75] 何云峰：《挑战与机遇：人工智能对劳动的影响》，《探索与争鸣》2017 年第 10 期。

[76] 刘向兵：《新时代高校劳动教育的新内涵与新要求——基于习近平关于劳动的重要论述的探析》，《中国高教研究》2018 年第 11 期。

[77] 项久雨：《论主体性思想政治教育的四个维度》，《江汉论坛》2015 年第 9 期。

[78] 骆郁廷：《论思想政治教育主体、客体及其相互关系》，《思想理论教育导刊》2002 年第 4 期。

[79] 骆郁廷、丁雪琴：《思想政治教育客体主体化探析》，《学校党建与思想教育》2002 年第 21 期。

[80]《中华人民共和国国民经济和社会发展第十四个五年规划和 2035 年远景目标纲要》，《人民日报》2021 年 3 月 13 日。

[81] 张烁：《〈大中小学劳动教育指导纲要（试行）〉印发 把劳动教育落到实处》，《人民日报》2020 年 7 月 16 日。

[82] 陈宝生：《全面贯彻党的教育方针 大力加强新时代劳动教育》，《人民日报》2020 年 3 月 30 日。

[83] 顾明远：《高度重视学校劳动教育的育人功能和组织》，《中国教育报》2019 年 5 月 4 日。

[84] 王江松：《劳动文化的复兴和劳动教育的回归》，《中国教育报》2018 年 11 月 22 日。

[85] 华智超：《劳动是"育人"的重要环节》，《长江日报》2017 年 10 月 11 日。

后 记

呈现给读者的这本书，是在我博士学位论文的基础上修改而成的，也是我主持的教育部人文社会科学研究项目"新时代高校劳动育人研究"（项目批准号：20YJC710083）的成果。作为我攻博四年的学习小结，本书此次出版在保留原样的基础上作了适当且严格遵循学术规范的修改。

将高校劳动育人作为我博士学位论文的选题，经过了反复斟酌。开题前，一次博士研究生同学之间的交流促使我下定了决心。在交流过程中，当我表示有意将毕业论文的选题方向定为高校劳动育人时，有同学直接提出质疑："现在高校有劳动课程吗？有劳动教育吗？大学生还参加劳动吗？劳动在哪里？如果连劳动都没有，劳动育人的论文你怎么写？"这些话对我产生了很大的触动。的确，无论是这些一直在校读书、尚未参加工作的同学，还是有在高校工作的直接经验的我，都真切地感受到高校劳动教育被淡化和弱化了。随着德智体美劳"五育"并举教育方针的正式提出，加强劳动教育、推进劳动育人的时代呼声越来越高，高校劳动教育如何从困境中破局重生，我想，这不仅是重要的理论问题，更是新时代亟须解决的现实难题。面对这一难题，我耗费近两年时间开展"学术劳动"，本书作为我的劳动成果，虽显稚嫩，但代表着一名思政学子的赤诚之心。

衷心感谢我的导师项久雨教授。读博四年，最大的幸事就是能够拜入项老师门下聆听教诲。在博士学位论文的准备和写作过程中，从确定选题到资料收集，从结构安排到观点论证，无不倾注着恩师的心血。令我感佩的是，我曾多次在凌晨时分收到项老师发来的参考资料和指导意见。我的博士学位论文能够在答辩时获评为优秀论文，离不开项老师的关爱和悉心指导。本书初稿完成后，项老师逐字逐句审阅，对框架和内容进行字斟句酌的推敲，提出了许多建设性的意见和建议。项老师深厚的学术造诣和敏锐的洞察力，为我提供了关键性的启发和帮助，这次他又为拙著拨冗赐序，学生在此深表感激。项老师严谨求实的治学态度、开阔活跃的学术思维、勤奋执着的进取精神和爱生如子的敬业品格，值得我终身学习。

在武汉大学四年的学习生活中，有幸聆听沈壮海教授、骆郁廷教授、佘双好教授、熊建生教授、倪素香教授、李斌雄教授、杨威教授、丁俊萍教授、左亚文教授、袁银传教授、宋俭教授、李楠教授、孙来斌教授等诸位老师的教诲，受益匪浅，谨向他们表示由衷的感谢。特别要感谢骆郁廷教授、佘双好教授、熊建生教授、倪素香教授、徐柏才教授、李斌雄教授、杨威教授、刘水静教授在博士学位论文开题、修改完善和答辩过程中提出的宝贵意见。中国人民大学刘建军教授作为我博士学位论文的答辩委员会主席，主持了我的论文答辩并提出宝贵意见，在此深表谢意。

感谢樊家军、石海君、高家军、董祥宾、黄诚、陈毅、孟珍伟、金瑶、胡小娱等诸位学友，以及霍军亮、谭泽春、朱磊、刘广乐、张业振、姚兰、王依依、侯玉环、欧丹、舒靖钧等同门兄弟姐妹的鼓励和帮助。

感谢我所在单位领导同事的理解和支持。感谢我在硕士研究生阶段的导师雷儒金教授和师母俞玲教授长期以来对我及家人的关心和帮助。

本书有幸得以正式出版，离不开社会科学文献出版社、湖北师范大学马克思主义学院、湖北师范大学学科建设办公室的大力支持，谨表示衷心的感谢。

本书初稿完成后，虽几经修改，我亦勉尽其力，但由于本人学识水平有限，疏漏、错误之处在所难免，敬请各位专家和读者朋友批评指正。

张　畅

2022 年 5 月 1 日于湖北黄石

图书在版编目(CIP)数据

高校劳动育人研究：基于新时代的视角／张畅著．--北京：社会科学文献出版社，2023.3
　ISBN 978-7-5228-1567-1

　Ⅰ.①高… Ⅱ.①张… Ⅲ.①劳动教育-教学研究-高等学校 Ⅳ.①G40-015

中国国家版本馆 CIP 数据核字(2023)第 048670 号

高校劳动育人研究
——基于新时代的视角

著　　者／张　畅

出 版 人／王利民
组稿编辑／曹义恒
责任编辑／吕霞云
文稿编辑／周浩杰
责任印制／王京美

出　　版／社会科学文献出版社
　　　　　地址：北京市北三环中路甲 29 号院华龙大厦　邮编：100029
　　　　　网址：www.ssap.com.cn
发　　行／社会科学文献出版社（010）59367028
印　　装／三河市尚艺印装有限公司

规　　格／开　本：787mm×1092mm　1/16
　　　　　印　张：18.5　字　数：303 千字
版　　次／2023 年 3 月第 1 版　2023 年 3 月第 1 次印刷
书　　号／ISBN 978-7-5228-1567-1
定　　价／128.00 元

读者服务电话 4008918866

版权所有 翻印必究